小学班级
高效管理的多元化策略

颜婧 周旋 徐敏◎著

中国纺织出版社有限公司 | 国家一级出版社
全国百佳图书出版单位

内 容 提 要

小学阶段，正是学生人生观、价值观、世界观形成的初始阶段，一个班级管理的好坏将对他们的一生产生重要影响。本书从小学班级高效管理的理论、班主任的应有认知和必备素养、管理的前期准备、分层管理策略、精细化管理策略、分年级段侧重引领策略、学生心理干预、班主任自我成长与管理等多方面进行探讨和研究，并结合小学班级高效管理优秀案例，引领小学班主任高效管理班级，实现班级管理的创新发展，进而助力小学生更好地发展和成长。本书可作为小学班主任工作参考用书。

图书在版编目（CIP）数据

小学班级高效管理的多元化策略 / 颜婧，周旋，徐敏著．-- 北京：中国纺织出版社有限公司，2024．10．

ISBN 978-7-5229-2196-9

Ⅰ．G622.421

中国国家版本馆 CIP 数据核字第 2024TE1855 号

责任编辑：段子君　　责任校对：高　涵　　责任印制：储志伟

中国纺织出版社有限公司出版发行

地址：北京市朝阳区百子湾东里A407号楼　邮政编码：100124

销售电话：010—67004422　传真：010—87155801

http://www.c-textilep.com

中国纺织出版社天猫旗舰店

官方微博 http://weibo.com/2119887771

天津千鹤文化传播有限公司印刷　各地新华书店经销

2024年10月第1版第1次印刷

开本：710×1000　1/16　印张：18

字数：285千字　定价：99.00元

序言

小学班级高效管理的多元化策略，不仅能够帮助小学生养成良好的学习和生活习惯，也能促进其正确价值观的形成，更能提高班主任的管理水平，促进班主任的自我成长。基于此，颜婧老师带领工作室骨干周旋老师和徐敏老师开始了小学班级高效管理的多元化策略的研究和实践。

小学阶段，正是学生人生观、价值观、世界观形成的初始阶段，一个班级管理的好坏将对他们的一生产生重要影响。而随着社会教育的多元化发展使学生的个性化变得更强，班主任在班级管理的过程中充满挑战。

新的社会背景下，社会各界对教师的要求越来越高，教师也曾一度成为“高危行业”。班主任和家长缺乏有效的交流，导致部分家长对学校和班级的管理和活动缺乏了解，甚至还会因为个别家长的个人因素出现理念和内容相悖的情况，成为班级管理工作的障碍。在日常的教育教学活动中，许多班主任因繁重的教学工作和安全监管等事务，不仅缺乏对学生个体和群体表现的仔细观察，更缺少与学生之间的有效交流，以致于对班级内学生在生活和学习上的问题缺乏认识和分析，针对性不强，无法切实解决学生成长中的问题。还有一些班主任，为了追求教学成绩的提高，重教学，轻育人，管理方式单一、管理工作缺乏针对性。

现在的小学生更聪明好动，思维更加活跃，表现欲和求知欲也更强，传统的班级管理方式显然已不能满足学生的发展需求，这就需要班主任在新教育理念的引导下加强学习，转变观念。但是部分教师的管理理念还是比较落后，管理缺乏创新，仍然采用传统的管理观念开展班级管理工作，不但跟不上教学改革的需要，而且限制了学生思维的创新和发展。一些年轻班主任由于专业素养和能力的不足，以致于管理班级经常苦恼不堪。

班级管理中存在的问题，无非是教师本身的思想问题、管理能力方面的问题，教师与学生，与家长关系的问题。但要管理好班级，促进班级良好地发展和学生健康地成长并不容易。本书作者颜婧、周旋和徐敏三位老师试图从小学班级高效管理的理论探究、小学班级高效管理中班主任的应有认知和必备素养、实施小学班级高效管理的前期准备、小学班级高效管理的分层管理策略、小学班级高效管理的精细化管理策略、小学班级高效管理的分年级段侧重引领策略、小学班级高效管理的学生心理干预、小学班级高效管理的班主任自我成长与管理、小学班级高效管理优秀案例等多方面进行探讨和研究，引领小学班主任高效管理班级，实现班级管理的创新发展，进而助力小学生更好地发展和成长。

创新班级管理理念，提高班主任的综合素质已是势在必行。在日常的班级管理中，班主任要以学生为中心，站在学生的角度去分析问题，俯下身来与学生交流，捧着一颗心来，不带半根草去，用耐心和爱心去引导学生。班主任要不断创新班级管理策略，学会用赞赏、鼓励的态度进行管理工作。如在班内创设各类岗位，让所有的学生都参与到班级管理中，人人有事做，事事有人做。突出学生的主体地位，增强学生实践参与。相较于班主任教育而言，学生开展自我教育更有助于取得教育效果。班主任应作为学生学习生涯中的指导者，自我教育的实施需建立在正确价值观和学习观的基础上，也就是说，学生必须具备一定的独立思考能力，方可实施自我教育。但班主任在开展班级管理工作的过程中，怎么充分凸显学生的主体地位？怎么为学生提供实践的机会，提高学生的主人翁意识，使学生明自自己在班集体中的价值？班主任在逐步培养学生的价值观念时，怎么确保学生自我教育意识的形成？相信读者们都会从这本书里找到答案。

本书是珠海市颜婧名班主任工作室多年教育实践经验的结晶，希望对广大一线班主任有所帮助。书中难免存在不足之处，恳请读者批评指正。

张怀志
2024 年 3 月

目录

第一章　小学班级高效管理的理论探究

第一节　小学班级高效管理的内涵阐释和理论依据

一、小学班级高效管理的内涵阐释

（一）班级与小学班级

近代意义的班级组织形式直到19世纪中叶，才得以逐渐推广。在现代学校教育中，关注点逐渐集中于班级对学生的社会性发展所起的作用。

1. 班级的概念

班级是学校为了确保教育教学活动的顺利进行和学生的全面健康成长而专门设立的学生单元，也是由分配给这些单元的相关教师共同组成的一个组织结构。

班级被视为一个有明确目标的组织，它致力于开展各种教育和教学活动，以促进学生的全方位成长。班级管理是学校对班级实施有效管理和控制的重要手段。班级的组织结构通常是由数十名学生、班主任和相关的教育工作者组成的，无论他们的角色如何，都会持有“我是这个班的”的信念；班集体中的每个人都有自己的岗位，即职责与权限，在此基础上形成了相应的分工与合作关系。根据班级的实际需求来规划职位，建立明确的规则和制度，并确保有一个独特的名字和教室。班级中的每个人都在不同程度上体现了各自的角色定位和价值追求。这些都揭示了班级在组织结构上存在的共性。

2. 小学班级的特性

小学生是一个特殊群体。通常情况下，组织是由成年人组成的，但小学班级则是由未成年人和成年人共同组成的。小学班级中存在着大量的未成年学生，他们正处于6～12岁。由于他们的身心发展尚未成熟，因此对环境适应能力差。从生理角度看，6岁孩子大脑的重量大约是成人的90%，但到了12岁，大脑的重量才逐渐接近成年人的标准。这时小学生的身体成长步入人生的第二个“生长高峰”阶段，而处于高年级段的学生也开始步入青春期，其中女生的成长速度明显快于男生。在知识技能方面，小学生正经历由形象记忆向抽象记忆的转变，从简单符号系统过渡到复杂语言系统，再过渡到数学概念系统，这一时期正是培养学生创新意识和创新能力的好时期。从心理学的角度看，小学生的认知主要集中在皮亚杰描述的“具体运算阶段”，这意味着他们的思维已经具备了可逆性和守恒性，但仍然需要具体事物的支撑。到了高年级段，他们开始进入“形式运算阶段”，能够对抽象和表示的材料进行逻辑操作；小学高年级段开始步入“抽象化运算阶段”，即已经具备了初步逻辑思维能力和空间想象能力。在社会发展的过程中，特别是在埃里克森人格发展阶段理论所描述的“勤奋感对自卑感”的第四个关键时期，孩子们将不可避免地面对竞争的压力。如果他们在学习中感受到的成功超过了失败，将促使他们培养出勤奋和进取的性格，勇于面对各种挑战，并继续追求成功。相反，如果他们没有这样的心态，他们很可能会形成自卑的性格，从而不敢面对现实生活中的种种困难。从柯尔伯格的道德发展观点来看，小学生在道德成长过程中主要展现出“自私自利”和“好孩子”的倾向，他们会根据自己的需求来判断是否需要采取行动，并希望通过某些特定的行为赢得他人的喜爱或称赞。因此，学校教育不仅要注重知识传授与技能培养，更重要的是促进学生形成健康向上的心理结构。小学生在身体和心理发展方面具有普遍性特点，但也表现出各自的个体差异。

班级老师，特别是班主任，也是班级的重要构成。一方面作为成年人，教师不仅年龄明显更大，而且在人生经验、认知方式、情意特征等方面会有明显的优势。另一方面，他们是被“委任”为班级的领导者和引领者来到班级的，所以在地位和心理上处于绝对的优势地位。正是由于班级内这种身份地位的巨大差异，致使在小学生从入校到离校的这段时间内，班级教师与学生形成了临时的监护与被监护的法律关系，拥有对小学生的临时监护权。

3. 小学班级的结构

在我国，小学的班级人数通常被设定为 40 ～ 45 人。由于每个学生的智力和能力都有差异，因此教师要根据这些具体情况来安排不同层次的班额。在一些实施小班教育改革的区域，规定的班级人数大约是 25 人。这就意味着要对现有的班级组织结构作出一定调整，使之适应新时期教育教学发展的需求。传统上，小学的班级组织往往遵循层次化的金字塔式布局。这种形式下，教师主要通过制定规章制度来对学生实施教育和管理工作，但往往忽视了学生作为一个独立个体的主体地位以及他们自身发展所需要的个性化需求。目前，随着对学生主体性和自主性的高度关注，班级组织逐渐走向扁平化，因此需要通过班级干部和中队委来构建多元化的班级管理模式。

（二）小学班级管理的特性

2006 年发布的《教育部关于进一步加强中小学班主任工作的意见》明确表示："中小学班主任工作是学校教育中极其重要的育人工作，既是一门科学、也是一门艺术。在普遍要求全体教师都要努力承担育人工作的情况下，班主任的责任更重，要求更高。做班主任和授课一样都是中小学的主业，班主任队伍建设与任课教师队伍建设同等重要。加强中小学班主任工作，对于贯彻党的教育方针，全面推进素质教育，把加强和改进未成年人思想道德建设的各项任务落在实处，具有十分重要的意义。"

1. 主观上，小学生更容易接受管理

相较于中学等其他年级的班级，小学班级的核心成员——小学生，因为年纪更小，并呈现出鲜明的"向师性"倾向。他们对班主任和相关的教师持有深厚的敬意，更容易接受他们的指导和管理，形成一种既像老师又像朋友的关系。

2. 客观上，小学生更需要管理

与过去的幼儿园和家庭生活相比，小学生活显得更为规范，仿佛"掉进了一个充满规则的大海"；小学教师不仅要传授学生知识，更要培养学生自主探究、合作交流能力以及创新意识和实践能力等多方面素质。这使小学阶段的孩子们具有更强的自主性。在学校的日常生活里，以结果为导向的学习方式已经超越了游戏，成为孩子们的核心活动。学习不仅是小学生的权益，也是他们的职责。小学阶段的学生对新事物具有强烈的好奇心和求知欲，他们渴望得到老师的尊重、信任、鼓励和表扬。小学阶段的班级组织以及人与人之间的交往标准更为严格，这使小学生在其中扮演的角色变得更为多样，同时他们也需要肩负更多的职责和义务。这就意味着，在小学班级管理工作中必须以学生为主体、以学生为本，从实际出发来进行教学工作，尊重每个孩子的个性差异。对于这些问题，班主任和相关教师的指导与奖励制度变得尤为关键，也需要有策略地引导班级管理向学生的自主学习和管理方

向发展。

同时，小学生的接受能力强而辨别能力差，容易受外界的干扰和影响。当代小学生，他们生活在包罗万象的环境中、成长于各类媒体作品的耳濡目染中，学习有了更加丰富的资源和更为广阔的想象空间。利弊同存，他们也更容易受到各种不良思想的毒害。因此，需要班主任和教师将社会主义核心价值观传递给他们。

二、小学班级高效管理基础理论

班级管理也是一种教育过程，在教育学理论中可以得到很多有价值的借鉴。

1. 马卡连柯的集体教育理论

马卡连柯被视为集体教育观念的杰出代表。他的集体教育理论主要阐述了“在集体中，通过集体，为了集体”的核心观点。

他持有这样的观点：“教育的任务是培育集体主义者”。为了实现这一目标，我们需要“构建一个合理的集体环境”并“确保集体对个体产生合理的影响”。

一个卓越的教师团队构成了培养学生团队的坚实基础。一提到培养人，人们往往会联想到“教师的责任和义务”。的确，在现代社会中，教师担负着重要使命。“一个教师团队应该拥有一致的工作方式，不仅要对‘自己’的班级承担责任，还要对整个学校负有责任。如果没有这样团结一致的教师团队，那么所谓的正常学校教育工作将是难以想象的。”他进一步阐述了这样一个观点：“培养一个人，就是为他塑造一个充满快乐的未来”，“如果一个集体的成员将集体的未来视为个人的未来，那么集体的规模越大，个人的价值也就越高、越美好”，这是一种“追求长远目标”的教育方式。

2. 苏霍姆林斯基的自我教育理论

苏霍姆林斯基认为，自我教育在教育体系中处于关键地位，“促进自我教育的教育才是真正的教育”。自我教育应该覆盖学生所有层面的精神世界，不断丰盈学生的内心。

变好的愿望是自我教育的强大内驱力，教育者的职责就在于要把学生变好的愿望引向正面诉求的轨道上来，使其明白要将个人梦想与国家兴旺、民族复兴和人民幸福结合起来。变好的愿望起始于正确的自我认识。“自我教育正是从这里开始的。这是人们各种思想感情微妙地交织在一起的焦点：责任感和纪律性，对自己的严格要求和自觉性，对生活的欢悦情趣和对邪恶的不妥协精神，自尊心和真正的人类的尊严——所有这些都是和认识自己这个问题息息相关的。”

3. 陶行知的解放儿童创造力与学生自治理论

陶行知认为，当我们真诚地加入儿童队伍中去时，便会发现小孩子不但有力量，而且有创造力。学生创造力的充分发挥，需要我们引导他们积极动脑、勤于动手、敢于开口，留足让他们独处的时间和空间。而其中“创造力最能发挥的条件是民主”，因此，应注重培养学生的自治能力，它的好处在于：

（1）学生自治能为学生提供充分展现自己的机会，体验独自面对生活和社会；

（2）学生自治能顺应学生的需要，因为成年人的思考明显区别于学生，我们所合意的未必学生合意，让他们自己制定规章制度，有利于规则意识的培养和学习生活质量的提高；

（3）学生自治有利于良好班风学风的形成，管理者和被管理者位置的不断变换，让更多的学生明白老师的良苦用心，进而养成良好的学习习惯和行为习惯。

但是，学生自治虽然妙处很多，操作起来却更应该谨慎细致，稍有不慎，状况频发。不能把它当作给老师省事省力的方法，而应该把它当成一个学问去研究，当成一个提升学生素养和丰盈内心的策略去实践。

第二节　实施小学班级高效管理的必要性

班级管理是小学阶段相当重要的一项工作，有效的班级管理不仅能够使教学活动顺利进行并取得预期的效果，也是教学活动顺利开展的有效支撑，更能够提高学生的学习积极性和学习效率。随着学校新课程改革的推进，传统的学校班级管理模式已不再适应班级成长的需要。传统的班级管理模式会使学生的个性受到约束，不仅不利于和谐师生关系的建立，也不利于学生的身心健康和德智体美劳全面发展，更无法激发学生的学习热情。事实表明，传统的班级管理模式不仅无法适应新课程改革的发展需要，也无法满足学生的学习需求和成长需要。改进班级管理模式已是当务之急，班主任应结合学生的具体情况，通过全面的综合考量，制订出适合班级管理的新方案。

一、小学班级管理存在的具体问题

（一）管理理念落后

目前很多小学的班级管理模式仍旧趋于保守，在管理的过程中主要通过“管教”使班级日常正常运行。管理的主要人员是班主任，在班级管理时要求学生服从班主任的管理和要求，以致忽视了学生的主观能动性。目前班级管理的观念落后主要表现在以下几个方面：一是师生关系不平等，具体而言就是老师是管教主体，学生需要服从，不能发表自己的意见和建议，不能违反学校和老师制定的规章制度，是从方方面面对学生进行管教；二是管理方式不够民主，在班级管理中学生不能发表个人看法，班级各种活动规则均是由任课老师或是班主任制定，学生没有参与的权利；三是班级管理缺少公平理念，没有重视班级管理的公平公正，引发学生和家长的不满，使班级管理效果不理想。

（二）家校之间的沟通与合作不足

班级管理，需要学校、老师、家庭、社会之间紧密团结、互相配合，共同合作承担起教育责任。作为班主任，与学生家长之间需要多进行互动和交流，以保证信息交流的畅通。在目前的班级管理过程中，有些家长与学校、班主任沟通频率太低，对班级管理工作的开展不理解甚至不信任，使家校社共育无法正常进行。在班级工作的实际管理中，个别班主任不与家长交流看法，从而使家委会的存在形同虚设。

（三）班主任的管理能力有待提升

班级管理水平的高低主要是由班主任的管理能力来决定的。若班主任的班级管理能力不足，会直接影响班级管理水平。小学班主任的班级管理能力不足是当前学校普遍存在的问题，需要进一步的改进和磨炼。班主任在工作的过程中，不仅要注重教学质量，还要管理班级的各项事务，任务繁重且复杂。班主任既要教导几十个学生的课业知识，还要关注学生的各项发展。这些都对班主任的管理能力提出了相当高的要求。有些班主任在教学的过程中，不善于总结管理经验，仍采用传统的管理理念，导致工作时力不从心，班级的管理工作也不尽如人意。导致这种情况主要是学校没有相应的监管考核体系。

（四）班级活动开展不足

班级活动是班级管理中必不可少的组成部分，但对于大部分班级来说，班级活动的开展十分有限。应试教育的主旨是希望学生能够积极获取知识，取得高分。所以对于班级活动的开展，大部分教师并不重视，这种思想的出现给班级管理带来了很多负面影响。比如，学生缺乏运动锻炼，各种交际能力得不到培养等。这些问题会阻碍学生的全面发展，不利于后期学习的进行。

（五）班级管理主体单一

目前小学班级仅将班主任作为班级管理者是远远不够的。这样产生的效果通常会弊大于利，进而导致班级的管理人员过于单一，无法从宏观角度进行调控。班主任在对班级事务进行管理的过程中，其体力、精力都跟不上，加之只有自己一个人在管理班级，这种行为也会直接影响班级管理的质量；没有任课老师的支持和帮助，班级管理的重任落在班主任一个人的肩上，班主任会明显感到力不从心。

二、新时代小学班级管理的新要求

（一）新课程改革给小学班级管理带来的新要求

新课程改革促使小学班级管理工作得以调整和优化。“核心素养”和“素质教育”是新课程改革的主要目标，希望通过改革活动的出现使学生能够全面发展，帮助学生从以往的应试教育中解脱出来。新课程改革的提出，十分重视学生在德、智、体、美、劳以及思想品质和个人素养方面的发展，同时对学生自身专业知识水平的提升也较为关注。只有从相关的管理制度、理念、模式等方面着手才能帮助新课改工作更好地实施下去。

（二）“双减”背景下小学班级管理要求

在教育行业的不断改革变化中，“减负”的呼声也越来越高，引起了师生的高度关注。在“双减”的呼声中，把握好小学班级管理的力度也成为班主任的首要任务，这要求小学生可以在科学的班级管理中得到全面发展，学习到各项知识。小学班级管理需要进行多种调整以满足“双减”政策的落实。

首先，要调整班级管理的具体目标，应以学生的心理需要和学习需求为主要目标，制订科学的班级管理模式。其次，在制订管理模式时，应结合学生的实际情况和个体差异进行任务划分，科学管理。最后，要加大师生间的合作力度，使学生参与班级管理工作，培养主人翁意识。

三、实施小学班级高效管理必要性分析

（一）有助于新课程改革和“双减”目标的顺利达成

新课程改革的推进工作需要班级管理给予积极的支持。新课程改革的目标宏远且伟大，实现起来重重困难。为此，就需要国家和学校制定多种配套措施进行整合支持。班级高效管理不仅能明显提升班级管理的质量和水平，对新课程改革目标的实现也有明显的促进作用。“双减”中须以学生需求为导向，减轻学生过重负担也需要小学班级高效管理为其营造良好的氛围。

（二）营造向上向善的班级氛围，提升班集体的凝聚力

良好的班级氛围能增强学生的归属感，平等的师生关系有利于班级人员的友好互助，科学的管理程序能使班级成员更具有凝聚力。

（三）有助于节约班主任的精力和时间，从烦琐的日常班级管理事务中脱身出来，提升自身的班级管理水平

传统的班级管理模式，班主任根本没有过多的时间对学生的学习和身心进行关注。改革后的班级管理模式，班级中的管理工作分给了班级成员和团队。大家各司其职，既可以共同为班级荣誉贡献力量，还能减轻班主任的工作压力。

（四）有利于促进学生个性化发展

教育领域当前推行的教育宗旨是培养综合型人才，使学生的综合素质得到全面培养。班级管理体系的进一步优化和完善，使个体差异的同学都能够实现自我价值，起到互补的作用，带动了班级的积极氛围，推动班级的向上发展。在班级管理的过程中，各有所长的学生自信得到了彰显，能够相互学习相互监督，取长补短。一些性格较为孤僻的学生在班级管理的过程中，在班级氛围的影响下，能够积极融入班集体，发挥自己在集体中的作用与价值，让自己的被需要感得到满足。

（五）有利于培养学生集体主义精神

一名优秀的学生应具备集体主义精神，这种精神品质可以推动班级的良性发展，使班级学生团结一致。班级管理的强化有利于学生的集体主义意识培养，使他们可以以集体利益为出发点，帮助其树立“一荣俱荣，一损俱损”的集体观。在班级管理活动中，每位学生都会参与到集体活动中，在集体中贡献自己的力量，并

通过集体获得荣誉，久而久之，不仅学生之间的人际关系会逐渐趋于良性发展，集体意识也会逐渐增强。

（六）有助于实现减负增效

小学班级管理的质量好坏直接影响着管理效率和学生的学习质量，优秀的管理模式可以使学生在良好的氛围中学习，大大提升学习效率。学生的学习状态是老师关注的重点，在不断地分析与总结的过程中，教师能够从中汲取更多的经验，学生也能感受到更加和谐的学习氛围。

1. 有利于提升学习效率

学生在小学时期由于年龄小，好奇心和求知欲强，是十分关键的教育阶段。此时，老师要引导和管理好学生，既可通过班会活动的开展，对学生当前的学习状态加以了解与引导，也可以借助专题活动的开展，拉近学生之间的感情，使其能够团结互助。

2. 有利于促进班级团结

良好的班风有利于班级的团结和学生集体意识的形成，所以班级管理的质量越高，班级的班风也会越好。此外，良好的班级制度和管理氛围，也能为学生后期的秩序意识养成打下基础。

3. 有利于增强学生素质

除了掌握书本知识，小学生的综合能力也需要得到锻炼，包括小学生的口语表达能力、沟通交往能力和人际交往能力等。班主任在进行班级管理的工作中，要突出学生的主体地位，开展丰富多彩的课外活动培养学生各方面的能力。在班干部任命的过程中，教师也应当对班干部的个人能力加以考核，发挥其优势，起到团结班级学生的作用。

第二章　小学班级高效管理中班主任的应有认知和必备素养

第一节　小学班级高效管理中班主任的应有认知

一、班主任的职责

（一）育人

班主任在进行“育人”工作时，必须遵循国家的指导思想，并满足社会对青少年发展的期待。要实现这一目标，需要我们在德育过程中坚持以人为本、尊重个性、关注学生个体、促进共同发展等原则。现代教育体系更多地强调道德教育的重要性，更全面地促进个体发展，更全面地服务于每一个人，更注重终身学习的理念，更注重因材施教的方法，更强调理论与实践的结合，更注重各方面的融合发展，以及更加强调共建共享的理念。

（二）全面负责

班主任是对一个班级及其学生“全面负责”的人。班主任工作的具体职责与任务主要有以下五方面。

(1) 认真了解每一个学生，关心爱护全体学生。能够细致地分析判断学生的内心、学习、生活等状况，并积极尝试与学生进行多样化的沟通和引导，促进学生德、智、体、美、劳全面发展。

(2) 细心耐心地开展班级日常管理工作，培养学生的规则意识、责任意识和集体荣誉感，营造民主和谐、团结互助、健康向上的集体氛围。

(3) 有效开展主题班（队）会，安全有序地组织社会实践等形式多样的班级活动，注重调动学生的积极性，着重培养学生自治意识。

(4) 积极开展学生的多元评价活动，充分激发学生的学习潜能，耐心引导其自信展示，让学生不断自我成长。

(5) 形成与相关教职员工的常态化沟通机制，构建家校社共育的积极状态，给学生营造良好的学习环境。

(三) 有限责任

班主任工作不是不限时间和地点的，更不是无限责任，它也有工作边界。

班主任的管理与教育只是班级发展和学生成长的影响因素之一，还有很多内在和外在的因素会对其产生巨大的影响，所以班主任只能是有限责任人。

二、班主任与其他班级管理主体

班主任是班级管理的主要实施者，而学生集体与班委会、任课教师、家长委员会也都是班级管理的主体。班主任要时刻牢记："你不是一个人在战斗！"但是这些班级管理主体需要班主任耐心、细心、用心地引领，才能发挥出最大的积极作用。

(一) 班主任与小学班级集体

苏霍姆林斯基曾经提到："集体是逐渐形成的。"在学生成长过程中，班级是最基础、最重要的场所之一。只有当班级中的每个成员都有一个共同的目标，并且每个人都有实现这个目标的自觉性、建立了完善的组织结构、营造了积极的心理环境，以及形成了正面的集体舆论，班级才能被提升为一个更高质量的集体。班集体作为学生成长和发展的摇篮，在其形成过程中具有重要作用。马卡连柯用简洁的话来描述这一点："教育了集体，团结了集体，加强了集体，以后集体自身就能成为很大的教育力量了。"由此可见，班集体在学校中占有重要地位。因此，教育、团结、加强集体，并充分发挥集体在教育中的作用，成为班主任的工作重点。

(二) 班主任与班委会

班委会是班级的核心力量，由班主任指派或由班级的所有学生选举产生。在现代学校管理中，班委会作为一个集体机构，其作用越来越重要，已成为一种不可缺少的基本管理手段和形式。从狭义的角度看，它主要是由班长、学习委员、生活委员（或劳动委员）、文艺委员、体育委员、宣传委员等六到七个常规班委构成的，其中以班长为最重要。从广义的角度看，还涵盖了小组长、各种特定的委员或团体，如"班级植物护理员"和"司法团"等。随着教育事业改革的不断深入，班级管理工作面临着新挑战。在某些班级中，我们看到了传统的分层组织方式，但随着时间的推移，更多的班主任开始在班级内部构建了多元化的核心管理团队，形成了一个管理网络。在这样的网络中，每个人都明白如何行动，每个人都有自己的任务要完成。班级管理核心团队成员之间相互协作和沟通，形成一种合力。这批班级管理的关键团队成员已经演变为新型的班级委员会。

在小学教育体系中，要让班委会及其所有成员“明确如何行动”，必须经过一个从“扶”（指导和协助）到“放”（信任和提示）的转变过程。这个过程也就是班委会由被“扶养”向自我发展转变的历程。班主任不仅需要在管理和领导技巧方面为班委会提供详细的指导，更为关键的是要培养班委会的服务精神、团队协作精神和领导才能。他们应该将班委会塑造成班级中的学生领袖，而不仅仅是自己的得力助手，更应警惕将其误用为监控班级学生的“亲信”或“告密者”。

（三）班主任与任课教师

无论是有意还是无意，任课教师都在通过他们的教学活动参与班级管理。由于他们所处的位置不同、所从事的工作性质各异，以及与之密切相关的社会因素的存在和变化，因而对班级管理有着不同的看法，甚至会出现截然相反的态度。由于学生在学校的大部分时间都投入课堂学习中，因此负责授课的教师成为对班级和学生成长产生重大影响的关键力量。如果班主任能够充分尊重和激励任课教师在班级管理中的积极参与，那么就有可能构建一个强大的班级“教师集体”，从而极大地提升班级管理的主体功能。

尽管班主任也是教师队伍中的一员，但“班主任”和“任课教师”这两种角色确实存在差异。班主任既要承担起自己所应担当的责任，又不能以完成任务为借口而任意占用时间和精力，更不能因工作失误或其他原因影响教学秩序，甚至对师生造成不良影响。班主任在教学过程中，既不应擅自占用时间进行班级管理工作（课堂教学管理除外），也不应在学生活动中随意进行补习或纠正错误等教学任务。

（四）班主任与家长委员会

家长（无论是父母还是其他监护人）在孩子的成长过程中起到了关键的教育作用。某些班级的家委会可能是由班主任组织的，或者是家长自己发起并建立的，这样家长可以更加积极地参与到班级管理中。某些学校已经建立了家长委员会的体制。家长委员会在班级中的主要职责通常是代表所有家长来听取并审查班级的活动安排；在学校和家长之间建立信息交流，加强家长之间的团结，并为他们提供教育资源；组织开展各项家校联系活动等。家长委员会的成立和其功能的充分展现，将有助于学校内外的主要教育资源形成协同效应。

（五）班主任与班规

班规不仅是班级成员共同遵循的行为规范，也是班级集体意愿的具体表现。班规能有效地约束和规范学生的行为，有利于提高教育质量。班主任不仅要注重班级规章制度的建立并根据这些规定来管理班级和学生，而且应当始终尊重并遵循这些规定。班规具有很强的约束力，能够有效地约束班级成员的言行，从而使每个人都能自觉地为实现共同目标而努力。班规作为一个关键工具，有助于将班级管理从“人治”的模式转变为“法治”的模式。

三、班主任与其管理对象

（一）班主任与小学班级

班主任既是班级的管理者，也应该是班级的领导者。管理者是受到上级任命在岗位上从事工作的，他们的影响力来自这一职位所赋予的正式权力。领导者能够通过正式权力范围之外的活动来影响他人。所有的管理者都应该是领导者，但不是所有的领导者都必须是管理者。

1. 班级的管理者是班主任

管理的本质是一个协同工作的流程，旨在确保组织能够与他人高效合作或通过他人达成既定目标。班级构成了学校学生的基础组织结构，而班主任则是负责组织班级事务和指导班级集体建设的关键人物。班主任不仅要确保各位教师的教学工作得到良好的协同，还要确保班级的管理、建设，学生的教育和指导都做得出色。同时，班主任还应鼓励少先队和班委会组织班级活动，并作为连接学校、家庭和社会的桥梁，确保及时了解学生在家庭和社区中的表现，并指导家长和社区与学校合作，共同完成学生的教育任务。

2. 班级的领导者应当是班主任

从深层次来看，领导不仅仅是一种影响，更是一种相互追随的关系。人们常常会选择那些他们认为能够满足他们需求的人，正是因为人们愿意跟随他们，他们才得以成为真正的领导者。当领导者的个人素质与其所担任的职务相结合时，他们的影响力将会显著增强。班级组织的核心目标是培养学生，因此班主任更应该扮演班级的领导角色，成为小学生的人生指导者。

在小学阶段，新入学的孩子们普遍展现出强烈的“向师性”倾向，班主任需要明确地意识到，这种“向师性”主要源自班主任自身的职责和角色。“当一个孩子走进学校，成为你的学生，他会深深地信任你，你说的每一句话对他而言都是神圣的真理，他认为你是智慧、理智和道德的代表。”班主任应当珍视这样的信赖，并努力提升自己的专业素养。“只要你的学生对你抱有期望并对你充满信任，你便成为真正的教育者和指导者，你是权威和生活智慧的具体体现，是朋友和战友”。由此可见，如果班主任不能成为一名出色的领导者，那么他也将失去作为一名真正教育工作者的身份。

（二）班主任与小学生个体

观察一个人的成长历程，我们可以发现班主任在小学时期对其个人发展起到了巨大的作用。他是小学生在学习和处理事务时最有影响力的指导者。现阶段，我国的小学大约有 444 万个教学班级，大约有 450 万名教师担任班主任，这对超过两亿的小学生产生了深远的影响。这些班主任的综合素质，他们的工作成果，都直接关系到小学教育的整体质量、小学教育目标的达成、一代或多代学生的健康发展，以及中华民族的长远前景。

当面对年纪尚小且持续成长的小学生时，小学的班主任需要扮演以下几个关键角色。

1.“亲人”与教育者

年仅 6 岁的孩子是从幼儿园或家庭环境中来到学校的。在幼儿园环境中，除了教师外，还有专门负责照看孩子日常生活的保育员。随着家庭生活品质的不断提升，孩子们也受到了越来越多的宠溺和细致的关爱。当他们上小学的时候，一些小学生日常生活的自理能力还没有完全掌握，甚至可能会产生入学时的焦虑感。因此，新入学的孩子们不仅要熟悉学校生活中的严格规定，还需要在情感上进行适当的补偿。对其他年级的孩子们而言，在他们的学习和日常生活中，经常会碰到各种各样的难题和挑战，他们需要关心和协助。因此，班主任应当像小学生的家人一样，为他们提供如同父母一般的关心和温暖。

但是，一些年轻的班主任为了迎合学生的喜好而与他们建立过分亲密的关系，这最终导致他们失去了学生的尊重；一些资深的班主任，为了确保学生全身心投入学习，不惜承担班级的所有事务，成为班级的“看护人”。这两类班主任在扮演“亲人”的角色时，都没有充分考虑到班主任的另一个核心职责——教育者。作为班主任，对学生的爱应该是理智的、有责任感的、致力于学生精神成长的。班主任对学生的关爱应当融合“亲人”和教育者的双重角色。

2. 对话与指导者

“班主任应当如同学生的家人”这句话体现了深厚的人道主义关怀，而“班主任应当成为学生的对话者”则突显了对学生平等人格的高度尊重。与学生进行情感交流也是教育过程中的需求。基于平等和相互尊重的交流可以深入学生的内心，并增加他们的自尊感受。作为与未成年人进行对话的班主任，首要任务是善于听取他们的意见，以避免陷入主观偏见和先入为主的思维模式；此外，我们还需要擅长明确地传达信息，既要为学生提供适当的指导，也要防止话语霸权的出现。

3. 管理及示范者

早在春秋时期，孔子就已经明确指出：“其身正，不令而行；其身不正，虽令不从。”班主任作为教育者，首先应该成为他人的楷模。同时，小学生具有极高的敏感性和模仿能力。著名教育家孙敬修指出，教师的一言一行对孩子都是很有影响的。孩子的眼睛就像是“录像机”，耳朵就像“录音机”，而大脑则是“电子计算机”。因此，教师必须对自己设定严格的标准，确保自己的行为和语言都符合社会主义核心价值观，用优美的语言、行为和心灵来影响和教育孩子。由于班主任与小学生有着频繁的互动，因此在进行班级管理活动时，必须始终铭记示范者这一重要角色。

四、班主任的权利

（一）享有普通公民和教师应有的一切权利

班主任作为普通公民，享有《中华人民共和国宪法》所授予的所有公民权利，包括但不限于平等权、政治权利和自由、宗教信仰自由、人身自由，以及在社会经济和文化教育方面的权利。女性与男性享有同等权利，如同工同酬的权利。

作为一名教师，其权利在《中华人民共和国教师法》（以下简称《教师法》）中有明确保障：

（1）进行教育教学活动，开展教育教学改革和实验。

（2）从事科学研究、学术交流，参加专业的学术团体，在学术活动中充分发表意见。

（3）指导学生的学习和发展，评定学生的品行和学业成绩。

（4）按时获取工资报酬，享受国家规定的福利待遇以及寒暑假期的带薪休假。

（5）对学校教育教学、管理工作和教育行政部门的工作提出意见和建议，通过教职工代表大会或者其他形式，参与学校的民主管理。

（6）参加进修或者其他方式的培训。

（二）班级管理中班主任的专有权利

根据《中小学班主任工作规定》（以下简称《工作规定》），班主任所享有的权利体现在以下两个方面。

1. 班级管理与教育的权利

《工作规定》明确表示，“班主任是中小学日常思想道德教育和学生管理工作的主要实施者，是中小学生健康成长的引领者。”可见，班主任是学校开展德育工作的直接组织者和管理者，其地位和作用不可替代。作为班主任，不仅有责任管理和教育班级内的学生，还需要引导他们健康地成长，这也是班主任应当享有的特殊权利。班主任必须依法履行这一法定权利。在管理班级和教育学生的过程中，需要运用多种策略。班主任的主要职责应是尊重学生并给予他们正面的激励。然而，《工作规定》也特别指出，在日常的教育教学管理中，班主任有权以适当的方式对学生进行批评和教育。教育部在 2020 年 12 月正式公布了《中小学教育惩戒规则（试行）》，并计划在《中华人民共和国教师法》的修订过程中明确规定教师的教育惩戒权利。

2. 进修、培训的权利

尽管每位教师都有参与进修和培训的权利，但过去的班主任很少有机会和渠道进行这样的学习和培训。《工作规定》明确表示，“教育行政部门和学校应制订班主任培养培训规划，有组织地开展班主任岗位培训。”“教师初次担任班主任应接受岗前培训”，“教师教育机构应承担班主任培训任务，教育硕士专业学位教育中应设立中小学班主任工作培养方向”。这些文件为班主任继续教育提供了政策保障。

在 2006 年的 8 月，教育部正式推出了《全国中小学班主任培训计划》。该计划规定，从同年的12月开始，小学班主任的岗位培训制度建立。此外，培训的经费主要依赖各级政府的财政支持，并通过多种途径筹集资金。该计划还特别设立了专门的小学班主任培训经费，并明确禁止向教师个人收取任何培训费用。这些情况都表明，班主任的继续教育和培训权益已经获得了政府强有力的支持。

五、班主任的一般管理方式

不同的班主任，在用不同的方式管理班级。一般情况下，班主任通过以下方式让班级管理工作得以落实完成。

(1) 职务权力。班主任可以采用直接命令的方法安排学生完成学习任务，学生一般情况下都会服从。这虽然是班主任最常使用的方法，但不是专业方法。

(2) 人格权威。有些班主任的气场特别强大，不需要动用权力，也无须声色俱厉，学生就会乖乖地听话。你甚至看不到他有“管”的痕迹，但班级井然有序。有些班主任被认为很有“个人魅力”，“魅力”也属于人格权威。人格权威不属于专业技能。有很多著名名班主任的人格权威很强大，带班业绩很好，但不可复制，因为根本学不会。

(3) 关系情感。有些班主任和学生关系很好，学生出于对班主任的感情，愿意听班主任的话，也会努力学习，因为他们不想让班主任失望。“关系”在管理中的确非常重要，某些情况下，甚至超过规章制度。依靠关系和感情做管理，说白了就是“人治”。班级管理不可能完全排除“人治”的因素，因为所有的工作都是人做的，而人是有感情的，人与人之间是有关系的。但班级管理不应该完全依靠关系和感情。不仅是班级，在任何单位如果仅凭着感情做事，不仅管理者会非常累，而且会出现很多问题。因为关系有亲有疏，感情有个人主观色彩，有倾向性，这些都会影响管理的公平公正。

(4) 管理制度。用制度做管理是主流的专业管理方法，但因为班级是一种特殊的非营利性组织（所谓“特殊”，指的是班级是由未成年人组成的，学生在班级里的主要任务是学习文化知识而不是工作，这是班级与其他组织的不同之处），所以能够在企业管理中发挥作用的制度，在班级里不一定那么有用。班级制度中的奖励处罚力度明显不能很大（学生表现好，班主任不能给他发奖金；学生不听话，班主任不能开除他），学生完全可以不在乎。所以，班级的管理制度需要特别设计，既要符合学生的特点，还要融入教育元素。班级的管理制度绝不是为“管住学生”而设计的，而是为了在管理中发展学生而设计的。

班级这种非营利性组织管理的一大挑战是不能用强制性的手段。但是依然有很多班主任在班级里采取高压控制的强硬手段，而且取得了不错的“效果”。其实，这只不过是因为学生和班主任相比处于相对弱势的地位，班主任利用自己的权力性影响力“统治”着班级。这种做法从本质上说是有问题的，特别是在当下，更容易引发师生冲突、家校冲突。这不是好的管理方式，甚至根本不是管理。

班主任必须慎重地对待这些挑战，抛弃高压控制的工作方式，思考如何用更加智慧的方法取得良好的管理效果。

第二节 小学班级高效管理中班主任的必备素养

一、素养的内涵

素养是指通过长期的学习、训练和实践逐渐形成的知识、技能、能力、态度等方面的综合表现。

专业素养指的是对人的某几个方面的特定要求，它代表了从业人员坚实的职业特质，是基于人的天赋，并通过科学的教育方法和个人成长来塑造的。作为一名教师，应该具备什么样的专业素养？专业素养和专业能力是两个不同的概念。一个人可以通过短期的培训来提升自己的专业技能，但要真正培养专业素养是相当困难的，因为它与一个人的思维方式、态度和价值观紧密相关，只能通过个人的持续自我提升来实现。专业素养包括专业知识、职业技能和职业道德三个层次，每个层次又包含了若干具体要求，这三者之间既有联系又存在着一定差异。专业素养是指一个人在从事特定工作时所应具备的专业素质和修养，它是一个人在道德、知识、能力和心理等方面的先天条件和后天习得的综合体现。

二、小学班主任的核心素养

小学班主任的核心素养是指小学教师，特别是新入职的教师，在担任小学班主任职务时所需具备的关键品质和能力。

根据《中小学班主任工作规定》，选拔班主任时，除了要考虑教师的基本工作条件外，还需要特别关注以下几个方面：①工作作风端正，心理状态良好，并且是学生的楷模；②对学生充满热情，并擅长与学生、家长，以及其他授课教师进行有效沟通；③对工作充满热情和敬意，拥有出色的教育指导及组织管理能力。

这三项标准实质上揭示了小学班主任应当具备的基础素养。从心理学角度看，小学生是一个比较特殊的群体，他们的认知能力相对较低，在成长过程中会出现各种心理问题，这就需要小学教师不断地提升自身素质。结合管理学的相关理论和班主任素养的研究，我们可以将小学班主任的核心素养概括为以下几个主要方面。

（一）责任意识与移情能力

1. 责任意识

责任意识意味着小学班主任能够明确地认识到自己所肩负的责任，并且能够自觉、认真地去履行这些职责。责任意识不仅在个体发展过程中有着重要作用，而且也影响着一个民族的整体素质和社会进步程度。著名的德国诗人歌德曾经表达过这样的观点：责任意味着对自己要完成的事情充满爱意。因此，承担责任本身就是生命意义的一种体现，人们可以从中找到心灵的满足。可见，责任意识对于一个班主任来说至关重要。具备责任意识的班主任往往将教育学生视为自己的职责和义务，而相对地，他们更倾向于将责任视为一种强制性的负担或个人的无私付出。

小学班主任的责任意识主要体现在三个方面：对小学生负责、对社会负责以及对自己负责。对小学生负责是指班主任必须把小学生当成一个完整的人看待，不仅要关心他们的学习和生活，更要关心他们的成长。班主任应当对小学生承担起教育责任，因为他们深知自己对班级中每位学生的全面成长都负有不可推卸的责任。这种责任由于班主任与小学生之间的紧密联系和小学生的高度可塑性，比其他教师所承担的责任更为广泛和重要，其影响也更为深远。对社会负责，则是指班主任要把小学生作为自己所承担的责任主体，并通过自身的努力去完成这一任务，这就是班主任必须具备的基本素养和职业操守。对社会负责意味着班主任需要明确认识到，虽然小学生在当前阶段是儿童，但在未来他们将不再是儿童，而是变成了少年、男青年、女青年、父亲、母亲……“今天的学生，是未来的公民”，从而认识到教育是自己肩负的历史责任；把育人与成才结合起来，这是班主任工作的出发点和落脚点。对自己负责意味着班主任需要对自己的专业成长和个人进步承担责任，持续追求自我实现的目标，以便更好地适应社会发展和学生个人发展的需要。

对学生负责、对社会负责，以及对自己负责，都是紧密相连且辩证统一的。教师只有具有强烈的责任意识才会有爱心。如果没有责任意识，就不可能培养出“师爱”；只有对他人和自己都具有责任意识时，才会自觉地担负起教育责任。只有具备责任意识，我们才能在与天真无邪的小学生亲密互动的过程中，以及在不断积累的教育经验和成就感中，逐渐培养出对学生和事业的深厚情感。

2. 移情能力

移情能力主要体现在班主任能够站在小学生的立场上，深刻理解他们的情感和感受。班主任的移情能力不仅影响着他的教育教学工作效果，而且会直接作用于学生的心灵世界，从而使其形成正确的人生观、价值观，以及良好的道德品质。在实际的教育教学中，有些班主任将责任和爱变成了妨碍班主任反思和进步的障碍。如果班主任没有这种意识，就无法有效引导孩子们健康成长。因此，小学班主任不仅要有强烈的责任感，还需要拥有移情能力。也就是说，小学班主任不仅仅是将孩子视为“人”（而不是“白板”），更应该深入地理解孩子们的心灵世界，将孩子视为“儿童”（而不是“成人的预备”），而不是用“我为你好”的态度来对待孩子。作为班主任，我们应当尊重孩子们的成长阶段，而不是为了他们的将来而损害他们当下的生活。

当然，如果小学班主任不仅理解孩子们，还能保持一颗纯真的童心，不端“架子”，与小学生建立一种既是老师又是朋友的亲密关系，那么班主任的管理和教育就会更加贴近学生，更容易获得学生的主动参与和支持。

（二）学习意识与探究能力

小学班主任的学习意识和探究能力意味着他们应该具备强烈的好奇心和求知欲，将在学业上投入的时间视为其专业生涯的核心部分，并持续地进行探索和创新。小学阶段学生的认知水平有限，他们往往缺乏独立思考、自主探索的精神，因此小学班主任必须加强对自己教学行为的反思，以提高自身的教育素养，培养出适应时代发展需要的人才。班主任在学习和探索时，应该在科学知识、实践经验以及小学生的学习与探究这三个方面都有所体现。

1. 对科学知识的学习与探究

首先，小学生对这个世界总是怀有浓厚的好奇心，而这种好奇心正是他们创新能力的重要来源；小学教育作为基础教育，肩负着培养创新人才的重任。其次，在信息化的社会背景下，科学知识更新的节奏持续加速，小学生的思维模式也在持续演变。最后，小学阶段是人生成长最关键的时期，这一时期的教育对人的一生都有非常重要的影响。此外，对学生来说，学习是他们的首要职责。所以，小学班主任不仅要做好日常班级管理工作，还要承担起引导孩子们进行自主探究式学习的重任。因此，只有当班主任拥有开放的思维和强烈的求知欲时，他们才能真正理解并正确地指导小学生，将他们培养成具有创新精神和人文修养的人才。教师是学生成长道路上的引路人，教师是学生学习生活的指导者和参与者。苏霍姆林斯基明确指出："你的知识、你的求知渴望和阅读爱好，就是你个性教育力量的强大源泉。"所以，班主任必须在教学过程中善于激发和调动小学生的积极性，使其主动参与到教学活动中来，让他们在轻松愉快的气氛中学习，从而达到提高教学效果的目的。作为一名以教育为中心的小学班主任，不仅要深化对教育学、心理学以及管理学的理论知识，也要努力学习更多科学领域的知识。

2. 对实践经验的学习与探究

教师所掌握的知识可以被划分为两大类别：一是理论性的，二是实践性的。

教师所掌握的实践性知识构成了其专业成长的核心知识基础，并在教师日常工作中起到了不可或缺的作用。显然，每一位班主任要从初学者向卓越的专业者成长迈进，都需经历一段漫长的过程，而学习的热情和探索的能力则是推动其专业进步的关键因素。班主任只有通过自我反思，才能真正提高其专业素养，促进其成长为一名优秀班主任。班主任不仅需要从他人的经验中汲取营养，还需要从自己的实际操作中学习，并在不断研究成功或失败的各种影响因素，以及在实践过程中遇到的新问题的基础上，形成自己独特的实践智慧，以促进自己在专业领域的持续发展。

3. 对小学生的学习与探究

玛格丽特·米德，一位美国的人类学家，曾经把人类文化分类为前喻文化、并喻文化以及后喻文化这三个不同的类别。前喻文化意味着年轻一代主要是从他们的长辈那里汲取知识。并喻文化是指当年轻人开始学习新知识时，他们往往把自己所接触到的各种事物作为一个整体来看待，意味着晚辈与长辈之间的学习都是在同龄人之间进行的。后喻文化是指年长者向年轻者学习，并不存在一个固定不变的模式，而是随着时代的变迁而变化着。今天，我们步入了历史上一个崭新的纪元，年轻一代在对神秘未来的后喻性解读上获得了前所未有的权威。这种变化不仅表现在教育方面，更在于他们自身。因此，在后喻文化的背景下，身为成年人的班主任，也应当或者必须“从孩子那里汲取经验”。只有通过向孩子们学习，我们才能真正地认识儿童；只有当你成为一个与小学生平等交流的人时，你的个人素质才有可能得到提升。

（三）团队意识与领导能力

团队意识和领导能力意味着班主任需要有效地运用和整合各种教育资源，这些资源对班级和学生的个人成长都有深远影响。班主任应该擅长组织团队，并在团队中展现出前瞻性、决断力、控制力、影响力和吸引力。一个优秀的班主任，必须具备较强的团队意识与领导能力。班主任需要擅长组织两个核心团队，分别是班级教育团队和班级活动团队。首先，班主任需要与授课老师、家长和学生骨干共同组建一个灵活的教育团队，以实现教育的综合效果。其次，要组织好班级教育工作小组，使之成为一个有机联系、相互协调的整体。再次，班主任还需引导学生建立各式各样的班级活动团队。最后，班级管理团队也是一种组织形式，它具有一定的灵活性、开放性和创造性。一方面，我们需要建立一个可以共同参与的、整体的班级团体，另一方面，我们还应该组织各种特定的活动团队，为学生的多种智力发展创造更多的机会。班主任需要具备一定的组织管理能力，才能将自己所拥有的资源进行整合和分配。在团队建设过程中，班主任应当充分运用其前瞻性、协调性和感召力等多方面的领导才能，并作为核心来组织各种活动，以实现既定目标。

第三章　实施小学班级高效管理的前期准备

第一节　建立互信、互助、互动的家校关系

学生在班级中的成长受到众多因素的共同作用，若这些因素能够协调一致并产生协同效应，将极大地推动学生的健康成长。其中一个重要方面就是教师和学生之间形成良好的关系，这也是实现班集体建设目标的基础条件。在班级教育合力形成的过程中，班主任应该充分发挥其主导和引领的作用。

这种作用主要体现在作为学校内部教育力量的桥梁，充当班级与家庭之间的连接纽带，以及学校与社会之间的沟通纽带，从而实现学校、家庭和社会三者的有机结合，以便让更多有价值的教育影响能够渗透到整个教育过程中，让学生在各种积极的教育元素的影响和滋润下健康地成长。

一、校内教育力量的整合

学校内部的教育力量不仅包括班主任，还涵盖了学校的高层领导、相关部门的教师和授课老师等。在班级管理中，这些力量是互相配合的。整合这些教育力量，并以协同的方式对每位学生施加教育效果，这正是班主任应尽的职责。

（一）与上级领导部门的沟通

班主任要协调班级与学校领导及主管部门领导之间的关系。班级是学校的最小管理单位，管理的结果将直接影响到整个学校的教育管理[1]。

1. 主动加强与领导的沟通

所有的教师都深切地希望得到领导的理解、表扬和支持，但与领导进行有效沟通时，教师常常感到害羞、畏惧或不知道该如何进行沟通。在学校管理中，有些

[1] 李军鹏，代贝．优秀班主任八项修炼 [M]. 南京：江苏教育出版社，2006：113-114.

校长为了达到某种目的，往往会把“领导”这个词当成一种工具来使用。实际上，聪明的领导者也希望对教师和学生的情况有更深入、更全面的了解，以消除上下级关系中的戒备心态。因此，教师可以主动地向上级汇报他们的工作进展，表达自己的疑惑，寻求必要的支持，并通过主动和有效的沟通与领导建立相互理解和信赖的关系。

2. 把对工作的关注放在第一位

无论一个领导的性格如何，他对待下属的态度主要还是基于他们的工作表现。作为班级的班主任，首要任务是保持积极的工作态度，做到敬业和认真，并始终对自己的工作充满热情；还要不断学习和掌握新知识，只有使自己成为一个优秀的管理者，才能适应时代发展的要求，更好地服务学生，做好班级管理。在与领导进行沟通的过程中，班主任应当以优化工作流程和提升教育水平为第一目标，而非追求个人利益。

3. 争取学校的支持

班主任不应该只是埋头工作，而应该定期反思：自己的职责是否与学校的总体教育和发展策略相结合。如果是的话，可以在学校内部组织一次学习活动或进行一次培训，以使教师了解学校的总体要求和办学特色。同时，可以适时地提出一些具有创新性的观点和建设性的意见，以展示自己独立工作的能力，尽可能地用出色的工作表现来说服领导，从而赢得学校的最大支持。

（二）与科任教师的协调教育

在班级教育体系中，任课教师扮演着不可或缺的角色，而优秀的班级集体建设也离不开他们的密切配合。因此，加强和改进班主任队伍建设，充分发挥任课教师的积极性与创造性，就显得十分迫切和必要了。然而，在实际情况中，可能是因为一些班主任习惯于“单打独斗”，或者是因为一些任课教师的“育人”意识不够强烈，任课教师往往容易变成班级工作的“旁观者”。马卡连柯表达了这样的观点：“无论哪一个教师，都不能单独地进行工作，不能作个人冒险，不能要求个人负责，而应当成为教师集体的一分子。”因此，加强班主任和任课教师之间的联系非常必要。在全员德育观念的引领下，班主任应当主动地邀请任课教师共同参与班级管理活动，并与任课教师建立紧密的教育合作关系。

▶【实操指南】

(1) 营造良好的教学氛围。首先，班主任需要引导学生为任课教师营造一个干净、温馨的教学氛围。比如，为任课老师准备一把舒适的椅子，在寒冷的冬季放置一个暖和的坐垫，确保每堂课前的黑板和讲台都被清洁得一尘不染，诸如此类。这种方式不仅能让任课教师在课堂上感到舒适和愉快，还能通过参与这些活动，培养班级学生对任课教师的尊重。其次，在新学期开始之前，班主任寻找机会向学生介绍每位任课教师在教学方面的成就和个性上的优势，从而提高任课教师在学生心目中的认可和地位；在此基础上，向任课教师明确指出班级和学生的优势以及需要重点关注的方面，确保任课教师为此做好充分的心理准备。

(2) 确保及时传达任课教师和学生之间的互相赞扬。作为班主任，我们应该经常积极地与任课教师和学生交流关于教学的情况，并有计划地将他们之间的赞美之情传达给他们。尽管学生可能会直接向他们喜欢的任课教师表达自己的情感，但通过班主任的传达，任课教师会更加珍视和喜欢班级的学生；同时，当任课教师对学生表示赞赏时，班主任也应该及时传达这一信息，让学生感受到任课教师对他们的关心和重视。班主任向任课教师和学生传达积极的情感，将极大地提升任课教师的教学效果和学生的学习动力。

(3) 鼓励任课教师熟悉班级的管理计划，并主动邀请他们参与各种班级活动。为了鼓励任课教师积极关注班级的进步，班主任需要主动地与任课教师分享自己的班级管理理念和计划，主动征询他们的看法，并与他们共同探讨如何更好地加强班级管理和学生教育，确保任课教师真正认识到他们在班级管理中的核心地位。与此同时，班主任应当热心地邀请任课老师参与班级组织的各种活动，如班级会议、家长课堂、阳光体育和娱乐活动，甚至新年的庆祝聚会等。这类活动有助于深化任课教师与学生之间的互动，促进相互了解，并推动班级和谐。

(4) 真诚地面对自己犯下的错误。在工作中，由于各种因素如教学标准的不统一、管理策略的差异等，班主任和任课老师之间可能会出现冲突。班主任应当站在学生整体发展的角度，真诚地面对工作中出现的错误，并主动地承认这些失误，以期赢得任课教师的理解和宽容。

(5) 妥善解决任课教师和学生之间存在的冲突和矛盾。在学生与任课教师之间，难免会有一些不协调的情况发生，甚至会产生冲突。在这种情况下，班主任必须采取公正的态度，及时掌握事件的始末，迅速解决存在的矛盾，并有效地消除误解。面对学生向任课教师提出的各种观点和合适的建议，班主任需要进行深入了解、分析、筛选和权衡，并在恰当的时机以合适的方式向任课教师反馈，以便他们能更有效地完成教学职责；当问题出现在任课教师身上时，班主任不仅需要与任课教师进行有效沟通，还需确保学生明白任课教师的初衷，并努力赢得学生对其的认同和理解。

（三）争取学校教辅、工勤等人员的支持

班主任作为班级管理的主要负责人之一，其言谈举止和工作方法都会潜移默化地影响学生，从而影响整个班集体。在学校环境中，学生不仅需要接受班主任和任课教师的专业教育，还可能在与教辅人员、工勤人员（例如学校医务室的工作人员、保安人员、食堂厨师等）的互动中受到影响。班主任不仅需要身体力行，在日常交往中起到示范作用，更重要的是教导学生要尊重学校的每一位员工，争取他们对学生教育的支持。

二、学校与家庭协同育人

（一）学校教育与家庭教育的关系

家庭教育和学校教育是推动学生健康发展的两个重要方面，缺乏家庭教育的学校教育和没有学校教育的家庭教育都无法完成培养人才这一极其精细和复杂的任务。

1. 教育目标的一致性

无论是家庭教育还是学校教育，都肩负着对少年儿童进行教育的重任。虽然“育人”是它们的共同追求，但两者在教育上都有各自的重点和相互补充的作用。家庭教育是学校教育的基础，它包括家庭中的文化教育和家庭环境教育两个部分。学校教育肩负着为社会培育未来一代的重任，由一群接受过专业培训的教师组成，他们以分年级段、分学科、有计划的方式，为学生提供系统的文化科学知识教育，旨在促进学生在德、智、体、美、劳等多个方面的全面发展；家庭作为孩子成长发育的场所，也担负着培养子女良好品质和行为习惯的重任。家庭教育主要是通过父母对孩子日常生活的精心照料，以及口头教诲和身体示范，以潜移默化的方式促进

孩子健康地成长。因此，学校教育和家庭教育既相互独立又相互影响、相互促进。由于学校教育和家庭教育在目标设定上具有高度的一致性，因此两者需要密切合作、相互支持。

2. 家庭教育、学校教育各具优势

家庭为孩子提供了成长的基石，而学校则是他们接受教育的正式场所。家庭教育和学校教育是相辅相成的两个方面，共同对儿童进行塑造。在培养人才的过程中，这两个方面都有其独特的优点，并且都起到了不可替代的作用。

在人的一生中，家庭教育始终是至关重要的，并带有众多独特的优点。家庭教育对一个人的一生起着至关重要的作用，如何发挥家庭教育的独特功能是值得我们思考和探索的问题。首先，父母和子女之间存在一种其他任何关系都无法替代的血缘关系。如果家长能够用积极的情感和价值观去影响和引导他们的孩子，那么就能更有效地培育孩子的优良品质。此外，家长可以通过各种途径对自己的孩子实施心理暗示，使其自觉形成正确的世界观、人生观、价值观。其次，家长与孩子之间的互动最为频繁，对他们的了解也最为深入，这使他们能够基于孩子的实际情况，进行针对性的教导。再次，家长对自身修养也会更加重视，这有利于孩子形成正确的人生观和世界观。最后，在对孩子实施教育时，可以利用一切可能出现的机会来启发他们思考，使其产生强烈的求知欲望。如果家庭教育中的这些优点能够被恰当地利用，那么肯定能够取得出色的教育效果。

学校教育的一大优点是：培养人才是学校的核心职责。学校作为一个特殊的机构，其独特的功能决定了它在培养人才方面有着不可替代的作用。学校在人才培养方面具有深厚的理论基础和实际操作经验。无论是学校的管理层还是一般的教育工作者，在教育实践中通常都会受到专业的指导，或者具备一定程度的实践经验，因此教育过程是有组织、有计划的。这些因素决定了学校在育人方面能够取得较好的效果。在教育和培养学生的过程中，学校和教师经常找到了众多实用且有效的策略。这些经验对于培养高素质人才，促进社会发展有着重要意义。此外，学校成为孩子们与同龄人汇聚的地方。因此，如果学校能够创造一个鼓励学生们积极进取的氛围，并为他们提供一个良好的学习环境，那么学生们更有可能被有效地引导和影响。

3. 家校合力有助于孩子健康成长

在孩子的成长过程中，学校和家庭都是两个至关重要的环境，它们各自拥有独特的教育优势。如果教师和家长能够共同努力，孩子们将在一个积极和谐的环境中健康地成长。相反，如果环境不佳，孩子可能会感到迷茫，从而偏离了学校和家庭的期望和方向。所以，家长要想促进孩子健康全面地发展，就必须重视家校合作。对学校而言，强化家庭与学校之间的合作主要依赖于班主任的有效执行。

（二）班主任与家长沟通的原则

1. 尊重性原则

在人格层面上，家长和班主任享有平等的地位，他们之间并没有所谓的教育或被教育的联系，而是一种非常重要的合作关系。如果班主任与学生家长沟通得不好，往往使教师和孩子都受到伤害。因此，当班主任与学生家长共同探讨学生的教育议题时，他们应当给予家长充分的尊重，学习倾听，真诚地听取他们的建议，而不是以教师的角色去批评或指责家长。持有武断、抱怨、指责和命令式的观点，可能会伤害家长的自尊心，从而导致家长不愿意积极地支持班主任的工作。

2. 理解性原则

班主任需要理解家长对孩子深沉的关心和爱护。他们喜欢自己的孩子，也希望自己的孩子能得到最好的发展。对父母来说，他们认为自己的孩子是最出色的。当班主任与家长进行沟通的时候，应该更多地从家长的视角出发，去关心和理解家长的感受和心情；班主任应该用一颗真挚、仁慈和理解的心来展现对孩子深深的关心和爱护，这样才能赢得家长的信任。

3. 信任性原则

班主任应当对家长保持信任，因为真正对孩子漠不关心的家长是比较少见的。相反，他们都有一颗爱孩子的心，愿意为孩子付出一切，这就需要班主任与家长建立良好关系，这是做好班级管理工作最基础的条件。当家长将孩子托付给学校的老师时，他们对班主任的信赖是发自内心的。这种信赖是否能够持续，很大程度上取决于班主任的人格魅力。班主任与学生家长之间的关系十分微妙，如果没有足够的诚意和爱心，就很难建立起和谐融洽的关系。通过与家长的深入互动，班主任展现出的热忱的工作态度和耐心的工作方式，成功地触动了家长的内心，使他们对教师产生了信任、理解和支持。

要想获得家长的信赖，班主任在真诚地听取家长意见和建议时，必须具备出色的判断力和心理承受能力。面对家长的建议，班主任需要进行冷静的分析，并对意见（有时甚至是尖锐的批评）持开放的心态。班主任必须尊重并相信每一位学生家长，与他们建立起相互理解、相互关心和相互信赖的关系，这是做好家访工作的基础。班主任不仅应当以真挚和耐心的态度，认真听取家长对于学校教育和教学活动的各种观点和建议，也要对家长在支持学校工作方面的贡献表示感激。如果你想使自己的思想和行为符合家长们的愿望，就必须先与家长建立良好的沟通渠道，并通过各种途径向他们表达我们的想法和要求。唯有通过情感的触动，我们才能赢得家长的深厚信赖，并实现与家长之间的沟通和共同的教育目标。

4. 边界性原则

班主任需要对自己的职责边界和问题解决的具体步骤有深入的了解。由于家庭和学校之间的频繁沟通，班主任与学生的家庭成员接触是不可避免的。特别是在家庭教育方面，可能会涉及夫妻矛盾、婆媳关系紧张等问题。在这种情况下，班主任需要有清晰的界限意识，避免直接介入学生的家庭纠纷，也不应轻易评判任何一方的对错。

此外，班主任有责任全心全意地承担和执行自己的职责，绝不能将其归咎于家长。例如，当学生在学校遭受欺凌时，教师有责任认真处理，而不是简单地期望家长自己来处理。

5. 灵活性原则

在与家长进行沟通的过程中，班主任需要考虑到每个人的具体情况。由于家长们对于学校教育和子女教育的看法各不相同，班主任还需要对学生家长的文化背景、职业经历，以及他们对子女的期望有深入的了解。基于这些信息，班主任应该能够及时、客观和全面地向家长反映其子女的实际表现。

此外，当班主任在与家长进行沟通时，需要注意沟通的方式和方法。针对各种不同的目标和场合，我们需要明确谈话的主题和方法，并在突发情况发生时，能够迅速地调整对话的内容和形式。要达到以上这些要求，就要提高对家访工作重要性的认识。比如，有一位母亲禁止她学业成绩不佳的孩子参加春季的社会实践活动，班主任对此进行了家访。当班主任到这名学生家进行家访时，学生的母亲正在准备晚餐。班主任抓住这个机会，笑着说："以我们做饭为例，如果一锅饭糊了，我们就不再做饭了吗？我们大人不也是会犯错误吗？”学生的母亲露出了笑容。接着，班主任深入地探讨了学生成绩下滑的各种因素，并成功地实现了他的期望目标。

（三）家校合作的方式

1. 学校开设家长课堂

在家庭与学校的合作中，开设专门的家长课堂并与家长进行有效沟通是最普遍采用的策略。在学生进入小学阶段后，家长就成为班级管理中不可缺少的重要组成部分。该平台为班主任提供了一个便捷的途径，可以更好地了解家长，同时让家长了解学校的教育现状和孩子们的成长情况。家长课堂可以采用各种不同的方式。

（1）交流式。对于教育领域中普遍存在的问题，可以进行深入的理论研究，或者进行具体案例的分析，或者组织经验分享会议。

（2）对话式。围绕一两个显著的议题，展开亲子、教师、师生和家长之间的对话。

（3）展示式。通过展示孩子的作业、创作、获奖证书或组织学生进行实地表演等方式，家长可以在班级环境中更好地了解他们的孩子。

（4）报告式。针对学生入学后某一阶段或普遍存在的问题，邀请专家进行报告并在现场解答疑问，以帮助家长解决他们在教育上的疑惑。

（5）联谊式。教师、家长和学生聚集在一处，通过表演等方式，共同营造一个和谐的氛围，加深彼此的感情和了解。

（6）参观游览式。学生、家长和教师共同参与外出的参观和游览活动，以便在活动过程中认识到各自存在的问题并加强相互之间的沟通。

（7）总结式。在期中、期末或某个活动结束之后，需要向家长报告班级的情况，提出疑问，并寻求进一步的成长。

（8）线上课堂式。在微信上进行线上交流互动，邀请家长参加在线学习和讲座等活动。利用网络小程序，我们会不定时地向家长推荐与家庭教育相关的课程，例如珠海的“香洲好家长”空中课堂得到了家长们的普遍好评。此外，家长还可以在家庭教育公众号上分享一些关于“家教锦囊”的文章，帮助他们提升教育能力。

2. 班级家长委员会

班级家长委员会是一个由班级学生家长代表组成的组织，主要负责协助班级的日常管理和学生的教育事务。该组织既可以是由班主任发起和组织的，也可以是由家长发起并邀请班主任共同参与形成的。家长委员会在学校与家庭之间架起了一座沟通的桥梁，对促进班集体建设有重要意义。它能更有效地激发家长在班级管理方面的积极性。然而，家长委员会能够有效地发挥其作用，与班主任的指导是分不开的。

为了确保家长委员会的工作能够有效地开展，班主任应当向家长委员会提出建议，制定相关的规章制度和活动计划，并邀请家长委员会共同参与班级教育计划的制订、班级活动的策划与组织。家长委员会的积极参与和集体努力，可以使班级学生的教育进入一个更为宽广的空间。

3. 实地家访

苏霍姆林斯基曾经指出，在教育的过程中，我们应该满怀爱心和期望，如果在实地家访中融入这样的关爱，那么效果可能会超乎我们的预期。

家访作为班主任与家长之间交流的一种方式，有助于班主任更直观地了解学生所处的生活环境，更广泛地与学生的家庭成员进行互动，从而使双方的交流更为深入和具有针对性。家访可以帮助家长及时了解到学生在校期间所发生的各种情况，并通过谈话方式对其给予指导，帮助孩子尽快适应学校生活。在进行家访之前，务必明确家访的具体内容和目标，熟悉家访的礼节和需要注意的事宜，并带着热忱、关爱和方法进行家访。

班主任为做好家访应注意以下技巧。

（1）明确目的，精心准备。在进行家访之前，班主任需要明确自己的目标。家访的核心目标并非是向家长抱怨或因教育效果缺失而将责任归咎于家长，而是希望与家长真诚地交流看法，激发家长对子女教育的热情，获得家长的支持，并共同努力更好地教育学生。因此，在进行家访之前，需要对被家访的学生进行深入了解，包括他们的学习情况、在学校的纪律遵守情况和生活习惯等，要明确家访要解决的问题和要达到的效果。此外，班主任还需要制订一个详细且实用的方案，充分考虑与学生家长的沟通问题、沟通方法，以及如何根据家长的不同心态进行有效沟通，确保沟通的目标明确。

（2）预约时间，把握时机。家访需要占用班主任和家长的休息时间，何时进行家访，以及访问哪些学生的家长，这些都需要在合适的时机进行。

通常情况下，当学生因病无法前往学校或在生活中遭遇特别的挑战时，应当尽快进行家访；当学生有严重的违纪行为时，我们需要先调整他们的情绪，然后进行家访；当学生的行为出现意外或显著的情绪波动时，例如他们近期有很大的退步，或者他们的情绪因外部原因突然变得不稳定时，与家长进行及时沟通是非常必要的。如果教师没有把握时机就去家访，会给孩子带来许多不必要的麻烦。班主任在进行家访时，不应仅仅在学生遇到困难时才去，这样可能会导致学生和家长形成固定的思维模式，从而在家访过程中产生不正确的心理预期。在进行家访时，除了要基于学生的实际表现，还需要考虑家长的日常作息习惯，提前做好预约，并确保准时到达。建议不要选择在家长上班前的短暂时间，或者是学生家庭用餐、学生家中有亲友来访、宴请宾客、婚嫁喜庆、学生父母发生纠纷等时间。

（3）三方互动，沟通心灵。在进行家访的过程中，班主任应该为家长和学生提供表达自己看法的机会。这样做不仅可以提高家访质量，还能促进双方的沟通和交流，使孩子得到更全面的发展。家访中教师的态度、方式对学生有着很大影响，因此，班主任应该尊重并倾听学生家长的意见。

在进行家访的过程中，班主任不仅要向家长汇报学生在学校的表现，还需深入听取家长的反馈和建议。家长所了解的信息更具有真实性和可信度。当学生看到班主任进行家访时，他们经常会感到心理上的压力。班主任需要提前了解这种心理状态，并在家长面前更多地对学生进行表扬，而较少或以婉转的方式批评学生；为了确保学生能够成为焦点，班主任不仅要为他们提供足够的发言时间，还要注意倾听和表达，既不要说得太多，也不要过于激动，以免引起学生的反感。班主任应该耐心地引导学生，鼓励他们勇敢地表达自己内心的真实感受，只有这样才能真正地解决问题。

4. 请家长到校交流

如果有个别学生频繁遭遇某些问题或产生严重后果，班主任有必要邀请家长到学校进行进一步的讨论和商议。这不仅能让班主任了解学生存在的不足与问题，而且能使家长及时得到帮助和支持，从而促进班级管理工作顺利进行。随着教师工作的节奏逐渐加快和压力持续增大，“请家长”逐渐成为班主任解决个别学生问题的首选方法。这种方法既方便又快捷。因此，正确的使用该方法可以帮助班主任更好地解决问题，但如果方法使用不恰当，容易激起家长的不满。班主任要想有效地处理好与家长的关系，就必须掌握一定的方法和技巧。在实际的教育过程中，班主任必须擅长与家长进行沟通。一方面，班主任必须把握好时间——及时回应家长对班级管理的要求，班主任经常利用各种时机向学生家长通报班级情况，并通过电话等形式主动了解家长对班级管理工作的态度和看法。每一次邀请家长到学校进行讨论，不仅是一个解决问题的好机会，也为加强家校之间的合作提供了良好的契机。因此，班主任一定要尊重并信任学生家长，以平等对话的方式处理好与学生家长之间的关系，从而促进班级建设。另一方面，班主任需要具备耐心，不仅要认真听取家长的观点和关心的问题，还要能够坚决地阐述学校的政策和立场。由于教师和家长都有各自不同的价值观和思维方式，因此，在处理问题时，不能简单地采取一方的观点和做法。只有当双方都深入理解并给予支持时，我们才能为学生提供一个真正有益的成长环境。

【实操指南】

(1) 努力营造良好气氛。班主任应当致力于创造一个积极的对话环境，以减少家长和班主任之间的心理隔阂。班主任与学生家长之间的关系是平等的，是建立在情感基础上的人际关系。只有当班主任展现出对家长真挚的关心和对孩子深沉的关怀时，才能换回家长的真诚。班主任必须全面了解学生的家庭情况、性格特点，以及教育方法等多方面因素，做到有的放矢。在与家长进行沟通之前，班主任需要重新定位自己的角色，成为家庭教育的指导者和提议者，以朋友的身份与家长进行交流，并在一个和谐的对话环境中与家长达到共识。

在与家长进行沟通的过程中，班主任应当认真地听取家长的反馈和建议。对于家长给出的正面反馈，班主任应该及时给予认可，并适当地运用身体语言，例如点头、身体前倾和目光集中等，也可以适当地加入一些简洁的表达方式，如“对”“是的”“很好”，甚至可以将家长的积极意见记录在笔记本上。当遇到问题或困难时，也可直接向家长诉说情况，以期得到帮助。这种做法能让家长深刻认识到自己的观点和影响的重要性，并让他们觉得自己受到了高度重视。

(2) 要有的放矢。家长的时间是非常宝贵的，为了接受老师的邀请或根据与老师的约定前往学校，他们可能需要提前向所在的工作单位请假。因此，当班主任邀请家长到学校时，必须要解决一些重要或迫切的问题，理解家长的困境是非常重要的，不能仅因为投诉而随便邀请家长到学校。

班主任需要提前掌握家长的教育习惯和性格特点，并预先确定合适的对话地点和方式，以减少潜在的冲突。同时，还可以通过一些简单的话语来表达自己对家长的理解与尊重，并尽量做到言简意赅，使学生家长能够迅速地接受教师提出的建议。建议应当避免使用如“你应该怎样”或“你不应该怎样”这样命令性的措辞和语气，而更应使用“我想……这样会不会更好”或“你看这样行吗”这样委婉的表达。切忌用威胁的口气说话。当然，在确认无疑时，应该用非常坚决和肯定的语气来表达。

（3）评价学生要公正客观。为了帮助家长减轻焦虑和尴尬的情绪，班主任可以先从学生身上的闪光点开始，让家长通过班主任对孩子的深入了解和客观分析，感受到班主任的关爱和责任感。当提到学生犯下的错误或他们的不足之处时，班主任应该根据具体情况，用理解和积极的态度向家长解释。

（4）动之以情。戴尔·卡耐基曾经指出，采用建议的方式可以帮助人们纠正错误，因为这有助于保持他们的尊严和自尊。这句话同样适用于班主任工作中对学生的批评。当班主任与家长进行对话时，应该客观地反映观察到的各种情况，并诚实地分享自己所付出的努力，同时，要保持情绪的饱满，态度的真诚，语气的婉转，并多用建议性的语气来表达；当与家长在观点上出现分歧时，应该在耐心听取家长的陈述之后，再明确表达自己的观点，做到礼貌对待、以理服人，避免直接对抗和争论；对学生的缺点与不足进行分析时，一定要实事求是，不能夸大其辞，以免影响师生之间的情感交流，破坏双方间和谐的师生关系。当面对家长的批评和建议时，班主任必须展现出机智和内敛的态度，避免过于傲慢。否则，可能会损害家长的自尊，使他们产生一种天生的防备心态，最终可能导致双方关系破裂，从而影响班主任在家长心目中的形象。

5. 书面交流

家校之间的联系为教师和家长提供了一个关于孩子全面发展的桥梁。它包括书面交流和口头交流两种形式。书面沟通有多种方式，包括但不限于通知、便条、表扬信以及家校联系本等。其中家校联系本最常用也最能体现家校沟通效果。在此，我们主要讨论家校联系本。

在设计时，可以从以下几个方面进行考虑。

(1) 在联系的时间上，应遵循定期与不定期相结合的原则。所谓“定期”，就是教师应根据学校生活的特点和班级的实际情况来确定某些日子为固定联系日。例如，每周一可作为提供本周学习重点、活动重点、德育重点与相关要求的固定联系日。所谓“不定期”，就是根据学校、班级和学生的临时状况而进行的联系，比如临时调课、作息时间变更、交款等，又如对个别学生的某些特殊要求等。定期与不定期相结合，可以使家校联系既具规律性，又有灵活性，从而提高有效性。

(2) 在联系的内容上，应遵循共性与个性相结合的原则。所谓“共性与个性相结合”，就是家校联系本既可以作为传达学校的有关通知，提示一段时期内学校的工作、活动重点及要求，分析班级存在的问题的有效载体，又可以成为班主任与家长讨论个别学生存在的个别问题，教师与家长双向交流个别学生取得的进步、获得的奖项的有效载体。突出家校联系内容的个性要求，不仅有利于对学生因材施教，进行个性教育，而且有利于激发家长进行家校联系的热情，增强联系的实效。

(3) 在信息的传递上，要具有双向性。家校联系本进行的是教师与家长之间的信息交流，其目的决定了这种交流应该是双向的。实现信息传递的双向性，要求教师设计出便于家长发送信息的联系形式，如在教师输出的信息后面可附有“回音栏”“家长的话”，也可以定期制作“调查表”“征求意见表”等。同时，教师要对家长的反馈通过各种途径做出积极反应，以尊重和维护家长的积极性。

(4) 在语言表达上，要注重学生的感受。家校联系本是以学生为中介进行的，学生是教师信息与家长信息双向传送的二传手，教师与家长要直面学生进行交流、发表意见。这种特殊性对教师与家长的联系水平要求更高，联系中必须充分顾及孩子的心理感受，既要具有教育性，又要积极发挥以情感人的正向作用，还要充分表达出对孩子的尊重、理解、信任和关爱，切忌双向“告状”“诉苦”或“责任推诿”等现象的出现。

6. 家长志愿者

随着家庭与学校之间的合作日益深化，更多的家长选择进入学校参与教育活动，这无疑为学校教育带来了新的活力。家长参与各种活动并担任核心角色。他们既可能是班级的摄影师，也可能是班级社团的校外辅导员，或者是活动的后勤支持，甚至可能是走进课堂的特别教师。他们凭借自己的热情和专业技能，有效地弥补了班主任工作的不足。

家长志愿者的无私奉献不仅给班主任的工作带来了诸多便利，也深刻地影响了班级学生的世界观。在与家长志愿者的合作过程中，班主任老师需要注意几个方面的问题。

（1）除了在私底下向家长志愿者表达感激之情，还可以在班级家长微信群中称赞这种无私的爱心。如果你想让孩子获得更多知识和技能的话，也可通过家长微信群来实现。在合作的过程中，不应认为这是天经地义的行为，而应始终保持高度的尊重和信任，并随时给予表扬。

（2）避免对家长志愿者的过度依赖。班主任需要对自己的职责有明确的了解，不应将原本应由自己或学生承担的任务交给家长志愿者，如清洁教室或分发教材等。

（3）保持正确的心态，确保公平和公正。由于与老师的合作关系，家长志愿者通常能获得更多的互动机会，从而更容易进行情感上的交流。作为班主任，我们必须冷静地对待这一问题，不应在教育学生的过程中注入过多的情感，因为这可能会影响公平和公正，而公平和公正地对待每位学生是教师道德的核心部分。

（4）对于像“家长进课堂”这种活动，班主任不仅有责任，还有义务对宣讲内容进行仔细审核，以确保其观点正确、方式安全、内容健康，并且具有教育意义。

7. 电子信息交流

随着社会的不断发展，电子信息交流逐渐被广泛应用于家庭和学校之间的沟通，其主要方式包括手机短信、微信、电子邮件等。这些电子交流工具在传递信息时可以直接发送和接收文字、图片或声音，并且能够实现即时互动。这些电子信息的交流手段让信息的传递变得更为迅速、便捷和直接。

（1）微信家长群。如今，微信不仅是班主任用来管理班级的关键工具，它已经变成家庭与学校之间沟通的新渠道。利用微信开展班集体建设，既是一种创新，更是对传统教育模式的挑战和革新。众多班级都建立了属于自己的微信群，其功能如下所述。

第一，由于班级里的每位家长都在微信群里，微信通知正逐步取代传统的纸质通知方式，展现出其迅速和灵活的优势。班主任所承担的任务繁多且复杂，微信在某些特定领域，如学生出勤管理等，都能提供很好的支持和帮助。

第二，它能够使班主任及时分享班内学生群体的动态信息，便于开展针对性的教育工作。例如，通过展示活动照片，家长可以更加直观地认识到自己孩子所处的教育环境的独特性，以及孩子在集体环境中的行为和影响。此外，班主任也可以通过微信群与家长分享他们的工作体验和当前状态，这将有助于更多的家长更好地理解和支持班主任的工作。

第三，通过微信可以实时反馈班主任对每个学生的了解和认识，从而使班级管理更加科学有效。微信不仅是一个工具，还能帮助班主任及时评估学生的表现。例如，某些班主任特意创建了微信群以展示他们的作业，这种方式既直观又高效。

第四，利用微信平台，班主任与家长可以深入探讨班级中的诸多议题，例如，如何规划孩子的课外学习，家庭教育过程中可能遇到的问题，以及对当前教育状况的反思等。让家长参与到教育活动中，不仅有助于提高教育效果，还有助于加强家校之间的和谐关系。

微信群作为一个沟通的平台，允许每个人分享自己的看法，因此班主任在利用它时需要注意以下几点。

第一，班主任需要致力于创造一个积极正面的舆论环境，并将微信群发展成为家庭和学校共同教育的平台。它不仅是沟通师生情感和交流的桥梁，而且能够让班主任的工作开展得更加顺利。例如，在新年之际，众多家长会在微信群里向班主任送上新年的祝福。班主任在回应时，可以对这一年学生的进步表示肯定，对家长们的持续支持表示感激，并为新的一年制订自己的策略和计划。如果是孩子生病了，班主任还可以通过微信来提醒他们注意身体。这种做法不仅能与家长的祝愿产生共鸣，还能展现出班主任对学生深沉的关心和真挚的心意。

第二，班主任需要通过自己的行为和言辞来展示人民教师应具备的专业素质，并且在表达信息时应使用规范和礼貌的语言，例如，在发布任何消息之前，应先表示问候，并经常使用如“谢谢”“辛苦了”“感谢支持”等表达方式。

第三，面对部分家长在微信群里传递的消极或不满意的信息，班主任需要迅速掌握实际情况，及时通过私信进行沟通，认真听取家长的需求，并妥善解决出现的问题。教师要注意对学生进行正确的价值导向教育。建议家长避免在微信群里制造更多的问题或释放自己的情绪。班主任应当给予家长和学生充分的尊重，避免发表可能侵犯家长和学生隐私的言论，也不应公开点名批评学生，同时发布的照片中也不应出现损害学生形象的画面。

（2）微信家长群管理的建议。

第一，给家长群起一个好名字，比较温馨一点的。比如，“×× 班家校联盟”“我们的 ×× 班”等。群好比是家长、老师在网上联络聚会的一个俱乐部，要给家长们一点“家”的感觉。

第二，不强求每位家长都加入群，但是群做得好，信息很重要、有价值，通过家长之间的宣传，大家自然会加入。比如，班主任要在网上开家长课堂，不加入群就无法参加。

第三，所有家长一律实名，统一要求是“学生姓名 + 关系（爸爸或妈妈）+ 家长姓名”，如“张强爸爸张 ××”。

第四，明确要求家长既不要在群里发培训班、销售信息等内容的广告链接，也不要转载与教育无关的文章。对于家长发表的不当言论要积极干预，表明态度，善意提醒。提醒几次之后，情况就会好很多。

第五，经常在群里宣传班级好人好事，表扬学生，点评一些典型案例，展示学生的优秀作品，传递自己的价值观。这样，家长也会以这些素材教育自己的孩子，间接地帮助班级形成好风气。

第六，经常在群里表达对家长支持班级工作的感谢之情。逢年过节，虽然不发红包，但少不了和家长的互相问候。

第二节　明确选拔班级管理核心成员的标准

一、组建班级管理核心团队

（一）班级管理核心团队的作用

班级管理核心团队成员在班级学生中起榜样作用，不仅是班级活动的组织领导者，也是班级自主管理的骨干力量，更是班主任工作的左膀右臂。

当前，越来越多的班主任认识到，将个别学生作为班级管理的核心成员是有局限性的，应该充分调动更多学生的主动性和积极性，让每一位学生都有机会得到锻炼和展示，形成对岗不对人、因人设岗的自主管理、换位教育、集体提升的班级管理理念。

（二）班级管理核心团队的形式

班级管理核心团队大致可以分为以下几种具体形式。

1. 知识成长团队

以各科学习代表为组长协助教师开展教学活动，帮助学困生，以同伴的监督积极引导督促每一位同学紧跟老师的教学进度。

2. 活动组织团队

主要负责班级品德教育、体育锻炼、文娱活动等的设计与督促落实。活动组织团队既可以是相对固定的，也可以是依据活动的性质、目的、规模、时机等临时组建的。团队的组建既可以由班主任指定人员，也可以在班主任指定负责人之后由负责人召集，还可以采取项目组竞聘的方式。

3. 日常管理团队

管理教室的保洁、采光、通风、节能、用餐、课间秩序、课后服务等工作，主动与同学谈心开导，帮助他们摆脱各种困境。

4. 文宣团队

具体负责教室文化布置、班级博客和公众号的日常管理。

二、班级管理核心团队建设标准的构建

团队建设是班级管理的核心主体，是一项艰巨而系统的任务，班主任应充分了解每一位学生的特点，以清晰的思路和明确的目标进行团队建设。

（一）班级团队建设的基本原则

“无为而治”既是班级管理追求的终极目标，也是班主任希望达到的理想状态。要达到这种状态，只依靠班主任一个人的力量是不可能实现的，需要每一个学生参与进来。通过实践发现：学生都希望自己能够成功，得到他人的认可。团队建设应以学生为主体，以学生发展为主要目的，根据学生各自的特点进行人员分配和责任分配，体现出公平公正的民主管理原则，使学生的身心得到全面综合发展。

大多数学校开始注重班级考核工作的细化开展，并通过这种方式，逐渐提升

其班级管理质量。对班主任来说，班级之间的评比与相关活动的进行，既可以增强学生的凝聚力，也可以培养学生的集体荣誉感。班主任虽然会想方设法地提升学生在活动中的参与度，使其获得荣誉感，但是也会存在一些疏漏的地方，从而使部分学生的参与度与荣誉感无法达到其应有的效果。对于这种问题班主任也是心有余而力不足。对学生来说，集体荣誉与个人荣誉是紧密联系在一起的，个人成败也关乎着集体成败。当一个人影响到团队时，团队中的其他人也会积极地鼓励他，帮助他获得成功。

因此，在团队建设工作中，需遵循整体大于个体的原则，注重学生内在能力的提升与建设，将激励与肯定作为手段，通过常规活动的开展，实现班级工作的分工管理。在对学生个体进行评价的过程中，合理有效地利用激励与表扬手段，凝聚团队力量，发挥团队与个人优势，齐心协力为团队争光。为保证这一要求得到有效实现，班主任需有意识地对学生的个人能力进行培养，让他们对团队产生认同。

（二）班级团队建设的基本要素

班主任在组建团队时，应充分考虑每一个学生的个体差异和优势劣势，通过目标设计分配好每一个学生。通过宏观层面的思想引导和微观层面的细节把控，使团队建设的意义体现出来。

【实操指南】

在建设班级团队时，可以通过下面几个方面进行人员搭配。

(1) 组建富有竞争力的班级团队。在进行团队组建前，班主任应结合任课老师对学生进行充分的了解和分析，依照班级学生的学习能力、活动能力和优势劣势等方面进行评估，通过综合分析将不同级别的学生分配在不同的团队，使每一个团队总体实力不相上下，通过人数均分的方式组建为 6 ～ 8 个团队。有数据表明，组建的团队实力越相当，在班级活动中竞争活力就越强。

(2) 确定团队核心人物。团队的领导人员应由本团队通过民主选举产生，是团队中每个成员认可的最优秀的人物。

(3) 班级中的所有团队均富有自己的特色，并不断地进行优化。学生可在各自的团队中互相学习，互相帮助，互相竞争，共同进步。

(4) 团队座位区域化。根据组建团队的数量将教室划分为相应的学习区域。在进行区域规划时，可按团队骨干人员的综合评价进行排序，将选择权交由团队的优秀人员进行选择。团队成员的位置，按照综合评价进行安排。

(5) 设立团队展示平台。每个团队可在教室板报上划分自己的展示区域，使成员都有机会展现自我。板报上面可以体现团队成员的座右铭，既可以写上自己喜欢的励志名言，也可以把团队任务和目标写在上面。在每一次班级活动竞争比赛后，将团队的比赛结果更新在教室板报上，使每一位学生随时了解团队的分数和排名，关注团队的成绩，激发团队成员的上进心。

（三）班级团队的培养和形成

班级团队的形成，需要充分考虑团队成员的个体差异，并不是随意指定几个同学为一组那么简单。一个团队的成员，应有共同的责任心和荣誉感，能够互相依赖、互相信任，共同完成目标。在班级的日常活动中，可以通过团队活动使团队成员之间得到锻炼和磨合。

1. 培养团队意识和团队情感

一个团队中，不能只选取优秀的学生，应将文化课成绩不同的同学安排在一起。这样成绩优秀的学生在团队中能够发挥自己的学习优势，带动其他基础薄弱的成员共同进步。成绩较差的成员能够充分认识到自己的不足和价值，有了积极努力的劲头，不想因为自身的原因给团队“拖后腿”。

班主任在进行班级团队管理时，根据学生的个体差异适当地施加压力，使团队成员变压力为动力；形成成员之间相互监督，言行文明规范，能够一起遵守班级和学校的规章制度；使团队成员的上进心能够得到激发，增加团队的凝聚力。通过各种各样的班级活动，使团队成员从内心感受到荣辱与共的责任感和使命感，能够同甘共苦，每一个团队成员都有强烈的上进心，彼此之间结下深厚的同窗情谊；在班级活动的竞争比赛中，争先恐后地为团队争取荣誉，创造成绩，使团队成员都得到成长，变得越来越优秀。

2. 培养团队骨干的强势核心动能

在进行团队运行管理时，班主任要重视团队中骨干成员的带动作用，可通过各种有效的方法使这些成员的积极性带动团队中其他人员的热情。优秀学生的带动作用是一个团队高效优秀的关键。班主任可以通过培养团队优秀骨干人员，使团队的整体素质得到提升，使团队中每一个成员都能够在骨干人员的带动下提升自己，为团队和班级争光。长此以往，班级的团队管理效果就会充分地显现出来。

3. 强化团队的掌声与喝彩

在成长中的小学生，都希望得到老师和同学的肯定和表扬，希望得到家人和朋友的认可。班主任可因材施教，结合不同个性的学生开展不同的班级活动，通过比赛竞争的方式，使学生们的心理需求得到满足，激发学生们不断进取、争强好胜的精神，使学生们好学上进，为团队争光。在班级活动进行的过程中，对于有进步的成员，班主任可带头给予肯定和鼓励，引导同学们一起鼓掌，形成良好的班级活动氛围和竞争氛围，使用积极正能量的"你可以的""你很棒"等言语鼓励团队成员。通过老师和同学们的喝彩，团队成员会更加有信心。

4. 构建良性竞争机制

优秀的团队离不开良性竞争，这也是培养团队的秘密法宝。班级团队之间的竞争并不是将哪一个团队淘汰，而是通过团队竞争的方式使团队成员之间能够相互比较，相互较量，激发每个团队的潜力。因此，在策划竞争活动时，应根据每个成员的个体差异科学地分配任务，照顾到每一个成员的心理，使竞争活动保持公平、公正，通过你追我赶的竞争方式，使同学们之间形成良性竞争，使团队成员相互团结。

（四）班级团队管理的运行机制

组建班级团队后，在运行时需要制订相应的管理方案。

【实操指南】

班主任可以通过以下几个方面进行方案制订：

（1）日常工作团队化。将班级同学进行细分，成立团队后，当有班级活动时，团队的荣辱感和责任感就体现出来了，团队中的同学都有了切身的体会。在参加学校的团队活动时，优秀的学生为班级争得荣誉，不仅个人会获得奖励，他所归属的团队也会有相应的奖励，与他一个团队的同学也会感到开心和自豪。与争得荣誉一样，若有同学不遵守校规班训，不仅个人会受到相应的批评和惩罚，也会扣掉团队的分数。当个人的行为与团队关联在一起时，学生就会意识到自己不仅仅代表自己，还代表着自己所在的团队，自己的一言一行都会影响到团队的分数和荣誉。此时所有的学生都希望能够与团队一起共荣辱、同进退。团队中优秀的成员为了团队的集体荣誉，会帮助被扣分的同学改正错误。这种团结的行为会使每一个同学的心中感受到温暖，感受到团结的力量，从而使团队的成员更加严格要求自己，更加努力去使自己变得优秀。

每个班级的团队将轮流负责班级的日常任务，并进行监督和管理，对每一个团队完成任务的情况做记录并进行评比。团队中的每一个同学也会细分到具体的任务，同学们之间可以相互帮助，一起完成团队任务。这样，班级的日常工作便可良好地运行下去。

班主任在进行班级管理的过程中遇到的最大的难题就是班级的纪律问题。不过将日常的班级管理工作进行团队化细分后，通过团队的区域效应，经常调皮捣蛋的学生便会受到座位的影响。当出现纪律问题时，团队的优秀成员便会出面进行制止；对于纪律比较差的同学，会有优秀的学生主动要求与之同桌，在一定程度上减少了此类学生的纪律问题；纪律差的学生在周围环境和团队成员的情绪压力下，会有所收敛，慢慢便会养成遵守纪律的好习惯。

班级劳动和班级卫生方面，同样实行团队轮流负责的方法，并将打扫卫生的考核评比与团队的分数关联起来，打扫卫生的质量和保持时长均与团队分数挂钩。各个团队会暗自较量，都想使自己的团队成为最优秀的团队，团队中的成员会相互帮助，相互协作，进而将卫生做得干干净净。

在音乐、体育、美术等课外活动中，均可以组建团队的方式进行比赛和锻炼，以激发同学们的积极性，提高同学们的集体荣誉感和团队凝聚力，使同学们的个人特长能够充分地施展、发挥出来，为自己所在的团队争得荣誉。

（2）课堂学习团队化。学生在学校的主要舞台就是课堂，这也是班主任的主要工作地点。所以，各科任课老师应积极支持班主任的工作，同时班主任也要取得任课老师的理解，使团队管理模式能够充分地融入课堂学习中，使学生以团队的方式进行课堂学习，在团队管理的模式中带动每一个学生的课堂积极性，使班级整体的成绩和质量得到提高。团队的模式可以通过下面两个阶段进行。

一是“预习合作”学习。“预习合作”的核心是团队成员的相互合作、优势互补，以及团队成员的自主学习。通过团队的方式让学生进行优势互补，相互提问，共同预习；如果确实碰到了学习上的难题，团队之间可以进行探索分析，使学生在相互学习的过程中养成团队精神和合作习惯。

二是"探究合作"学习。"探究合作"的核心是让团队成员能够拓展智能，享受学习带来的激情，形成团队竞争意识。在学习的过程中，同学们都不想落后于他人，不过没有合适的机会表现自己。在进行"预习合作"时，每个团队都有自己的学习目标和任务，这些任务交由团队成员进行解答，对于不完整的地方可以由其他成员进行补充，使班里的每一个同学都能够清楚问题所在。

团队中的成员在进行学习合作的过程中，都提出了自己的看法，享受到了团队的思考成果。在进行团队竞争学习中，通过团队成员之间的练习、拓展和探究，使每一个团队成员都能够参与其中，感受到团队集体的精神动力，切身体会到学习带来的乐趣。这种团队学习的模式和氛围正是团队建设希望达到的目标和建设意义。

在课堂上进行教学时，各科老师要多鼓励班级团队的表现。对于优秀的团队和个人可以给予不同形式的鼓励和奖励，使学生的学习欲望能够被充分地激发出来，充分地享受到学习带来的乐趣和团队带来的成就感。

第三节　选拔与培养优秀班干部

一、班干部的选拔任用

班干部的表现决定了班级管理的质量。如果一个学生仅仅是某个具体岗位的责任人，他干不好最多就是这个岗位的工作没做好。但是按照科学管理班级的架构，只要有一个班干部选得不对或用得不好，就会给班级管理工作造成很大的麻烦。

（一）利用临时班委会的过渡期物色正式班干部人选

新建班级第一周就要成立临时班委会，因为班级各项工作需要马上做起来。但匆匆忙忙组建起来的临时班委会很难说每个人都很称职。

临时班委会到正式班委会的过渡期大约是一个月。这一个月是班主任考察、物色正式班干部的宝贵时间。班级管理不只是班干部在做事，通过组织架构，所有人都有了岗位，学生一人一天轮流担任值日班长，一个月下来，也有一半左右的人担任过值日班长了。他们在工作中的表现，给班主任和全班同学提供了观察的机会。

班级里每个学生的个性、能力是不同的。你既不可能要求所有人都很热情主动，也不可能要求所有人都很能干。事实上，一个班级只要有一小部分人很积极，大部分班级管理事务就能解决了。这一小部分人，就是班干部的人选。

班主任要充分利用过渡期对班级里哪些同学适合做班干部作出基本的判断。有些班主任喜欢根据学生的特长选择班干部，比如成绩最好的学生担任学习委员，会唱歌、跳舞的做文娱委员，能写会画的做宣传委员，身体壮实、喜爱运动的做体育委员，等等。那么，最老实、最能吃苦的就是劳动委员了。其实不然。班干部首先要有责任心，要有服务意识和奉献精神，还要善于处理人际关系。所以，判断一个学生适不适合做班干部的第一依据不是能力、特长，而是个人价值观。

教育学家斯普朗格把人的价值观分成六种类型：理论型、经济型、审美型、社会型、政治型、宗教型。当然，绝大多数人几种价值观兼而有之，其中某一种的表现更明显一些。在任何一个班级里都可以找到这些价值观类型不同的孩子。

个人价值观不同，与人打交道和为班级做事的意愿就不同。有的学生虽然成绩很好，但“两耳不闻窗外事，一心只读圣贤书”（理论型或“佛系学生”），他并不适合做学习委员；有的学生虽然有才艺，但以自我为中心，不喜欢为大家服务（审美型），也不适合做班干部。担任班干部的学生至少要有点社会型价值观，乐于奉献，至于能力，是可以后期培养的。

除了个人价值观，还有些资料用“九型人格”理论选定班干部，相对比较复杂一点，暂不作介绍。不过班主任要清楚，凡事都不是绝对的。以上理论仅作参考，总的来说，班主任需要认真观察，仔细研究，至少要选自己满意的学生担任班干部。班干部是与班主任联系较多的一个群体，班主任的很多工作需要通过班干部来落实，能够贯彻班主任的意图才是最重要的。

经过一段时间的考察再加上思考，班主任对哪些同学可能会成为一名好班干部，临时班干部中哪些不合格要换掉，心中已经大致有数。建立正式的班委会是个机会。一旦正式的班委会成立了，就要稳定存在一段时间（至少一个学期），除非特殊情况，班干部在任期内不会再调整。所以，这次机会一定要抓住。要尽量保证让班级素质最高、能力最强、责任心最强的学生成为正式的班干部。

（二）选择合适的班干部任用方式

任用班干部一般有两种方式，各有利弊。

1. 班主任直接任命

班主任有权直接任命班干部。这种方式的优点是简单方便，效率高，省去了很多麻烦，而且班干部都是班主任最满意的。另外，有经验的班主任对班干部人选判断往往比较准。所以，本书并不排斥这种“简单粗暴”的方式。不过这种方式的缺点也比较明显，就是班干部不是大家选出来的，没有走民主程序，公信力差一些。喜欢民主管理的班主任会对此有疑虑。

2. 通过班级议事民主选举

这种方式比较民主，而且更加公平，但操作起来比较麻烦。最大的问题是班主任的权力一旦下放，选出来的班干部可能不是班主任心中的理想人选，而班主任想选的人不一定当选。考虑到班级管理不是“效率至上”，民主选举班干部虽然麻烦，但对学生是很好的锻炼机会，选举过程中也有很多教育元素，本书还是倾向于这种方式。既然班级已经有或者准备建立班级议事的机制，正好可以在选举班干部时运用。所有的方法没有绝对的好坏，关键是适合。适合班情、适合班级发展的方法就是好方法。

（三）处理临时班委会的遗留问题

正式班干部选出来之前，班级有临时班委会。临时班委会给正式班委会打下了基础，但也带来了一些问题。比如，此前担任临时班干部的那些学生因为有“首因效应”（先入为主），在正式选举时，除非工作太差，大概率可以当选。如果其中有工作令班主任不满意的学生，一旦当选了就可能给班级工作造成误导。但既然是民主选举，又不能不让他们参选。而经过前期考察，有些令班主任满意的学生却不在临时班委会里，他们有可能在竞选时处于不利的位置。

另外，虽然此前的班干部是临时的，但他们已经工作了一段时间，心里都已默认自己是班干部了。如果不能当选，心理会有落差，在相当长一段时间里情绪会受影响。尽管可能是少数人，但班主任不能不考虑这个问题。

所以，在正式选举班干部之前，班主任要做两件事。

1. 解散临时班委会

所有临时班干部恢复普通同学的身份，既可以参加正式选举，也可以不参加。

如果临时班干部中有不称职的，可以找他们谈谈心，暗示一下。他们主动退出选举是最体面的做法。

2. 鼓励参加正式选举

如果班主任比较满意的学生不是临时班干部，可以找他们谈谈心，鼓励他们参加正式选举。

（四）制定合理的规则，选出优秀的学生

班主任不必担心民主选举出来的班干部不理想。班主任虽然不一定直接把自己的想法告诉学生，但可以用一定的选举规则引导学生的行为，达到班干部既是大家选出来的，班主任也满意，而且当选的也是最优秀的学生的效果。这项工作也可以体现班主任的专业性。

1. 规定班干部要有任期

班干部不能搞“终身制”。即使是正式班干部，也要设置任期，比如一学期或一学年。这样做至少有三个好处：

(1) 如果正式选举产生的班干部还有不令人满意的，任期结束可以考虑换掉，不至于一直做下去，影响工作质量。

(2) 在班级工作中可能会涌现出更优秀的学生，他们有机会入选下一届班委会，更好地发挥作用。

(3) 班干部工作对人的锻炼很大，这样可以给更多的学生提供锻炼的机会，让更多的学生在升入高一级学校时有做班干部的经历。

2. 规则严谨才能防止选举出现意外情况

因为要采用班级议事的方法选举班干部，选举的规则就显得格外重要。合理的规则可以很好地引导学生的行为，取得双赢的结果。反之，如果规则不严谨，选举可能会出现意外。

（五）班干部选举的流程

班干部选举首先要解决候选人的问题。为防止出现无人申报或申报人不符合任职资格的情况，选举流程可以增加同学推荐和教师（包括班主任）推荐两种方式，同时引入了班主任审核的程序。虽然选举的流程并不复杂，但选举的规则很重要。

选举规则也是班级制度之一。规范、严谨的选举规则本身既是班级民主的体

现，也是对所有参与选举的同学的尊重。规则要公平公正，尽量保证不出现意想不到的结果，还要尽可能简化选举流程。

二、对班干部进行培训

班干部要有培训。培训对象是所有的班干部（广义的班干部）。所谓的“培训”不一定在于形式，而在于意识，就是说班主任要把培训班干部放在心上，不能只想着用人而不去培养人。班干部的能力通过培训可以显著提升，对其自身的发展和班级的发展都是很有意义的。不过鉴于学生的主要任务是学习，花很多时间专门进行培训，既无必要，操作上也不大可能。更多的培训是分解在平时，与工作相结合。班干部的工作本身就在于锻炼、积累经验，只要班主任有意识地点拨、指导，就是在培训。

通过培训，班干部的整体工作水平一定会得到提升，班级可能会出现个别能力很强、威信很高的学生干部。他们原来的素质就很好，有领袖型的人格，再加上有意识地培养、激励，进步会很快。他们是班干部中的精英，在未来高一级的学校或从事的工作中很可能也会成为领军人物。他们是班主任职业生涯中的骄傲。

第四章　小学班级高效管理的分层管理策略

第一节　小学班级分层管理的意义与必要性

以人本主义心理学理论为依据，通过“因材施教”的方式对学生进行分层次管理即为班级分层管理模式。

一、班级分层管理的意义

一个班级中，每个学生的个性都不一样，不仅在行为习惯、道德品质、文化素养方面存在较大差异，在智力发展水平上每个学生也不尽相同。这些各具特色、性格不同的个体组成了一个完整的班级。每一个学生的发展均无法保证能够同时进行。因此，老师在教学和管理的过程中应采用因材施教的原则。在实际的教育教学过程中，当有同学或老师出现困难需要帮助时，往往是文化课成绩并不突出的同学伸出援手，出乎了老师的意料。而老师心目中成绩优异的学生，通常表现得较为冷漠，更有部分学生无动于衷，完全一副事不关己的模样，令老师心寒。

分层管理可以了解每一个学生的底细，掌握每一个学生的不同特征，熟悉每一个学生的脾性。分层管理注重学生的差异，通过不同的管理模式使学生的差异发生改变，通过正视学生之间的不同差异消除学生之间的差距，通过扬长补短的方式使有差距的同学得到进步。在人文主义的理念下，遵循平等的教育指导理念，最大程度地指导和帮助每一个学生，使学生在分层管理的过程中得到成长和提升。

二、班级分层管理的必要性

（一）班级管理要符合学生身心发展的特点

每一个阶段的学生心理特征会有所不同，会出现各种不同的矛盾和问题，因此在班级管理的过程中不适合沿用传统的统一管理模式进行管理。这种方式不利于学生的身心健康发展和管理需求。对小学高年级段的学生而言，周围的一切事物都对他们有着强烈的吸引力。这个阶段的学生想要尝试新鲜事物，内心却还有一丝胆怯；希望老师能够多关注自己，希望得到更多同学的帮助，内心却又不想听从老师和同学们的建议；对自己没有明确的定位，也不清楚自己的角色，处于相当迷茫的阶段，对未来充满希望却没有方向；内心希望得到别人的认可和夸奖，希望实现自己的价值和目标，成为一个独立的个体。这个阶段的学生有非常重的逆反心理，若是采用以往的班级管理方法，不仅激发不了学生的积极性，还会使学生的逆反心理更加严重，不利于学生的身心健康发展。对具有不同心理特征的学生进行分层管理，可以让学生有更多展示自己的机会，在与老师和同学接触的过程中更加具体地去看清自己，了解自己。老师面对不同心理特征的学生，可以根据学生的个体特征进行分层引导，使学生在学习的过程认识自我，找到自己真正的需求。

（二）班级管理要满足学生全面发展的需要

为提升整体素质，班主任应关注学生的身心健康和全面发展，在提升学生的体力和智力的同时，要保证学生在德、智、体、美、劳方面得到全面锻炼和发展。在当前学校的教育模式下，学生的全面发展需要班主任花费大量的精力进行管理和平衡。因此，班主任对班级的管理工作方式就成为核心。学校传统的教学管理模式往往将班级的成绩、学生个人的成绩作为重点关注目标。虽然有部分学校采用了分层管理，但还是以学习成绩作为考核的标准。学生的全面发展需要根据学生的个体差异采取不同的管理方法，需要根据学生的个人情况进行管理。

第二节　小学班级分层管理中分层的维度

一、当前小学班级分层管理中的主要指标

（一）以学习为主导的分层管理

现阶段小学教师在管理班级时主要是以成绩层次为标准进行分层管理。首先，班主任会根据学生各科成绩排出名次，对名次相近的学生进行分层管理，让学科成绩优异的学生帮助学科成绩较差的学生，这种管理方式更侧重于学科成绩之间

的差异。其次，教师根据学生在日常课堂上的表现，由任课老师为主导对学生进行分层管理，重点关注学科成绩较差的学生。比如，那些英语和数学成绩不理想的学生，班主任和任课老师可以分层次地对其进行辅导，在短时间内弥补学科成绩之间的差异，这种分层管理模式中的主体是任课老师，班主任只是起到引导作用。最后，班主任根据学生在校表现对其进行引导管理，这种管理方式的重点在于学生的综合素质发展，与学生学习成绩的好坏并没有太大的关系，但仍要以学生的基础学业为管理核心。

（二）以学生家庭情况为基础的分层管理

在小学班级分层管理模式中不仅包括以学习为主导的分层，还包括以学生家庭情况为主导的分层管理模式。一般情况下班主任会根据学生的家庭情况，筛选出学生中的特殊群体。首先，班主任在初步了解学生家庭成员状况后，筛选出单亲家庭和留守的学生，对这类学生进行重点关心和帮助，让他们在学习过程中不会感受到被歧视和被排挤。其次，班主任在了解学生家庭基本收入情况以后，筛选出低保户和扶贫户的学生，对这类学生在生活和学习上给予更多的帮助和支持。小学生在接受教育的过程中很容易受到外界因素的干扰和影响，因此在管理班级的过程中一定要关注和照顾不同类型学生的思想和情绪，避免造成二次心理伤害。最后，班主任在了解学生基本的身体状况以后，筛选出身患疾病和残疾的学生，号召同学们在日常学习和生活中给予这些同学更多的关爱和帮助，消除这类学生从小的自卑心理和情绪，让其彻底融入班级的大家庭。

现阶段小学班主任在管理班级过程中采取了多层级、多维度的分层管理方式，但受到应试教育和素质教育的影响，目前分层管理的主要依据仍然以学习为主。这就导致班主任在日常管理过程中很容易忽视学生的心理和情感，使学生的发展受到教条的约束，很难得到个性化发展，学生的综合素质能力也会大打折扣。由此可见，在班级分层管理模式中要坚持以学生为主体，以创造性思维开发多维度的分层管理模式。

二、小学班级管理中分层管理的多元维度

（一）以学生为主体，构建自主分层管理模式

在小学班级分层管理模式中想要进一步提高学生的自主意识和能力，就应该

以学生为主导，让学生自己设定分层管理的维度。在这种分层管理模式中班主任主要起引导作用，将一些兴趣和需求相同的学生引导组合在一起让他们自己产生化学反应，比如，让兴趣相投和平时比较亲密的学生组合在一起，从而形成群体教育效应。对于那些胜负欲和求胜心较强的学生，让他们相互进行约束和管理，在管理过程中班主任不要过多干预，只需遇到错误时从旁指导纠正即可，这样才能充分激发学生的自主性。对于那些心理诉求比较大的学生，班主任可对其进行针对性的教育，比如，某些学生的卫生习惯很差，那么就在这些学生中挑选出一个卫生习惯最好的学生提出表扬，并将其树立为榜样，那么其他学生看到他能被树立为榜样就会形成要赶超的心理，通过自主管理和约束的方式来改掉自己较差的卫生习惯。

（二）立足学生德育，推动学生的全面发展

对学生来说，小学阶段是其成长和发展的关键时期，因此班主任在管理班级时一定要重视和关注学生的心理发展状况，要以培养学生的综合素质和德育素质为教育出发点。简单来说，就是在班级分层管理中以不同的维度对学生的心理发展状况进行管理。首先，班主任要正确看待学生的个性化成长，在充分了解学生兴趣爱好的基础上，将学生分成不同的群体，比如爱好体育的学生和爱好艺术的学生，将这些同类型的学生组合在一起进行管理，让他们在各自擅长的领域发挥自己的才能，这样不仅能激发学生的学习热情，还能提高班级的管理效率。其次，班主任要转变传统的分层管理思维，不仅要以学习为主导，还要重视学生的德育。根据《小学生守则》中规定的标准进行分层，针对不同类型学生的心理诉求进行正确引导，满足学生的心理发展需要。最后，针对班级中表现较差的学生，班主任不能进行区别对待，要鼓励他们发掘自己的特长和潜力，让每一个学生在班级分层管理中都能受益，都能得到成长。

（三）聚焦课堂教学，全面落实分层管理机制

小学班主任在落实多维度分层管理模式的过程中，要以课堂教学为主要载体，这是分层管理顺利进行的前提和基础。现阶段的班级分层管理模式仍然以学习为主导，但在实际执行过程中不能“一刀切”，否则会伤害学生的心理和情感，让学生对某一学科产生抵触心理。因此，在班级分层管理模式中可将学生分成若干学习小组，针对不同的学习小组制定不同的教学内容和教学目标，达到真正意义上的多维度分层教学管理。班主任在分层管理中要注意把控任课老师、小组组长，以及组员之间的关系，要调动各方积极主动参与的兴趣。

第三节　小学班主任实现分层管理的策略

一、动态分层，因材施教

分层管理指的是将某一群体拆分成不同的层级，针对不同的层级制订不同的管理策略，这种管理模式能够消除集体管理的弊端。对学生进行分层管理有利于调动学生自我管理和自我约束的意识和能力，能够培养和提高学生自主学习的能力。从人本主义理论的角度来看，学生是一个独立的个体，其发展变化趋势存在很大的差异，仅依靠单一的管理模式很容易造成各种矛盾和弊端，不利于学生的个性化成长与发展。因此，在班级分层管理模式中要做到因材施教，在充分了解学生基本情况的基础上，对学生进行多维度、多元化的分层管理，这样才能有利于学生今后的成长与发展。

（一）按需分层

根据马斯洛需要层次理论可将按需分层的管理模式分为五个阶段。这五个阶段是一个循序渐进的过程，是从低级需求递增到高级需求的过程。那些学习成绩不理想的学生一般都有一些背后的隐情，只有与这些学生进行沟通交流才能发现。比如，班级中有些家庭条件不好的学生，他们的基本生活保障都不能得到满足，自己的生长发育环境和条件远远落后于同龄人，这时对他们来说生理需求才是他们的主要需求。对于这类学生，班主任不能仅关注他们的学习成绩，还要关注他们的心理需求，对他们进行长期的心理疏导，但不可单独对其进行心理疏导而是应该与其他有同样需求的同学一起进行心理辅导。对于那些来自单亲家庭的学生，他们的心理情感是非常复杂的，很容易产生被世界遗弃的孤独感。迫于生活的压力他们的父母只关心他们的学习成绩，丝毫不关心他们的心理诉求，这时他们的需求就体现在归属感和关爱两个方面。对于那些学习成绩优异家庭条件良好的学生，他们的主要需求是表达自我和实现自我价值，这时教师应积极引导这些学生发掘自身的潜力。

由此可见，就算是来自同一班级的学生，他们的需求层次仍存在很大的差异，任何学生的需求得不到满足都会导致其发展和发育不良。班级作为一个由学生组成的单元组织，想要实现高效管理就必须重视每一个学生的发展与进步。

班主任在进行按需分层管理之前，要充分了解和观察学生不同层次的需求，并对其进行全面客观的分析，在了解学生基本状况的基础上进行按需分层，将学生根据不同的需求分成不同的小组。给每一个小组都安排不同层次需求的学生，小组成员的分配结构必须是金字塔结构。通过小组互帮互助的形式来满足需求，如此将形成良性的管理和互助循环，既有利于小组整体的发展，也有利于小组成员的成长，最终达到集体帮助个体，个体促进集体发展进步的良性效果。

（二）按管理权限分层

班主任在实行分层管理的过程中可根据管理权限进行分层，将管理班级的权力分配到班干部和小组长手中，让他们在班级管理中发挥重要作用。在管理班级的日常工作中，仅依靠班主任去管理是很难达到管理目标的。对于那些有兴趣展示自己能力的学生，班主任可根据学生的日常表现给予其适当的管理班级的权限。班主任组织各学习小组推选出合适的小组长，小组长按照班主任制定的管理策略对组员进行帮助和管理，小组长以自身的行为为小组树立榜样，从而影响整个小组不断发展与进步，最终达到高效管理班级的目的。当小组长胜任一段时间以后可将管理的权限移交给小组中表现好的成员，让每一位小组成员都有管理小组的机会，在参与管理的过程中每一位学生对班级的归属感和责任感都在不断地加强，进一步增强了班级的凝聚力和向心力。但这种管理权限分层的管理模式需要建立完善的管理体制，否则很容易出现不公平不公正的权力分配现象，一旦出现这种现象那么管理就会适得其反，所以班主任要慎重分配班级管理权限，要监督管理学生不能滥用管理权力。

（三）按排位分层

在班级分层管理模式中学生之间的人际关系是一个不能忽视的重要因素。在班级中很容易形成各种群体结构，简单来说就是相邻座位的学生很容易形成独立的群体。因此，以排位为标准进行班级管理分层时一定要重视小组成员之间的人际关系。比如，在每一个小组中安排一个善于人际交往的学生，这些学生在日常生活和学习中展现出较好的亲和力，很容易拉近与其他同学的距离，他们的行为会影响和感染其他学生，他们也愿意为有困难的同学提供力所能及的帮助。正是由于这类同学的存在，小组成员之间才能形成和谐美好的氛围，不仅能真正帮助有需要的学生，还能将班级的温暖传递给每一位同学。长此以往，班级的课堂管理效果也会得到极大的改善，在一定程度上缓解了班主任管理班级的压力和负担。

以排位为主导的分层管理模式主要分为三种类型：互补式、协补式、自由式。

所谓互补式是根据学生的综合素质发展情况对其进行不同层次的分类与排列，将不同层次的学生安排坐在一起，这样有利于提高班级整体的综合素质与能力。这是笔者在日常班级管理中最常使用的排座方式。具体的执行方案有以下几种。第一，让调皮捣蛋的学生与自制力很强的学生坐在一起。第二，让班干部与普通学生坐在一起。第三，让思想道德修养差别很大的学生坐在一起。第四，让学科成绩差异较大的学生坐在一起。第五，让性格差异较大的学生坐在一起。很显然这几种执行方案在一定时间内是可以交替使用的。前两种执行方案主要是为了改善班级的纪律，以及纠正学生的不良行为习惯。第三种方案是为了提高班级的道德修养。第四种和第五种方案是为了提高班级整体的学习成绩。当时这种分层排座的方式也存在一定的不足和缺陷，不利于学习成绩和综合素质较高的学生自身的成长与发展。尤其是第四种和第五种方案，让那些成绩优异的学生缺少与其他同学相互探讨学习的机会，很有可能会影响他们的学习成绩。

所谓协补式就是将那些综合素质能力相似的学生安排坐在一起。这种排座方式是笔者在特殊情况下采取的方式，这种方式能够让同层次的学生共同快速成长与进步，有利于快速提高学生单方面的素质。但这种排座方式存在严重的不足和缺陷，很容易让那么层次偏低的学生在某一方面的素质变得更加糟糕。比如，让学习成绩较差的学生坐在一起，他们就很难相互帮助相互学习，久而久之就会自我放弃，也会逐渐丧失学习的信心和兴趣，他们的学习成绩只会一落千丈。而让那些行为习惯和道德素质较差的学生坐在一起，很容易产生逆反心理认为自己已经被放弃了，很容易产生教育意外事件。

所谓自由式就是让学生自己选择自己的排座。正所谓“物以类聚，人以群分”，这种排座方式就是让那些志趣相投的学生坐在一起。这种分层的排座方式与协补式有着相似之处，不仅有利于拉近同学之间的距离形成良好的班级氛围，而且有利于教师在自然状态下观察学生各方面的发展动态，比如，学生自主学习的意识和能力。与协补式相反，自由式倡导的是学生积极主动和自愿。这种分层排座方式的不足在于很容易形成各层次的班级群体，不利于群体之间的沟通与交流，从某种程度来说对管理班级很容易起到反作用。

（四）交流引导分层

以交流为主导的分层管理模式是为了提高学生的心理素质，发掘学生的内心和潜力。在小学阶段学生的生理和心理需求都会产生很大的变化，很容易出现各种心理障碍和偏激的语言行为，这些问题往往都是导致班级管理难以进行的主要问题，稍不注意就会伤害到学生的心理，很容易激化学生之间、学生与老师之间的矛盾，甚至会让学生产生逆反心理。

现阶段的教育模式中，班主任与学生进行沟通交流要做到以心换心，要通过合理的方式方法去揣摩学生的内心，运用沟通技巧获取学生的信任，拉近与学生的距离，从不同的层次与学生进行沟通交流，了解学生的心理需求和情感发展变化。这样不仅能够消除师生之间的隔阂，还有利于学生心理健康稳定发展。在实际交流过程中可采用以下几种方式，比如举行班级座谈会，对个别学生进行谈话和交流。针对不同的学生选择不同的交流方法，不能“一刀切”，交流过程中要注意学生的情绪变化，不能“贪功冒进”。

（五）制度分层

以制度为主导对班级进行分层管理，有利于改善班级的纪律环境。在实际管理过程中可以发现，班级管理规章制度对某些学生的管理效果可以忽略不计。这是因为这部分学生有较强的自律性和自觉性，他们不需要规章制度对其进行约束和管理。但也有些学生对班级管理规章制度视而不见，他们的言行举止经常违反管理规章制度，很容易造成破罐破摔的局面。因此，班级管理规章制度的约束性很难做到有效的统一。

以制度为核心的分层管理模式很容易被学生接受和认可，一旦按照分层制度去执行，就很容易管理好学生，最终达到依法治班的效果。但在实际操作过程中要特别注意让学生明确自己所处的制度管理层级，否则就会伤害学生的自尊心和自信心。

二、有效分层，优化管理

（一）以观察和了解学生为首要内容

当学生身处一个全新的生活和学习环境时会表现出明显的不适应性，这时就需要班主任去开导和教育学生。对班主任来说，每带一个新的班级也会感受到不适应，这就要求班主任在最短的时间去融入班级。班主任应时刻观察学生日常的学习表现情况，以长远的眼光去看待每一位学生。特别是实行分层管理制度以后，要根据实时动态情况对管理制度进行适当的调整。因此，班级分层管理的核心在于以学生为主体，充分了解学生的动态，不断扩大了解学生的途径。班主任不仅要关注学生现阶段的发展情况，还要重视学生今后的发展潜力和发展状况，对学生的情况作出精准的预测。这就要求班主任要以科学全面的眼光去观察和了解学生，从而为执行分层管理模式做好铺垫。

（二）以尊重学生的差异性为关键

以往的班级管理模式都比较片面狭隘，以维持班级正常秩序为主要目标，很少会去关注学生的个性化发展，很难做到因材施教。虽然每个学生的基础条件存在一定的差异，但在受教育面前他们的地位是平等的。在执行分层管理过程中，教师要公平公正地对待每一个学生，尊重学生的差异性。因为班级分层管理就是为了体现学生之间的个性化差异，学生的优缺点和层次在分层管理中很容易就被体现出来，所以应该尊重这种学生之间的差异性。此外，如果分层管理对学生的心理造成负面影响，教师应积极主动地与学生进行沟通交流，了解他们内心的真实想法并进行心理辅导，在肯定学生优点的同时帮助他们弥补自身的缺陷，通过小组互帮互助的方式帮助每一位同学快速成长，让他们找到班级归属感。

（三）以学生的自我实现为核心

按照马斯洛需求层次理论的相关定义，独立个体需要通过自我实现的方式来满足自己更高层次的需求。在班级管理过程中，学生虽然处于不同的层次，但教师都应该去关注不同层次学生的身心健康，这样教师就能通过自我实现的方式满足自己的高层次需求。班级是一个有机的整体，在其中有自我实现能力较强的学生，他们渴望去表现自己而影响其他同学。由此可见在班级分层管理中，每一位学生作为独立的个体都有其潜在的优势和能力，都需要实现自我的价值。班主任有责任有义务为学生营造一个和谐美好的班级氛围，让每位同学更好地实现自我价值。

（四）以温馨和谐的班级氛围为必要保证

温馨和谐的班级环境有利于促进学生的全面发展。一个优秀的班级除了要有严格的纪律性，还要给学生提供良好的学习氛围和发展空间，在温馨和谐的班级氛围中更容易达到事半功倍的效果。每一位学生都希望在班级中表现自己、实现自我价值，教师需要给学生提供表现的机会，让学生获得成就感。由此可见，温馨和谐的班级氛围有利于促进班级分层管理。

（五）以优化班级管理制度为根本

学校的正常运行离不开规章管理制度的约束，对于班级来说同样如此。常见的班级管理制度包括班干部选拔、班级考核和奖惩机制等。这些规章制度的存在不仅有利于约束班级成员的行为，还有利于增强班级凝聚力，确保班级正常运转，以达成既定的教育目标。但学生作为独立发展的个体，又是组成班级的一分子，管理班级和学生的规章制度应该随着学生的发展而进行适当改变。所以，在执行班级管理制度的过程中不能以偏概全、一成不变。总而言之，管理制度应该是根据实际情况进行调整优化的，应该是灵活多变的。只有制定科学有效的班级管理制度，才能提高班级的管理效率。

（六）采取“分层管理＋课程学习”，优化班级学生的分层管理

班主任在进行教育的过程中不仅要关注教学方式方法的创新与转变，还要关注不同学生学习动态之间的差异性。一旦班主任无法准确地把握学生真实的学习情况，就无法准确地掌握学生的学习状态。一味地采取大众化的教育模式，很容易导致教学质量严重下滑的局面，变成事倍功半的效果。长此以往，不仅会影响整体的教育质量，还会消磨学生的学习兴趣，那些学习困难的学生更难跟上授课进度。此外，班主任应定期考核评估学生的学习状况，只有如此才能及时掌握学生的学习动态，根据掌握的反馈信息及时调整授课方式和分层管理制度，这样才能达到事半功倍的效果。

在实际的教育过程中，班主任可以在学生完成基础知识理论学习以后，根据学生的掌握程度开展个性化的分层辅导。将学生分成不同的学习小组，给学习成绩较高的小组制订更高的学习目标和学习计划，给学习成绩较差的小组制订基础理论知识学习内容。班主任根据学习小组的实际情况安排课程学习实验题，以此来提高学生应用理论知识的实践能力。班主任应根据实际情况对分层管理制度和模式进行优化升级，将学生分成若干小组安排小组长对小组进行监督管理，在完成授课以后给小组长安排学习任务，让小组长监督组员完成学习任务，并及时将学习进度反馈给班主任，班主任根据小组长反馈的信息适当地调整分层管理制度和模式。

（七）对不同层次的学生进行分组管理与教学

学生之间的基础学习状况和条件之间存在很大的差异，在实际教学过程中会凸显出来，这就要求班主任要根据学生的实际情况进行不同层次的分组管理和教学。将班级分成若干个相同层次的学习小组，以相互监督制约的方式约束小组成员的行为，进一步提高课堂教学质量。以小组的方式进行课堂管理教学和班级分层管理。各小组对所学的基础知识进行分类，这样不仅能够增强小组凝聚力，还能提高小组成员之间相互学习相互帮助的效率，更有利于调动课堂教学氛围，营造出和谐的课堂学习氛围。通过小组团结合作的方式不仅有利于增进学生之间的沟通与交流，还有利于增进学生之间的感情。

分层教学管理模式是根据学生的实际情况进行差异化和个性化教学。未来管理班级的发展趋势一定是分层管理，分层管理的核心在于以学生为核心，重视学生的全面发展。这种分层管理的教学模式不仅有利于消除集体教育的缺陷和不足，还能为学生营造积极和谐的学习氛围，真正做到因材施教，让每一位学生都能实现自我价值，满足每位学生的高层次需求。但在执行班级分层管理的过程中一定会遇到各种阻碍，这就需要班主任带领学生去克服这些困难与阻碍，最终达到高质量管理班级的目的。

第五章　小学班级高效管理的精细化管理策略

第一节　小学班级精细化管理的内涵、目的与特征

一、精细化管理的内涵

精细化管理是根据既定的管理目标在结合基础管理理论的基础上做出的创新与发展。精细化管理理论最初应用于企业管理，其核心目的在于降低企业管理成本，提高企业资源利用率[1]。

通过表 5-1 中的对比可以发现这两种管理模式之间的区别是非常明显的。笔者会在本节重点介绍学校与班级的精细化管理的相关内容。

表5-1　精细化管理与粗放式管理的比较

对比维度	精细化管理	粗放式管理
作用	着眼于长远	解决当前问题
特点	重细节、全面、具体性、过程性	粗线条、松散性、随意性
管理内容	1. 树立目标，从小处入手。 2. 把简单的事做对。 3. 用量化管理的方式精确到细节。 4. 每个细节做到“更好”。 5. 认真做好每一件事	1. 只解决当前明显的问题。 2. 关注形式。 3. 缺少对个体成长的足够关注

[1] 赖榕 . 精细化管理在学校中实施的内涵和策略分析 [J]. 亚太教育，2015（9）：194.

二、小学班级实施精细化管理的意义

（一）促使管理者转变角色

传统的班级管理模式中，班主任就是班级管理的核心，他们对班级管理承担主要责任。但班主任同时又是学科教师，日常教学任务是非常繁重的，很难放下手里的教学任务去进行班级精细化管理。班级实行精细化管理后，大部分班级管理会交给其他任课老师或者是班干部，班主任就成了班级管理的引导者和参与者，这种管理模式既有利于减轻班主任的管理压力，也有利于改善班级的管理状况。

（二）有助于创建和谐的班级氛围

班级精细化管理需要将班级管理任务进行划分，给每一位管理者安排相应的管理任务，确保每一项管理任务都有人负责和执行。

想要完成所有班级管理任务仅靠一两名任课教师是很难完成的，这需要所有任课老师与班干部的参与与合作，只有相互合作相互配合才能确保班级管理任务落到实处，才能确保班级氛围和谐有序，才能为学生和教师创造良好的学习与教学环境。

（三）能够有效提高班级管理效率

无论是精细化管理的过程还是目的，都非常关注管理的实际效果。现阶段的班级管理中应用到了一些精细化管理的方法，这些方法不仅有利于降低教师管理班级的资源成本，也有利于提高整体的教学质量。学生长期处于精细化管理模式中很容易培养和提高他们的自觉性和自律性，更有利于营造良好的班级氛围。班主任作为班级管理的第一负责人，应该在日常管理中融入精细化管理理论和方法。

三、实施班级精细化管理的目的

在现代企业管理模式中，精细化管理模式已经取得了良好的管理成果。对教育管理来说，精细化管理同样可以适用于学校和班级的管理。本节将重点讲述班级精细化管理的目的。

（一）推进素质教育的有效实施

素质教育是为了培养综合素质较强的学生，广大教育工作者的共同目标之一就是努力提高国民整体的综合素质。但学生接受教育的时间是有限的，很难在短时间内形成良好的素质，这就需要家长和教师长期的引导和规划。传统的班级管理模式不利于学生综合素质的全面提升，也与“双减”要求不相符合。

（二）实现培养人的教育目标

学生在小学阶段对身边的一切环境事物都充满着好奇与期待。在科技变革与竞争的时代，人才是国家的重要战略资源，是国家未来的建设者和接班人。当代学生担负着国家振兴的历史使命，承担着家庭和家族赋予的深切希望，所以学生的成长和发展已经备受国家和社会的关注。身为一名教育工作者，要深刻铭记自己的责任与使命，班主任要时刻关注和了解学生的学习和生活状况，关心他们的生理与心理健康，关心他们在成长过程中遇到的困难并及时给予他们帮助，帮助学生实现全面健康的发展与进步。由此可见，在班级管理模式中精细化理论能为其提供很好的参考和指导，能够很好地解决传统管理模式中存在的不足与缺陷。

（三）更新教育观念

传统的教育观念已经不适宜新时代发展的需求，需要在其基础上进行创新和升级，树立正确的教育观和人才观，提出了许多新的教育理念，如智慧校园和核心素养等理论。

四、实施班级精细化管理的特征

实行精细化班级管理模式要求班主任严格把控每一个教育细节，以严格谨慎的态度和精益求精的精神对待学生的需求。简单来说，班级精细化管理模式的特征主要体现在以下四个方面。

（一）建设科学的班级目标

班主任作为班级管理的第一责任人，要了解和掌握学生的实际情况，根据班级自身的情况制订针对性的班级管理目标。从时间范围来看，不仅可以制订短、中、长期班级发展目标，还可以制订学生个性化成长目标。

1. 全面了解每位学生

班主任是连接学生与家长之间的桥梁和纽带，承担着与他们沟通交流的责任，要通过各种途径了解学生的成长环境与经历。班主任要耐心地了解学生的性格习惯及家庭状况，在与他们的日常沟通交流中，了解学生的兴趣爱好，根据自己了解反馈的信息制订班级管理目标。

2. 科学制订班规

班级精细化管理要求根据班级实际管理需求制订不同时期的管理目标，要制订科学合理的班级管理规章制度。班主任可利用班会课与学生进行商议和讨论，通过民主投票的方式制订班规，一旦班规制订完毕，就需要师生共同遵守。教师还要指导班干部根据班规来管理班级。但班规的制订不可能一次就达到完美，所以班主任需要每周对班级管理情况进行归纳总结，及时找出班规中不合理的地方进行修改和调整。

（二）班级活动组织的创新化、协调化

学生大多都是乐于参加班级集体活动的，班主任作为班级的组织者和领导者，不仅要充分认识到班级活动的重要性，而且要提前对班级活动进行精细化安排。

1. 活动前立足实际，结合时代特点和学生需求设计活动方案

首先，根据学校有关部门的管理要求，结合自身班级管理状况，让学生自主进行班级活动的创新性设计，并进行活动彩排。开展班级活动的主要目的是培养学生的综合素质和能力，确保学生能够得到全面健康的发展。其次，在开展班级活动之前，班主任要制订具体的活动方案，活动方案的设定要以学生为主体，要细化活动方案，让每一个学生都有展示自己和表现自己的机会，这样才能充分调动学生参与活动的积极性和兴趣。

2. 活动中调动各类资源，活动过程精细化

开展班级活动主要是为了舒缓学生身心。传统做法是不会让学生自己设计安排的，大多都是由班主任来设计安排的。但现阶段的班级管理模式要求学生可以自主设计安排班级活动方案，当遇到困难时可向学校和家庭寻求帮助。这样班主任从旁指导一切交由学生自主完成，就能提高学生的实践能力。学生在小学阶段的能力是不足的，这就要求班主任进行适当的引导和帮助。随着学生身心的成熟，班主任应创造更多的机会让学生更多地锻炼自己，让学生在班级活动中不断成长，学生参与得越多，收获得越多，成长就越多。

3. 活动后及时总结与反思

在完成班级活动以后，班主任应组织学生回顾细节，并对精细化管理进行反思和总结。一些学生在班级活动中可能会有所感悟，应该鼓励学生勇敢地表达自己的心得体会。班主任要重视与学生进行沟通和交流，及时听取他们对班级活动

的心得体会与收获，这样容易拉近师生之间的关系。此外，班主任应及时发现班级活动中存在的不良行为，并及时进行纠正。通过班级活动帮助学生树立正确的三观，拉近师生之间、学生之间的关系，营造良好的集体氛围和环境，这样才有利于今后的班级管理与教学。

（三）班级冲突管理的人性化

学生是班级的一分子，在日常学习和生活中，学生之间很容易发生冲突和矛盾，而精细化管理模式有利于及时处理这些冲突和矛盾。精细化管理模式会制订一个方案以应对各种突发情况。教育的主体毕竟是学生，要考虑学生之间的个性化差异，否则很容易引发矛盾和冲突。在日常班级管理过程中这些矛盾和冲突是无法避免的，但班主任应保持公平公正的态度去处理这些问题，在处理过程中要观察学生的心理变化，在确保不伤害学生感情的前提下，快速处理好班级矛盾。

（四）班级评价机制的制度化、长效化

精细化班级管理模式要求必须建立班级评价管理机制，对每一位学生的表现进行科学客观的评价。教育本身是一项非常复杂的工作，那么教育评价标准和角度应是多元化的，既要给学生一定的参考价值，也要给学生以后积极主动地改正留足空间。对小学生来说，他们的心理是非常脆弱的，当受到表扬时脸上的喜悦之情是掩盖不住的，但受到批评时同样会表现出挫败感。所以，班主任制订的班级评价机制一定要顾及班级所有的学生，学生评价的结果一定要做到客观公正，最好是建立评价档案，记录学生的成长变化过程，在学期末让学生查看自己的成长变化。

五、小学班级精细化管理的基本原则

（一）全员性原则

全员性原则指的是在班级精细化管理模式中关注到每一个学生的学习状况和心理健康状况。所以，在进行精细化管理的过程中，要求每一位学生都应该积极参与，每一位教师在精细化管理中要发挥自己应有的作用和价值。作为班主任不能仅关注班干部和成绩优异的学生，还要关注那些真正需要帮助的学生。只有全面照顾到位才能让更多的学生参与班级管理，才能调动学生参与的积极性和主动性，才能达到真正意义上的班级精细化管理。

此外，班主任应根据学生的实际情况制订针对性的精细化管理目标，给学生

制订不同时间段的管理目标，从小目标开始逐渐完成整个精细化管理目标。在实际进行班级精细化管理的过程中，班主任不应该独断专行，要及时听取学生的意见和建议，让学生参与其中，充分发挥学生的主观能动性，让每一位学生在班级管理中都能找到自己在集体中的价值体现，发掘学生的闪光点进行管理分工，给每一位学生下达不同的管理任务，这样不仅能够减轻班主任的班级管理压力和负担，还能培养和提高学生的实践能力。

（二）人本原则

管理学认为管理的主体要以人为本，在任何管理活动中人始终是管理的主要参与者和执行者，想要实现人性化管理就必须尊重人本原则。对班级管理来说，虽然班主任是第一责任人，但并不是唯一的参与者和执行者，需要学生参与班级的决策和管理。在班级精细化管理中应强调学生的作用和价值，在制订班级规章管理制度时要根据学生的需求制订针对性的管理模式，只有做到如此才能实现真正意义上的班级精细化管理。

（三）持久性原则

所谓持久性原则就是将班级精细化管理看作一个长期的工程，在短时间内很难取得理想的成果。班级精细化管理的重要原则之一就是持久性原则，这就要求班主任在遵循精细化管理理论的基础上，花费更多的时间和精力去长期执行精细化管理，这一执行过程是漫长且枯燥乏味的，短期难以见到成效，需要长期的坚持和努力。班主任作为班级管理的核心人物，要具备坚持不懈、持之以恒的服务精神，在日常班级管理的过程中要具有创新思维，对班级管理模式进行精细化创新，并将其执行落到实处。此外，当班级管理取得一定成果以后，班主任不可以自负和自满，要抱着谦虚的心态积极归纳总结管理过程中存在的不足和缺陷，并及时做出优化和调整，不断提升班级精细化管理水平。

第二节　实施班级精细化管理的优势

一、精细化使班级管理更加高效

精细化管理不仅有利于规范和约束学生的不良行为，还有利于明确班干部及班级成员各自的职责，总而言之，班级精细化管理方案有利于快速处理班级矛盾和冲突。

班主任要充分利用课余时间与学生进行沟通和交流，告知他们作为一名合格的学生应该具备哪些行为素质。初入学堂的孩子们对身边的一切事物感到好奇，小学生的自我约束能力毕竟有限，他们一有空就会想着如何去玩耍嬉闹。但这些行为在班主任的管理和约束下，他们的行为习惯会有所收敛，来到学校以后会先想着交作业，以及开始晨读等良好的学习习惯，而不是和同学玩耍打闹。在精细化管理模式中，班干部明白了自己的管理职责，在一定程度上减轻了班主任的管理压力和负担，让班级管理工作变得井然有序。比如，小组长在晨读时会要求组员把老师布置的作业上交，老师安排的领读同学会组织同学们开始进行晨读，纪律班长会监督同学们的晨读行为。此外，班主任制订科学合理的班级规章管理制度，有利于在处理紧急突发事故时做到井井有条，从某种程度上来说可以达到依规治班的效果。

学生既是班级的一分子，也是管理班级的主要参与者，让学生明确自己的管理职责范围有利于增加学生的班级荣誉感和归属感。在好胜心和胜负欲的驱使下他们会争相表现自己的管理能力，认为是自己的表现让班级管理变得更加高效有序。

小学班级精细化管理在现代网络信息技术的加持下将变得更加高效和便捷。通过现代网络技术建立数据化管理机制，建立学生的数据档案中心，班主任对数据档案进行科学的分析，了解学生的日常行为表现，进一步提高班级管理的效率。

二、目标确立使班级管理具有操作性

在班级精细化管理模式中，班主任的主要职责是给参与管理者制订一个管理方向，明确管理者的职责范围，制订完善的管理计划。班主任引导学生对班级进行精细化管理，有利于培养和提高学生坚持不懈的好习惯。在一定程度上也减轻了班主任的工作压力和负担。比如，班主任根据时间长短制订短期、中期以及长期班级管理目标，告知学生在某一阶段应该完成哪些管理任务。现阶段学生最应该做的就是快速完成短期管理目标，让自己的行为习惯变得更加规范，具备成为一名优秀学生的潜质。班主任要经常与学生沟通交流，通过制订一个个小目标的方式，帮助学生改掉那些不好的行为习惯，在学生短期得到成长的基础上，再与学生商讨给自己确立一个什么样的中长期目标。虽然中长期目标在小学阶段可能无法实现，但只要学生坚持照做一定会对其今后的生活学习和工作产生深远的影响和帮助。

三、全员化使班级管理具有活力

学生都渴望得到老师的认可和表扬，表现出明显的向师性特点。班主任在班级管理过程中，帮助学生树立主人翁意识是前提，给予学生适当的鼓励和表扬，让他们有信心做好班级管理工作。在进行班级精细化管理以后，班级管理工作显得井然有序，学生在管理过程中也能得到成长与锻炼，这是学校和家长都愿意看到的事情，可谓是一举两得。

班主任应该给每一位学生在班级管理工作中提供一个表现自己的机会，这样既有利于提高班级的凝聚力和荣誉感，也有利于营造良好的班级氛围。一旦班级形成一定的荣誉感和凝聚力，那么学生参与任何班级活动都会变得积极主动。

四、人本化使班级管理更加民主

以学生的发展与进步为主要目标，首先要树立以学生为主体的发展理念，将每一个学生看成具有发展潜力的独立个体，尊重学生的个性化发展特征。精细化管理有利于明确单一个体在集体中的职责范围，对管理班级来说同样如此，同样需要每一个班级成员相互团结合作。

参与班级管理的方式是多种多样的，没有高低贵贱之分，就算是打扫班级卫生、给绿植浇水，以及整理和摆放桌椅等行为都是班级管理的重要组成部分。在管理过程中，学生能够感受到明显的参与感和满足感，自己的个性化发展需求也能得到最大程度的满足。

第三节　小学班级精细化管理的实施与反思

一、小学班级精细化管理的实施

（一）班级目标精细化

班主任的日常工作是非常繁忙的，不仅要完成学科授课任务，还要处理班级中的各项事务，所以班主任很难有时间去思考如何制订科学合理的班级管理目标，大多数班主任都是抱着管好当下就好的态度对待班级管理，疏于对学生和班级未来长远发展的规划。自 20 世纪 50 年代美国管理学家提出目标管理理论以后，在各个领域都应用到了这一理论。[1] 新时代教育改革要求班主任在了解班级状况的基础上尽可能地指导班级树立精细化管理的具体目标，为学生制订阶段性的管理目标。班主任根据时间的长度来制订短期、中期，以及长期管理目标。但大多数班主任仅会考虑为学生指导短期目标，这是因为中长期目标需要长时间不断地坚持努力才能实现，在短时间内很难看到成效，而实现短期目标有利于快速增强学生的自信心和成就感，所以大多数班主任更倾向于制订短期管理目标。本节在分析学生班级管理现状的基础上，了解了该班级制订的不同时间段的班级管理目标，详情如表 5–2 所示。

表5–2　班级目标

目标类型	具体内容
短期目标	1. 教室在四楼，上下楼梯做到不跑、不推，靠右行。上课铃响后，归位开始课前诵读，不拖拉。 2. 讲卫生，勤洗手。不在桌子上乱涂乱画，自带桌布套，每周自行清洗。不乱扔垃圾并能分类后扔到指定垃圾桶，保持座位周边无垃圾、无污渍。 3. 下课收拾好桌椅并做好下节课准备

[1] 翟广顺 . 班主任专业化与班级建设纵横谈 [M]. 青岛：中国海洋大学出版社，2005：102.

续表

目标类型	具体内容
中期目标	1. 礼貌待人，关爱同学，尊敬师长，遵守纪律，不讲粗话，不追逐打闹。 2. 上课能做到眼睛看老师，注意力集中，不讲小话，积极举手发言。 3. 爱护公物，有集体荣誉感
长期目标	1. 培养积极乐观的心态、认真努力的学习态度。 2. 引导形成拥有爱心、自信心、责任心的独立人格

班级管理目标不是一成不变的，要根据学生年龄的变化，以及班级实际情况作出调整和改变。班主任要积极关注学生的变化情况，细致了解学生身心成熟所带来的新需求。制订班级管理目标是为了让学生不断取得进步与发展。由此可见，在班级精细化管理工作中最重要的工作之一就是如何制订一个科学合理的班级目标。

（二）班级管理内容精细化

班级管理内容的制订并没有好坏之分，只要制订最合适班情的管理内容即可。就算是世界上最优秀的管理者也很难制订出完美的管理内容，对班级管理来说，只有最合适的班级管理内容才能有利于学生的成长。对一个班集体来说，建立合适的班级管理内容是非常重要且有意义的。首先，每个班的班风存在一定的差异，班主任要熟悉和掌握班级的基本情况。其次，要根据学生的具体情况制订针对性的管理内容。最后，班主任要充分利用班会课与学生沟通交流，听取他们对班级管理内容的意见和建议，以全班举手表决或民主投票的方式确定班级管理的规章制度。在全员参与的模式中，学生的自我管理和自我探究的意识逐渐觉醒。表 5-3 所示为某学校某班级的管理内容。

表5-3　班规管理内容

时间	班级规定
上午	1. 能按时到校主动进行早读，朗读声音洪亮流利。 2. 安静、高效早餐，早餐后能按时将作业放在课桌右上角，由组长收取，遇到上交不了的情况能主动说明原因，课代表在第一节课上课前上交作业并汇总各组上交情况。 3. 值日组优先打早餐吃，并在第一节上课前值日完毕，由值日组长作卫生检查。 4. 每节课课前，由领读员带领进行课前诵读。 5. 课间教室内无追逐打闹现象，轻声慢步，值日生主动保洁

续表

时间	班级规定
课间操	1. 做操前，由领操员带领班级安静有序到指定位置。 2. 做操时，态度认真，动作标准到位。 3. 上下楼梯靠右行，做到路队不拖拉。 4. 节能小卫士注意关灯、关风扇、关电脑、关投影。 5. 下雨时，由领操员组织进行室内课间操
中午	1. 中午放学回家的同学排队快静齐，路队长整理队伍，协助老师放学。 2. 参加课后服务的同学，有序排队洗手，安静等待午托老师分发午饭。吃完饭后，清理桌面和地面，洗手漱口，将餐具摆放整理。 3. 护花小天使利用中午时间浇水、施肥、修剪。 4. 12：45 分开始，午休时间，纪律班长维持纪律，学生安静睡觉
下午	1. 2 点开始，午读时间，安静地、坐姿端正地阅读课外书，不发出任何声响。 2. 午读结束，能有序安静地上厕所并开始课前诵读。 3. 学生教室外排好队，路队长整理队伍，协助老师放学。 4. 值日生值日，卫生班长进行进行监督，做完卫生后，教师检查，值日组长带队有序出校门
上课	1. 当上课铃响，迅速归位，进行课前诵读。 2. 课堂上，认真听讲，勤思考，勤举手，自信回答，不插嘴，举手的姿势标准。 3. 答问时，立正姿势标准，声音洪亮表达清晰。其他同学回答时，尊重他人的想法，不随意评价他人的回答。 4. 上课时，眼神时刻看老师，积极思考，不做与上课无关的事情。 5. 如果迟到，必须在教室前门喊“报告”，得到老师允许后才能走进教室回到自己的座位上
下课	1. 老师宣布下课时，“一收二放三摆齐”（一收，收好上节课的学习用具；二放，将下节课的学习用具放到桌子的右上角；三摆齐，摆齐课桌椅并清理桌面、地面）。 2. 自觉遵守学校纪律，不骂人，不打架，不追逐打闹，不玩危险游戏，发现不良现象能及时向老师汇报。和同学发生矛盾时，第一时间找老师帮忙，不擅自处理
平时	1. 在校园见到老师，主动问好，行摆手礼。 2. 进办公室寻求老师帮助，敲门报告，老师同意后才能进办公室。出办公室，要跟老师说谢谢和再见，能轻轻关门再行离开。 3. 与同学相处时，包容、友善、有礼貌。 4. 团结、关爱、帮助同学，见到同学有困难，及时伸出援手。 5. 做眼保健操时，纪律班长维持班级秩序，各组长负责督促同学及时做操、保持安静、姿势正确。 6. 每天保质保量完成老师布置的家庭作业，能主动进行预习和复习，遇到学习上的困难能主动寻求家长、同学、老师的帮助

在班级精细化管理模式中，不仅对课堂教学提出了相关的管理要求，还对班级公共卫生提出了管理要求，将班级公共区域分成责任区域，安排学生负责打扫，让每一个学生都能参与班级公共卫生的打扫工作，详情如表 5-4 所示。当负责的

同学完成打扫工作以后，告知管理组织进行检查和登记，检查哪些该打扫的区域同学没有打扫进行扣分处理，对于那些表现良好的同学应及时给予班级加分奖励。

表5-4 班级卫生区域安排

第 1+ 第 2 块区域 +2 花盆养护（1 人）
第 3+ 第 4 块区域 +2 花盆养护（1 人）
第 5 块区域 +1 花盆养护（1 人）
第 6+ 第 7 块区域 +2 花盆养护（2 人）
第 8 块区域 +1 花盆养护（2 人）

不同班级的学生有其自身的优缺点，那些调皮学生的自我管理和自我控制意识就较弱，他们会想尽一切办法钻班级管理的空子。此时班主任就应该用严肃的语气训斥这些扰乱课堂纪律的学生。只有从细节入手，在学习和生活中一点一滴地纠正学生的不良行为习惯，才能引导学生完成班级精细化管理任务。如果一个班级的氛围是沉闷呆板的，那么学生大都是屈服于班主任的管理，班主任想要改善压抑的班级氛围，就应该积极主动地对学生的良好行为习惯提出表扬，让学生得到认可和肯定，使学生能够获得成就感和满足感，尽可能地抓住一切机会来提升学生的综合素养，促进学生全面发展。

在班级精细化管理模式中可将班级分成若干个小组，实行班级评分制度，对学生的日常表现进行打分，每周在班级例会上进行总结，对表现优异的小组提出表扬给予适当的物质奖励，给暂时落后的小组树立学习的榜样，并设进步奖鼓励他们积极迎头赶超，有利于营造良性的竞争氛围。

在班级精细化管理模式中，班主任的另一职责就是将班级优势发挥到最大化，采取一切措施弥补班级的劣势。虽然有些管理手段一开始难以让学生接受，但只要不断地改进和探索就一定能够找到让师生都能够接受的管理方式。

班级管理的重点在于长期坚持和注重管理细节，所以在制订管理内容和管理方式上要做到细化，在处理管理问题上要做到公平公正。[1]班级管理规章制度不得轻易更改。

[1] 丁元峰 . 小学班级管理中精细化管理的应用 [J]. 华夏教师，2017（10）：92.

（三）班级评价机制精细化

建立班级评价机制是为了更好地反馈学生行为效果，不同的管理模式都有各自的优缺点，想要做到真正意义上的因材施教，就应当在班级管理过程中注意管理细节。

通过建立学生档案的方式记录学生的日常行为表现，有利于帮助班主任评估学生的表现。但一刀切的评价方式对那些具有潜力的学生是不公平的，比如，在某班级对学生的评价中会用到"班级优化大师"等评价，当笔者在观察一段时间之后发现每次的班级评价例会上受表扬和获得奖品的都是那几位同学，就算是班级职务不一样，在完成班级事务以后就能得到对应的奖励。对学生来说，学习是他们的首要任务。所以，教师在评价学生日常表现时会过多地关注学生的学习成绩，比如，课堂表现情况、课后作业完成情况、课堂纪律，以及举手回答问题的频率等，班主任更热衷于评价学生，这些行为表现。但对具有潜力的学生来说，他们想要正面获得班主任肯定和表扬的机会是很少的，甚至在某一方面会给班主任留下不好的印象，比如，他们热爱劳动、乐于助人的表现很难被班主任发现，这对他们来说是不公平的，就算班主任能发现一两件好人好事，但与学习表现较好的学生相比他们的班级评价得分只会越拉越大。所以，经常会看到在周五的班级例会上，班主任对得分进行评价总结时，那些潜能生都会低下头，因为他们知道自己的表现不会受到班主任的关注和表扬，那些奖品跟自己没有什么关系，所以他们也不在乎这些东西。虽然班主任也设置了一些小组量化加分的措施，但收效甚微。因此，班主任应更多地关注那些潜能生，实行多元评价，在日常学习和生活中记录下他们的表现，在班级期末总结上提出重点的鼓励和表扬，并颁发"进步之星"奖状，让这些潜能生自己跟自己比，只有这样才能照顾到这些潜能生的心理感受。

（四）家校沟通精细化

在班级管理过程中，班主任很难有足够的时间和精力去关注每一个管理细节，往往会忽视其他班级管理者的存在。其实家庭也是参与班级管理的重要组成部分，学生对家长的依赖程度远超学校，班主任应与家长保持长期的联系与沟通，了解学生在家的表现和动态。[1] 虽然家长与班主任会通过各种方式取得联系，但成立班级家委会是非常有必要的，能为班级管理做出更多的贡献。身为班级管理者在非

---

[1] 郝苗 . 班级精细化管理的多点探索 [J]. 小学教学参考，2020（11）：91.

必要的情况下是不应该去打扰学生家长的，但与家长取得沟通联系又是非常有必要的，这时就可以通过班级家委会来完成这件事，这样既能了解学生在家的表现情况，也能及时与学生家长保持沟通联系。其实班主任非常清楚家长对孩子们的影响力是巨大的，大多数家长是愿意与班主任沟通交流相互配合的，只是许多家长不知道应该如何更好地配合班主任的教学管理工作。

家长是参与班级学校管理的重要组成部分，班主任应该多邀请家长参与班级管理工作，听取家长们的管理意见和建议。比如，有位学生经常上学迟到，一周会迟到好几次，对于这种情况班主任主动打电话询问家长学生迟到的原因，原来是家长心疼孩子的睡眠不足导致的迟到。班主任在与家长进行沟通商讨以后发现学生迟到的次数明显减少了。其实每位家长都有自己的教育方法和教育理念，班主任在短时间内也无法改变他们的观念。但班主任却可以正确地引导家长转变教育理念，经常与家长保持沟通和联系并分享教育心得，这样家长就会在班级管理中做出更多的贡献，在一定程度上也能减轻班主任的管理压力和负担。

（五）班委任命精细化

班主任在进行日常管理的过程中要给每位学生提供公平竞争参与的机会，让每位学生都有表现和展示自己才华和能力的机会，在这种公平竞争的管理机制下学生的自我管理意识和能力能够得到进一步的提高。与其他管理参与者相比，在班级管理中学生作为主要参与者必须具备一定的自觉性和自律性。但学生想要在短期内提高自我管理意识和能力是非常困难的，需要班主任长期坚持和努力引导才能实现。

班级精细化管理模式的核心在于让每一个学生都能参与其中，给每一位学生安排对应的岗位，负责对应的班级事务。但随着时间的推移，许多学生会出现消极对待的情况。处理这种情况可将班级学生进行二次分组，在安排一名小组长以后，再指派一名监督管理员，将班干部的职能再一次的细化。这样每一个班级不仅拥有值班班长还有纪律班长，学生表现的机会就会变多，每一位学生都能展示自己的才能，都能得到成长与锻炼。班主任指导值日班长整理班级管理事务，班级监督管理员不参与处理班级事务，但需要评价和监督班级管理工作。每一个监督管理员当一段时间以后要移交给其他同学，并对其监督管理表现进行评价打分登记，在期末总结时进行汇报和表扬，为下学期的管理工作做好铺垫。由此可见，班级管理的重要内容之一就是培养学生的行为习惯。学生的自我管理过程经常会出现各种各样的问题，对班主任来说，要清楚学生是无法自己认知自己的行为习惯的，更不要提自我管理了。但学生的发展潜力是巨大的，在告知他们错误的同时进行正确的引导，他们就能得到巨大的成长，甚至有些学生的自我管理能力会在短时间内得到极大的提升。班主任可采取个体带动集体的方式，逐渐帮助所有学生提高自我管理意识和能力。学生最在意的事情就是班干部的选用和推荐，班主任要保持公平公正的民主原则，让每个学生都有公平竞争班干部职务的机会，这样才能营造出良好的班级竞争氛围。

班级精细化管理的主体是学生，主要目标是学生今后更好地发展。要以长远的眼光看到班级管理工作，不能只看眼前的利益，要用发展的思维看待学生的成长，将班级管理的作用发挥到最大化。

二、班级实行精细化管理的反思

做好班级精细化管理需要长期的积累与坚持，要注意管理工作中的任何细节，养成精细管理的意识和习惯。只要不断坚持精细化管理就一定能够在班级管理中取得优异的成绩。在观察某班级的精细化管理过程中发现，精细化管理模式不仅改变了班级的风气，也增强了班级的凝聚力，更明确了班级责任分工，使每一位学生都能参与班级管理，给每一位学生都提供了表现自己管理能力的机会。从某种程度上来说，不仅使学生得到了成长和锻炼的机会，也减轻了班主任的管理压力和负担。

（一）在量化管理的同时加入个性化的管理需求

量化管理的核心在于对评价目标进行优化和改进，但这种管理方式存在明显的缺陷，即忽视了人的主观能动性及不可预测性，创造价值的过程很容易被忽略。从心理学的角度来看，量化管理的模式存在很大的缺陷，其管理效果和作用是非常有限的。在班级管理中，班主任往往会通过量化管理的方式设置加减分项对学生的日常表现进行评估。学生在接受量化管理的过程中对班级规章制度更加服从。评价得分会让学生得到认可和肯定，评价减分会让学生意识到自己行为习惯中的错误，班主任通过这种方式让学生一点一点地进步，在班级中营造出一种团结互助的良好竞争氛围。大量实践表明，学生在某一时期的行为并不是发自内心的自觉行为，而是为了获得更高的评分而刻意表现出来的行为。[1]在传统的教育理念中认为只要班主任做好分工管理，学生就会自觉地担负起自己的工作。往往实际情况却是有些同学为了获得更多的评分而去完成班级任务，比如，在完成教师规定的任务以后会第一时间询问自己能够加多少分，长此以往学生眼里就只有加分和减分，对班级荣誉感和责任感就会自动忽视。当个人的分数受到他人的影响时就会责问老师为什么将自己与潜能生分到一组，甚至会做出一些偏激的报复行为。这种管理方式显然与立德树人的教育理念是相违背的，对学生价值观也会产生深远的负面影响[2]。

学生在小学阶段发育尚不完全，自控力和自律能力都比较弱，这也是影响学习效果的主要原因。班主任在进行学生多元评价时要综合考虑学生身心发展的差异性。虽然量化管理模式有利于促进学生的自我改进，但精细化管理不应将全部内容都进行量化评价，这样做只会增加班主任的管理压力和负担，往往会适得其反。对评价板块进行细分是比较理想的方式，比如，对课堂表现和纪律、好人好事等行为作出人性化评价等，这种评价方式才能达到理想的评价效果。

（二）班级管理者学习全面的精细化管理

班级精细化管理模式需要建立一支高素质的管理团队，学校领导应给予班主任更多的支持和帮助，让班主任有自我成长和发展的空间。对一个班级来说，班主任的管理理念决定了班级管理水平的高低。但现阶段大多数班主任对班级精细化管理理论的理解仅停留在表面，缺乏深入细致的了解，这就要求班主任要重视管理细节，才能真正地了解和掌握精细化管理理论。

比如，在班级精细化管理模式中，班主任要公平合理地任命班委，让每一位同学都能参与其中，都有展示自己管理能力的机会。但实际情况中，一些班主任对精细化管理理论并不了解。一方面给学生安排班级管理职务，让学生能够展示自己的才能；另一方面又对学生在班级管理中作出的贡献进行错误的批评，班主任没有做到真正的放权管理。长此以往，班级精细化管理就会变得不伦不类。当遇到同学请假时，他的管理工作就需要别的同学来承担，班主任只能去说服他人去完成空

[1] 高琪，张锐．班级量化管理必须明确的几个问题 [J]. 班主任之友，2004（4）：11-12.

[2] 杜江．精细化管理在小学班级管理应用中的问题与对策探讨 [J]. 考试周刊，2019（9）：178.

出的管理任务。在实践过程中几乎每天都有学生以各种理由请假，这让班主任开始对精细化管理理论产生怀疑，自己辛苦耗时耗力安排学生参与班级管理工作，结果到头来很难执行下去。还不如一开始就指派专门的班干部去完成对应的管理工作，这样管理起来更省心一些。班主任面对这种情况也非常苦恼，但并没有立马放弃而是经过不断的努力找到了最佳的解决方案，就是将班级事务让那些潜能生去完成，在完成以后给他们的班级评分加分，于是，这些学生就都积极圆满完成了任务。由此可见，只有班主任真正领悟到班级精细化管理的精髓才能真正发挥其作用。

（三）正确看待班级精细化管理

精细化管理模式既有利于快速处理班级中各种矛盾冲突，也有利于提高班级管理效率。在实际执行精细化管理策略时需要注意以下三个方面。

1. 因地制宜地实施班级精细化管理

班级精细化管理模式一定要根据班级实际情况来制订和实施。大家都知道理论是实践的基础，实践是检验真理的唯一标准，对于班级管理来说同样需要理论去指导实践，在实践中反思理论。[1]教育的主体是学生，因此进行班级精细化管理要考虑学生的综合因素，比如，年龄、行为习惯和心理特征等，这样才能制定合适的管理方法。笔者在观察某学校某班级管理中有一个班级给我留下了深刻的印象。这个班级已经明确规定了打扫卫生的工具要摆放在固定的位置，甚至都标识好了摆放的区域，但个别学生就是不按规定执行。这种情况让班主任非常头痛，只能责令学生重新摆放。此时班主任就会反思为什么其他班级就能做好，自己的班级却做不好这么简单的事情。经过反思以后班主任发现应该跟学生的年龄特征有一定的关系，是自己没有正确地引导，严厉的苛责只会起到反作用。于是，班主任亲自带领学生去摆放卫生工具，让学生自己去感受摆放整齐与摆放不整齐的差别，而且会表扬那些摆放整齐的同学，长此以往，随意摆放的行为就再也没有出现过。

2. 班级精细化管理是一个不断发展和进步的过程

班级精细化管理模式也是需要不断成长与进步的，管理内容不能是一成不变的，任何管理工作都需要不断进行改进和升级。而且班级管理是不可能达到完美

---

[1] 张威，实施精细化管理要适和学校特点和要求 [J]. 基础教育参考, 2015(4)：28-29.

的理性状态，在管理过程中会出现各种各样的问题，都是正常的。所以，班级精细化管理需要根据生情、学情等积极改进和调整，在遇到新问题时要客观冷静地分析，及时找出应对措施，有序地解决出现的问题和矛盾。比如在实际执行过程中，经常会有卫生班长忘记自己的职责，这不是个别情况，而是每一个卫生班长值日当天几乎都会忘记自己要检查班级卫生和工具摆放情况。笔者经过长期观察值日表发现，每天的卫生班长是不需要参与打扫卫生的，于是就对值日表进行修改，规定卫生班长要参与打扫卫生并坚持检查打扫效果和工具归位，班级的卫生水平不断提升。所以，精细化管理不是一蹴而就的，而是需要在实践过程中不断优化和调整的。

3. 班级精细化管理不是“万能”的

班级精细化管理模式虽然存在许多优点，但并不意味着精细化管理就是万能的，它能在短时间内提高班级的管理效率。班级精细化管理开展的切入点及渗透程度，都需要根据班级和学生的实际情况进行制订和研究。作为班级管理者，班主任要根据班级的实际情况对管理策略进行适当地调整。在实践过程中发现并不是每一个班级都适合进行精细化管理模式，如果不能把握好精细化管理的尺度，只会给学生和班主任带来更多的压力和负担。

在执行精细化管理模式的过程中，班主任要不断审视管理的方式方法，不断优化和升级管理模式，只有这样才能将精细化管理模式的作用和价值发挥到最大化。

第六章　小学班级高效管理的分年级段侧重引领策略

第一节　低年级段学生适应性引导和两个习惯的规范养成

一、小学低年级段学生特点

对于那些刚从幼儿园步入小学的孩子们，这无疑是他们生命中的一个很重要的转折阶段。他们从完全依赖父母逐步转向独立完成每一项任务，开始担负起“学生”的角色，他们已经从以游戏为主的活动模式转变为以学习为核心的活动方式。因此，小学教师必须要从心理上给予孩子足够的重视。不可否认，小学一年级是孩子们开始接受学校教育的第一步。孩子们对新入学的适应程度，在很大程度上塑造了他们未来对学校生活的看法和情感，这也会对他们未来的学习表现和在社会上的成就产生重要的影响。

通常情况下，孩子们因为对新环境的好奇心和对上学这一行为的热爱，会在刚入学时对多样化的学习活动产生浓厚的兴趣。然而，随着时间的推移，学校的各种规章制度和学业要求可能会让他们感到不适应，再加上他们的自我控制能力较弱和注意力容易被分散等多种因素，他们可能会遭遇各种困惑和压力。

比如，当教师指示“请翻开语文课本朗读课文！”时，学生们往往会因为找不对书页而不能很好地进行朗读。当其他学生已经开始朗读时，那些自理能力较弱的孩子可能还没有找到一本书；当老师让大家默写课本中的生字时，他只会在黑板上画出一个又一个圈。在课堂上进行练习时，那些经常出错的学生连橡皮和尺子都找不到；当老师宣布要写作业或检测时，他却一脸茫然，不知所措……这些都是在小学低年级段常见的现象。当学生们着手进入下一个学习主题时，他却尚未完成这一部分的学习任务。他们往往会因为注意力不集中而放弃完成作业或其他事情。如果学生跟不上班级的节奏，他们很可能无法完成学习任务，这不仅会对他们的学习热情和自信心产生负面影响，也不利于他们的身心发展。因此，确保小学与幼儿园之间的顺畅衔接，并协助一年级的新生更好地融入小学生活，是一年级教师所承担的至关重要的职责。

二、针对低年级段学生的小学适应性教育对其未来成长的潜在影响

（一）影响儿童在社会中的适应能力

孩子们从幼儿园步入小学的这一阶段，不仅是一个关键的过渡阶段，也是他们开始重新适应不断变化的外部环境的阶段。这个阶段的儿童具有自我意识觉醒和自我认知能力增强的特点，他们能够意识到自己存在于一定的社会关系之中，并开始有意识地认识到自己的地位和作用。在这个阶段，孩子们将有更多的机会来独立应对各种问题，包括但不限于个人习惯与现有规章制度之间的矛盾、评价准则的转变、社交场合中的各种选择，以及生活环境的不断变化等。因此，教师需要根据儿童现阶段发展特点及心理活动规律进行相应的调整和引导，才能促进学生健康地成长。孩子们是否能够积极地应对各种问题，适应他们的新角色，这将对他们未来的学校教育和将来的成人社交生活产生深远的影响。

（二）儿童的自我评价会受到影响

尽管同龄的孩子一起入学，但每个孩子展现出的形象都是独特的，面对相同的问题，他们解决问题的能力也存在明显的差异。一个学生，即使他自认为很努力地去学习，因为学习方法欠妥，学习成绩可能仍然不理想。这种情况不仅会削弱儿童的自信心和自尊心，也会对他们的自我评价产生不良影响。

（三）对文化知识学习的影响

儿童进入学校的主要任务是学习文化知识，安全健康的校园生活是儿童全身心地投入学习的重要保证。学生适应校园生活的快慢与学习专注程度的高低是紧密相联的。

三、入学适应教育的主要内容

教育部2021年发布的《小学入学适应教育指导要点》（以下简称《小学指导要点》）以促进儿童身心全面适应为目标，围绕儿童进入小学所需的关键素质，提出

了身心适应、生活适应、社会适应和学习适应四个方面的内容，每个内容由发展目标、具体表现和教育建议三部分组成。发展目标部分明确了与儿童入学适应关系最密切的关键方面（表 6-1）；具体表现部分提出了对儿童实现入学适应的合理期望；教育建议部分明确了发展目标的价值，列举了有效帮助儿童做好入学适应的一些教育途径和方法。

表6-1　小学入学适应教育的发展目标

四个方面	身心适应	生活适应	社会适应	学习适应
发展目标	喜欢上学	生活习惯	融入集体	乐学好问
	快乐向上	自理能力	人际交往	学习习惯
	积极锻炼	安全自护	遵规守纪	学习兴趣
	动作灵活	热爱劳动	品德养成	学习能力

四、针对低年级段学生的小学适应性指导策略

在孩子们开始上学之前，他们的成长主要是在父母的精心指导和关心下进行的，而父母的教育和他们的个人行为是影响他们成长的最重要因素。在小学期间，学生正处于身心发展的关键阶段，是培养良好行为习惯和学习习惯的最佳时期。在小学时期，由于年纪尚小，学生对周围的一切都表现出强烈的好奇心，因此对教师有着特殊的兴趣。他们渴望得到老师的关爱和帮助，希望能被老师喜欢，并愿意为将来成为一名好学生做准备。他们进入学校后，班主任在他们的日常生活中起到了不可或缺的作用。他们对教师充满着信任，同时他们也十分渴望得到老师的关注与帮助。因此，小学生对父母的情感、期望和爱意，很容易将这些需求转移到教师身上。教师不仅要帮助孩子们解决生活上的困难，还要让其感受到自己的存在和价值，进而产生归属感和责任感，从而使其更加热爱学习和生活。在人的一生中，小学时期既是情感成长最为迅速的阶段，也是塑造良好道德和性格的决定性时刻。在这一阶段，教师的角色显得尤为关键。如果一个班级里有一名好老师，那么他对其他学生会产生巨大的影响力。在学生成长的旅程中，教师的角色已经上升为第二大决定性因素，学生们认为教师与他们的父母具有同样的重要性。所以，教师的一言一行都会对孩子产生深远的影响。教师不仅扮演着教育者的角色，更是一种独特的“人”，他们既是孩子们在情感和心理上的引导者，也是孩子们精神世界的守护

者。教师作为儿童心灵的导师和朋友，对他们有着非常重要的影响。随着年龄的增长，小学生们逐步积累了较为丰富的生活经验，并开始意识到教师对他们的爱与父母的爱之间存在着显著的不同。教师对自己的关注度也越来越高，而这主要表现为教师对待自己的评价和对学生的态度方面。教师对自己的评价和态度更多地体现了集体和社会对自己的看法。因此，这种评价方式具有更高的社会价值和意义。教师在课堂上表现出的态度也会影响学生。作为教师，除了要关注自己的言辞和行为，更重要的是要评估自己的行为是否对他人有益。如果教师不尊重或不信任某个孩子的话，那么他将会受到别人的歧视和嘲笑，进而影响到其身心健康发展。因此，学生更偏向于高度重视教师在教学过程中的态度。从这个角度来说，小学阶段学生的心理发展特点决定着他们对老师的期望。教师的教学行为在某种程度上也反映了学生对教师的态度，也就是说，小学生对教师的关心程度正在逐渐增加。这种关注有可能转化为小学生在学习和日常生活中的一种驱动力，从而激励或阻碍他们的思考和实际行动。

（一）班主任在职责上经历了多重角色的转变

当面对一年级的小学生时，班主任可以扮演以下几种基础角色。

1. 班级的母亲

在小学的初级阶段，学生往往表现出强烈的情感依赖，许多学生在日常生活中的自理能力相对较弱。在这段时间里，班主任需要充当学生的“班妈”角色，帮助他们整理不整齐的着装；规范他们的进餐行为；学生有了不好的表现，要及时纠正……这些都是班主任必须面对的难题。学生们不擅长拖地，老师需要亲自指导；学生有了不好的行为，要及时纠正……这些都是“班妈”应该做的事情。但“班妈”的职责不仅是提供“服务”，更重要的是进行教育。在为学生提供“服务”指导的过程中，我们应该逐渐教导他们独立生活，理解生活的真谛，并培养他们良好的生活习惯。如果班主任不能充分理解儿童在幼小过渡阶段的情感需求和能力支持，只是盲目地进行批评和指责，这将导致儿童失去对学校和教师的信任，给他们及其家庭带来更多的困扰和压力。

2. 家庭教育咨询专家

许多家长在孩子即将入学之前，高度重视他们在识字、拼音、计算和英语等方面的知识储备，但相对而言，他们对于培养孩子的日常生活自理能力和学校学习适应性并没有给予足够的关注。结果导致孩子进入小学后，不能适应新环境，甚至出现了各种各样的问题。探究背后的原因，主要是部分家长认为孩子长大后会自然成长；一些家长并未真正认识到培养孩子自理能力的重要性；也有一些家长认为只要让孩子学会走路就行了。某些家长缺乏足够的精力和耐心来教导他们的孩子；也有的家长是因为不了解应该如何让孩子养成良好的自理能力。另外，与课业学习相比，自理能力缺乏明确的准则，这导致家长常常对自己的孩子应该达到的标准感到困惑。这一切都使孩子在适应过程中遇到了困难。只有当孩子开始上学，家长们才会对他们的适应能力表现出深深的关心和忧虑。因为他们认为孩子已经适应了学校生活。当孩子展现出新的“学生”身份时，家长也被迫做出相应的角色调整。小学班主任应如何帮助孩子适应新环境呢？在许多家长看来，教师是教育领域的权威，面对教育上的难题，他们首先会寻求老师的建议和指导。因此，班主任的职责应该从仅仅作为“家与学校之间的沟通桥梁”扩展到成为“家教顾问”——为家长解答教育上的疑惑、提供建议。

3. 与你心灵相通的朋友

当人们想要释放内心的困扰、悲伤等情感时，他们往往会选择与最亲近的人分享。班主任是与学生接触最多的老师之一，他可以用自己丰富而真挚的感情去影响学生的心理活动。当学生在面对困境或遇到难以启齿的问题时，向班主任倾诉，这就意味着他们已经视班主任为一个值得信赖的“知心朋友”了。班主任与学生交往必须以尊重为原则，成为学生心中的“知心朋友”是全方位、卓越地完成班主任职责的关键和基石。那么怎样才能成为学生的“知心朋友”呢？班主任要给予学生应有的尊重，并放下身段观察他们，从学生的视角出发，全心全意地为他们考虑。当学生遇到难题时，积极地为他们提供建议和帮助，给予他们必要的支持，帮助学生成长成才。当学生犯错误时，只需展现宽容和大度，为学生提供认识错误和纠正错误的机会，关心爱护他们。那么，我们就能成为一名优秀的班主任了。多给学生一个评价标准，鼓励他们“以长扬长”……这样，学生就会与老师毫无保留地交流，并真心地将老师视为“知心朋友”。

4. 设计班级文化的专家

班级文化对学生的教育效果和影响虽然是无形的，却是巨大的。因此，班级管理的最高境界是文化管理，“使我们的班级变得更有魅力”是班主任工作的一个重要目标。班主任工作不仅要有深厚的文化底蕴，还要有高超的艺术技巧，才能使班级充满人文关怀与智慧力量，成为一个充满活力、和谐发展的集体。因此，班主任在班级中扮演着文化设计的重要角色。

5. 负责评估的人

班主任在学生的心中自然享有很高的威望，每当低年级段的学生遇到无法解决的纠纷或发现不正当的情况时，他们总是希望班主任能够作出最终的判决。班主任在与学生的交往过程中，总是能及时准确地作出自己的判断并作出相应的处理。正是在这种“裁判”的作用下，班主任的威望得以保持和加强。因此，班主任应注重发挥自身权威，以提高班级管理的质量。需要强调的是，班主任不应只满足于扮演“裁判”的角色，他们更应该进行深入的“评论”。班主任要善于用公正、客观、科学的态度去评价一个人。通过深入的评论，班主任可以帮助学生意识到自己的过失，指导他们掌握正确的思维方式来认识事物，并帮助他们建立正确的价值观。

（二）爱与严的结合

1. 真心实意地去爱

班主任对学生的关爱是多种多样的，除了需要自然的关爱，还应具备对学生成长的责任感和慈爱之心。爱学生是教师教育工作中最基本和永恒的主题。要真正爱护学生，首先需要培养一颗宽容的心态。班主任要善于包容和理解每一个学生，尊重他们，爱护他们，使其感受到班主任的关心与鼓励。在学生的成长过程中，他们难免会遭遇各种挑战、犯下错误。有些孩子在学习或生活方面存在着这样那样的问题，这也说明了他们内心隐藏的一些矛盾和困惑。如果班主任能够认识到这些现象都是成长过程中的一部分，他们会更加平静地接受这些现象，并在细心耐心的教育过程中展示更深的爱。然而，由于低年级段的学生年纪尚小，他们还没有足够的能力来准确地洞察成人的内心情感。因此，低年级段的班主任需要更为直接和明确地传达自己的情感，例如，关心地提问或适当地给予关心和抚摸等。

2. 适度的严格

《礼记·学记》中写道：“凡学之道，严师为难。师严然后道尊，道尊然后民知敬学。”班主任既是学校工作的主要承担者，也是育人的第一责任人。班主任肩负着对下一代进行教育的重大社会职责。为了确保学生全面健康成长，班主任不仅要尊重和深爱他们，还要对他们持有严格的标准。

对于低年级段的学生，班主任在掌握“严”与“爱”的标准上显得尤为关键。“严师出高徒”“爱生如子”是我们每个教育工作者都应该遵循的原则之一。一方面，当老师遇到那些天真无邪的孩子时，他们可能会变得心软，觉得孩子年纪还小，“听不懂道理”，从而忽视了教育和管理的重要性；另一方面，如果对他们过于严厉或粗暴地对待，又往往使他们产生抵触情绪，甚至导致逆反心理。从另一个角度看，部分班主任可能因为害怕失去小学生的爱戴而不敢向他们提出严格要求；还有一些班主任则因过于严格而影响了班级的正常秩序，甚至导致班级纪律涣散或集体混乱等问题发生。此外，部分班主任由于经验和能力不足，可能不太擅长对学生进行严格要求。因此，在小学班级管理工作中，班主任应该学会关爱每一位小学生，让他们感受到教师的爱，从而主动地接受教育。班主任不仅需要展现出适当的爱心，还需确保教育既严格又合理、既严格又适度、既严格又有策略、既严格又持续。

（三）良好的沟通

1. 主动地与学生建立联系

小学生们往往对他们的班主任抱有深厚的敬意。如果能通过一些活动来拉近师生之间的距离，则会使学生产生亲切感和安全感。在课间休息的时候，班主任可以主动地与学生建立联系，参与他们的互动游戏，从而创造一个轻松和谐的学习环境。班主任可利用游戏来拉近师生间的距离，让学生感受到自己是班级的一员。在一个不受束缚的环境里，班主任可以更深入地了解学生的真实思维，探索他们的独特之处，并与他们建立深厚的信赖。

2. 对学生进行高效的采访

班主任与学生之间的对话是获取稳定思想信息的核心步骤。谈话要讲究艺术和技巧，才能收到良好效果。在面对面的对话中，具备听声音、观察表情的能力，就能随时掌握学生的情感波动。在与学生交谈时，班主任应根据不同情况选择合适的方式进行，这样才能收到良好的效果。通过深入的访谈，班主任可以更好地了解学生的心理和性格特征。班主任应该用心去寻找学生的心灵之窗，用心去启发他们，打开他们的心灵之门，鼓励他们向班主任倾诉自己的困惑和心中的疑团。这样可以缩短师生之间的心理距离，找到他们的共鸣点，从而加深师生之间的理解。

五、两个习惯的规范养成

（一）学习习惯的规范养成

1. 低年级段小学生学习习惯的层次

学生的学习习惯通常可以被划分为三个不同的层次。这些学习习惯对学习有利也有害，既可以通过自我努力改变，也可以依靠外力进行干预，比如做游戏、看电影、听音乐等。第一层次是无意识的行动，这需要外界的强迫和支持，例如书写的姿势、书包的整理、预习和复习等。这种外在的约束力对孩子们来说很容易达到目的，但是他们一旦养成了不良的行为习惯，就难以改变。学校和家庭是主要的外部力量。学生需要教师和家长的指导、示范、培训和进一步的讲解。第二层次是自发的行为，它需要教师的引导与帮助，让他们通过自己的努力达到目的。在第二层次上，这是一种相对自觉的行为模式，它并不依赖于外界的监督。然而，它仍然需要依靠个人的意志力来控制和克服各种困难，然后才能作出正确的决策，例如，绘制一幅画作或完成某个单元的练习题等。这要求小学生具备坚定的意志力和高度的韧性。第三层次是比较自觉的学习习惯、行为习惯、学习方法等，这是小学生形成良好的个性品质和意志品质必不可少的条件之一。行为的最高级别被称为自觉性行为，它代表了一种更高层次的心理状态。这种状态并不依赖于外界的监督或个人的意志，而是一种固定的行为模式，也就是日常所说的“习惯成自然”。这种行为模式有助于学生逐渐塑造出积极的性格，也就是所谓的“习惯化的行为方式”。在小学的初级阶段，学生主要展现出无意识的学习态度和一小部分的主动学习态度，这一时期不仅是形成学习习惯的关键时期，也有助于塑造学生的良好性格。

2. 低年级段小学生学习习惯养成及培养中的角色

培养低年级段小学生的学习习惯，需要明确学生、教师和家庭之间的责任分配。学生是教育的中心，而教师则是关键的管理和教导者，家长则是他们的支持者和协助者。

(1) 学生构成了主要的参与者。习惯的形成通常不是由教师或家长直接教授的，而是通过学生的实际体验和训练，进而将其内化为自己的习惯特质。

(2) 教师既是负责管理的人，也是负责教育的人。考虑到小学生的年龄和心理成长特性，低年级段小学生的学习习惯培养应在教师的指导和管理下进行。因此，教师应注意从细节入手，对学生的学习方法进行指导，使其养成科学的行为习惯。教师需要依据教学目标、教学计划和课程内容来合理地安排教学时间，并确保学生明确了解哪些因素构成了良好的学习习惯，同时还需要进行详细地讲解和示范。还要通过各种方法来帮助学生养成良好的学习习惯。比如关于如何正确书写：首先，你需要挺直胸膛并保持正确的坐姿；其次，确保身体与桌子保持一拳的间隔；再次，持笔的方式必须正确；最后，确保眼睛与笔记本之间的距离不要过近。

(3) 家长既是我们的支持者，也是我们的协助者。家长在孩子良好习惯的培养和教师策略制订中起到了关键的支持和帮助作用。在教育中，教师与家长之间应建立起和谐的关系。家长需要与教师合作进行管理工作，一方面，教师应对孩子在学校培养出良好的学习习惯进行监督，确保他们在课后的学习中保持这些习惯的统一性；另一方面，家长也应该为自己提出一些建议来帮助孩子形成一个好的学习态度与方法，并鼓励他们不断地反思自身的不足，及时改正缺点。从另一个角度来看，家长应该给予孩子心理上的安慰和积极的指导，为刚步入低年级段的孩子解答他们的疑惑，防止孩子对教师的行为产生误解，并在认知上帮助孩子认识到每位教师都是对学生充满关心和爱护的。鼓励学生勇于提问，很多时候在教学过程中，老师会发现有些学生在课堂上回答问题并不是很主动。如果某些学生在课堂上主动举手，期望获得发言的机会，但教师没有允许他们发言，随着时间的推移，学生可能会选择不再举手发言，这将大大降低他们的学习积极性。这种情况下，如果再继续要求学生回答问题，学生就会感到厌烦和抗拒。面对这样的孩子，家长应该与孩子进行深入的交谈，明确告诉他们，教师既不可能每次都要求所有的学生回答问题，也不应误以为教师对自己并无好感。如果孩子不愿意参与教学活动，教师就要及时鼓励，多给他们一点时间来思考和表达，让孩子有更多的机会去尝试解决实际问题。除此之外，家长还需要营造良好的家庭氛围和轻松愉快的学习环境，以确保孩子能够在愉悦和轻松的环境中学习。

3. 低年级段小学生学习习惯的特点

(1) 反复性。我们往往将良好的生活习惯视为一个关键的“刺激—反应”的联接。它包括注意、记忆、思维等方面。美国心理学家桑代克，提出了一种练习律，他认为通过重复的反应可以加强刺激—反应之间的联系。当学生形成良好的学习习惯后，就能对自己的动作进行反复强化。因此，要想巩固已经形成的良好学习习惯，必须持续地进行重复练习和应用，这样才能加强反应的连贯性，使这种联系变得更为紧密，并最终转化为自觉的行动。一些学者经过研究发现，形成一个良好的学习习惯大概需要 20 天的集中训练，并在随后的时间里持续进行。可见，要想使学生掌握好一种技能，必须从开始就注重对其进行反复训练，让学生逐步建立起一套适合自己特点的正确的动作概念。只有通过长时间的持续练习，才能培养出稳定的学习习惯。

(2) 渐进性。从心理学的视角来看，学生学习习惯的塑造是一个渐进发展的过程，从最初的不熟悉到后来的内化，这一过程涉及学习内容的刺激、反馈、重复、巩固和内化等多个阶段。

(3) 可变性。如果家长和教师未能及时纠正小学前或进入小学后形成的不良习惯，那么在低年级段这个关键时期，这些不良习惯是有可能被纠正的，学生也有机会重新建立起良好的生活学习习惯。比如，学生因为被其他事物吸引而擅自离开座位，这种习惯可以随着学生年龄的增长和教师的指导而逐渐改变。因此，坏的习惯是可以变化的。

(4) 转换性。在特定的时间段内，好的习惯和不好的习惯可能会发生冲突。当一个人养成了某种行为习惯后，他的学习成绩也会受到影响，甚至可能对以后的人生产生深远的影响。这向我们揭示了一个事实，那就是良好的学习方式与不佳的学习方式在一定层面上实际上是一场博弈。如果一个人没有良好的学习习惯的话，那么他所获得的知识将远远落后于他人。因此，在这个关键时期，教师和家长的指导和教育显得尤为重要，必须让学生深刻地认识到培养良好的学习习惯可以为他们带来巨大的益处。

4. 积极心理学视域下低年级段小学生习惯养成的策略

【实操指南】

(1) 在家校合作培养学生的优良学习习惯时，首要任务是明确哪些习惯值得重视，这种习惯通常被称作“靶子习惯”。所谓“靶子习惯”就是学生对某种特定事物、活动或现象产生兴趣，并愿意主动探究其原因及规律的一种心理过程。学习习惯可以分为三大类：一是已经建立起来的良好学习习惯，这些习惯是学生自发形成的。教师无须再投入额外的时间和精力来管理这些习惯，他们只需思考如何在学习环境中帮助学生维持这些习惯。二是尚未养成的学习习惯，这要求教师在学生入学后承担起责任，通过系统的规划和具体的实施来培养学生缺乏的习惯，这是“靶子习惯”之一。三是已养成的不良学习习惯。在这种情况下，教师需要进行全面的观察和调查，并与家长进行有效沟通，以确定这些不良行为是否已经构成“目标不良习惯”。教师既可以利用班级活动、主题班会等途径对学生的不良习惯进行教育，也可以采取多种措施引导学生建立正确的学习习惯。值得我们关注的问题是，学校和家庭环境中的不良学习习惯是否一致，以及这些不良学习习惯是否在每一门课程中都表现为相同的行为。因此，教师应该结合自己班级学生的实际情况，制定相应策略来纠正学生的不良习惯。为了共同推动学生良好习惯的形成，教师应当最大限度地运用家庭与学校的合作模式，并借助家长的支持和力量，通过家庭教育来矫正学生的不良学习习惯。教师有能力推荐一些与此相关的文章或积极心理学的内容，以协助家长在日常生活中更加积极地指导孩子，同时鼓励孩子去做他们能够做到的事，培养他们的责任感，锻炼他们积极乐观的心态，塑造出良好的人格特质，并形成习惯性的行为模式。

（2）了解低年级段小学生的心理成长模式，我们可以发现他们的行为具有很强的模仿倾向。因此，在小学低年级段的教学中，老师要根据他们的年龄特征，结合教学内容，培养和引导学生学会模仿学习方法，让他们从小就养成良好的行为习惯。所有可能对学生产生影响的环境、事件和人物，家长和教师都应当给予足够的关注。因此，小学班主任必须要重视班级管理中的榜样教育。首先，教师是学生的榜样。教师的一言一行会潜移默化地影响到学生，而学生也会通过教师的言行去影响他周围的人。在学生的眼中，教师具有深远的影响，他们在学生面前展现的行为习惯为学生提供了宝贵的示范。因此，教师应努力使自己成为孩子们学习的楷模。例如，一名低年级段的教师提到，在一节自习课上，他让一名学生扮演教师的角色来布置作业，另一名学生负责课堂纪律的管理，还有一名学生负责对上一节课的作业进行分发和评价。结果显示，每一位“小老师”都是他的缩影，“小老师”在课堂上的语言是他经常说的，手势和动作也是他经常做的，而当“小老师”批评那些不认真的学生时，语言和内容与他也如出一辙。这就是一种典型的教师示范效应，这种效应在学生心中产生了强大的约束力。其次，班级学生之间的示范。一个学生如果有很多优点，那么在班级里就会得到很多同学的认可，这样，就能够让很多学生都喜欢他，从而产生积极的心理暗示作用。教师可以在班级中设置各式各样的班委干部，以便更好地展示学生的长处，可以是表现出色的学生，并将他们作为其他学生的学习楷模；或者让他们当班委成员，向其他同学传授经验。也可以采取相反的策略，例如，如果某些学生无法控制自己的行为或习惯不佳，也可以邀请他们担任班级委员会的干部，利用其他学生的监督来约束他们，帮助他们养成良好的习惯，这对新加入的学生来说也是一个不错的选择。最后，家长的示范。家长的行为往往会影响孩子的行为习惯。在家庭环境里，父母的阅读习惯会对孩子的习惯形成产生影响，例如，孩子会模仿家长在阅读时的坐姿和动作。

(3) 通过巧妙地使用表扬，可以提高孩子的主观感受。在小学的低年级阶段，积极心理学的最突出应用是给予表扬、肯定和激励。表扬是指教师通过语言和行动给予学生正面的评价。那些得到教师认可和赞誉的优秀学生，成为其他学生学习的典范。通过表扬能够激励学生更好地投入课堂学习中。当教师给予学生积极的评价时，学生的主观感受会得到加强，这种感受可以被视为一种积极的行为，促使学生更愿意采取正面的行动。因此，老师要根据不同阶段学生心理发展的规律，采用合适的方法对其进行表扬。值得强调的一点是，在给予学生表扬时，我们需要根据他们的具体行为，让他们明白教师为何要表扬他们，这样可以进一步增强学生的实际体验，并帮助他们逐渐将这些体验融入他们的认知中。

表扬方式并不总是有效的，如果仅仅是对学生进行简单表扬，随着时间的推移，教师真正的表扬意图可能会逐渐淡化。表扬是一种积极的鼓励，但它既不能代替正面引导和帮助学生树立正确的学习态度，也不会促进其形成良好的行为习惯。因此，我们应该巧妙地采用表扬的方法，以增强学生的主观感受。比如，在课堂上给学生适当地表扬、鼓励和赞赏。如此不断地重复，优秀的学习态度会逐渐转化为学生的主动行动。

(4) 先表扬，后批评，增强学生的自信心。学生的学习方式是多变的，在某个阶段，正面的学习习惯与负面的学习习惯可能会共存。对小学生来说，良好的学习习惯是非常重要的。然而，教师通常更倾向于关注学生的不良学习习惯，一旦发现学生有不良的学习行为，他们会立即进行批评，这种做法可能会产生适得其反的效果。相反，当学生有了好的学习习惯时，则会对以后的学习产生积极影响。当教师和家长试图引导学生养成良好的学习习惯时，若直接对学生进行批评或惩罚，学生可能会感到内疚和自责。因为学生对老师的话很敏感，如果教师对他们进行训斥和指责，那么学生也会感到非常愤怒，甚至会影响到整个班级。性格开朗的学生偶尔会反驳几句，解释自己的立场；性格内向的学生则会沉默，不愿多说一句话。那些性格比较内向的学生可能会长时间压抑自己的情感，久而久之，他们的情绪可能会变得低沉，甚至可能出现害怕和对学习的反感。所以，作为教育者，班主任应该多了解学生的心理活动，对症下药。积极心理学主张重视学生的正面行为，增强他们的自信，并鼓励学生主动为自己提供帮助。如果学生在学习上出现问题，教师可以从这些问题中发现学生身上的闪光点。因此，教师和家长需要学习如何从某一事件中识别出学生值得赞赏的方面，并给予他们表扬，然后进一步分析不良行为产生的具体原因，以促进他们的成长。例如，如果有一位孩子经常书写错误，教师就会持续关注他，并不断地提醒和批评他。结果导致孩子变得非常沮丧，错别字也逐渐增多，这让教师自己也感到非常烦躁。然后，这位教师改变了原来的教学方法，他发现孩子具有出色的观察力。因此，他让孩子先做需要仔细观察的题目，并要求他在开始书写之前仔细观察。最终，孩子非常配合，愉快地接受了这个建议，并逐渐培养成良好的书写习惯。这种做法被许多教师用来纠正学生的错误。例如，当一名学生在课堂上转身与其他同学交谈时，为了不打扰课堂氛围，许多教师会直接点名批评，并在课程结束后与这名学生进行谈话。这样的做法虽然有一定效果，但往往容易引起学生反感甚至抵触。通常，教师会直接告诫学生这种行为是错误的，可能会对其他学生产生不良影响。这样的做法虽然是可以的，但这种方式容易使学生产生抵触情绪，不利于学生的成长。但如果换个方法处理呢？下面我就来谈谈如何引导学生进行有效地提问。先肯定学生之前认真听课、保持正确坐姿和积极思考的良好习惯，然后指出他们的错误之处，表示教师相信他能够认真听整堂课。这样，学生就会认为自己是个很有学习能力的人，也愿意接受老师所讲的内容。这种处理方式会让学生充满自信，相信他们下次的表现会更上一层楼。

（5）创建评价档案，完善评价机制，以实现共同的发展。对学生来说，正面的评价起到了非常积极的影响。评价可以分为自我评价和他人评价两个层面，其中自我评价指的是对自身的评估，他人评价则指他人对自己的评价或社会对自己的评价。他人评价涵盖了三个主要方面：同学间的相互评价、教师对自己的评价，以及家长对自己的评价。在课堂教学中，教师应创设轻松和谐的氛围，让学生感到愉悦和轻松。积极心理学强调教师需要营造一个积极的学习氛围，并以肯定和表扬的方式对待学生。

总的来说，积极心理学主张采用肯定和表扬的方式来教导学生，帮助他们形成正面的学习态度，并使这些态度转化为他们的内在习惯，使他们始终能够看到他人在环境与事物中展现出的积极态度，塑造一个乐观且独立的个体。教师要善于创设各种情境和氛围，让学生在轻松愉悦的氛围中学会主动探索、积极思考。这种方式不仅培育了学生积极乐观的生活态度和良好的学习态度，也为学生塑造了优秀的个性特点，为学生未来的顺利成长作好铺垫。

（二）行为习惯的规范养成

1. 培养低年级段学生良好行为习惯的重要性与意义

对小学生来说，良好的行为习惯不仅是获取知识、技能形成、能力培养和个人素质提升的关键基础，也是实现终身学习目标的基础保障。培养小学生良好的行为习惯对促进他们全面发展具有十分重要的意义。教学研究的统计数据显示，95% 以上的学生在学习成绩的好坏中，智力因素仅占 20%，而非智力因素则占据了 80%。在这些非智力因素当中，习惯无疑是最主要的影响因素。“习惯是一种顽强而巨大力量，它可以主宰人的一生，因此，人从幼年起就应该通过教育培养一种良好的习惯。”著名哲学家培根所说的那句话，已经被许多成功人士通过实际行动加以证实。因此，培养和塑造孩子良好的习惯，对他们将来走向社会起着至关重要的作用。由于受家庭和社会环境的影响，许多孩子在小学阶段表现出明显的行为问题，如自私任性、孤僻内向等。当下，教育部门着力推进全面实施素质教育，并致力于培养低年级段小学生的优良行为习惯，这不仅是教育改革的核心目标，也构成了教育研究领域的一个关键议题。低年级段的小学生正处于性格和习惯形成的关键时期，也是可塑性很强的阶段。在这个年龄段，他们的身心发展迅速，对新事物的吸收能力也很强，但更为关键的是，这个时期是他们的基本道德观念和基本心理素质逐渐建立的阶段。如果此时不能正确地引导和帮助低年级段孩子形成优良的习惯，将会严重影响到他们以后的成长及发展。因此，对于低年级段的学生来说，培养良好的行为模式对他们未来的人生轨迹具有深远的影响。

2. 影响小学生形成良好行为习惯的各种因素

一是小学生的内在因素。由于小学生年纪尚小，活泼好动，思维相对简单，加上他们的自我认知相对较弱和好奇心强烈，这些独特的心理和生理特质在一定程度上可能会妨碍他们形成良好的行为习惯。比如，日常生活中的恶作剧、与同学的追逐和打闹、过分的顽皮和忘乎所以等行为，这些都是不良习惯的表现。

二是家庭教育的影响。家庭为孩子提供了一个关键的成长环境，合适的家庭教育方法和完善的家庭教育理念对于孩子形成良好的行为习惯起到了正面的作用。受到“望子成龙、望女成凤”的教育观念的影响，现代家长在家庭教育上容易出现“偏重智育而忽视德育”的倾向，这导致孩子缺乏人际交往的能力，也缺少面对挑战的决心和毅力。不适当的家庭教育方法可能导致孩子产生对教育的抵触情绪，这对小学生健全人格的塑造是不利的。

3. 培养小学生良好行为习惯的路径

小学时期对于孩子们来说，是培养各种优良习惯的关键阶段。小学生由于年龄较小，可塑性强，所以从小就应该加强对他们进行养成教育，培养他们良好的行为习惯。习惯是一个人在长时间内逐步形成的、难以改变的行为模式，它具有很强的稳定性，并会变成人们的一种有意识的行为，这将为他们未来的学习和生活打下坚实的基础，而良好的行为模式将使他们终身受益。良好的行为习惯既是学生学好各门课程的基础，也是促进学生全面发展的关键，对今后的成长有着深远的影响。因此，在学校教育体系中，培育小学生良好行为习惯应当被视为一项至关重要的任务，同时，如何有效地培养学生这些良好的行为习惯，也是每一位从事教育工作的专业人士都需要深入思考的课题。

（1）重视教师的示范作用，尊重学生的主体地位。教师在学生的成长过程中扮演着引导者的角色，除向学生传授知识外，他们还应当肩负起教育学生的核心职责。尤其是小学低年级段的孩子们，正处于人生发展阶段的黄金时期。对小学低年级段的学生而言，他们对教师的深厚敬意，常常导致他们在与教师的互动中出现所谓的“放大和模仿效应”。这种现象在一定程度上影响了小学生的学习积极性，不利于其健康成长。因此，教育工作者需要巧妙地利用自己的行为和言辞来指导学生的成长，并对学生的不当行为及时地进行指导和纠正，从而有助于培养小学生健全的人格和良好的行为习惯。教师注重言传身教能够为小学生树立起正确的价值观、人生观、世界观，从而促进其健康成长。此外，在日常的师生互动中，教师需要尊重学生的个性，培养他们的独立思考能力，提高他们的自我完善和实践技能，从而增强他们的责任感，并帮助他们形成良好的学习习惯。

（2）标准化训练，并加大养成教育的力度。小学阶段是学生习惯养成教育的关键时期。为了培养小学生良好的行为习惯，学校需要设定明确的标准并进行标准化的培训。教师必须以身作则，率先垂范。在教育实践活动中，学校应加强对《小学生守则》和《小学生日常行为规范》的学习和理解，引导小学生自觉地遵循这些规范，并在集体学习和日常生活中鼓励他们遵循这些规则，以此为基础培养文明行为习惯。如在升国旗的过程中，必须保持站立的姿势，目光注视着国旗，表现出严肃认真的态度；爱护花草树木，不随意丢弃垃圾，并努力成为环境保护的小守护者；这些都是培养小学生良好行为习惯的有效手段。我们应该学习那些英雄和模范人物的光辉事迹，并珍惜当下的美好生活。总之，学校应重视培养学生良好行为习惯的养成。除此之外，学校应当最大限度地利用大队委（红领巾监督岗）班级中的小干部，以激发他们的责任感和使命感，并充分发挥他们在监督和检查方面的作用。培养小学生良好生活习惯的有效途径之一就是开展好"班规"活动。红领巾监督岗有责任对班级学生的日常行为进行及时和全面地监督检查，这不仅加强了队员的集体荣誉感，也规范了班级学生的日常行为。班级习惯养成学习角以"我"为中心，通过设置主题班会、组织实践活动等形式开展各项活动，培养和塑造小学生良好的生活习惯。为了加强小学生的习惯养成教育，学校可以考虑设立班级习惯养成学习角，从而将规范化的学习和营造班级文化有机地结合在一起。学习角提供了丰富的资源和多样的内容，这不仅有助于班级文化的建设，还能有效地改进小学生的行为模式。

（3）学校、家庭和社会共同参与教育，帮助学生养成优良的生活习惯。教育部等十三部门联合印发《关于健全学校家庭社会协同育人机制的意见》中提出"坚持育人为本、坚持政府统筹、坚持协同共育、坚持问题导向"四项工作原则，到"十四五"时期末，政府对协同育人工作的统筹领导更加有力，制度体系基本建立健全。学校积极主导、家庭主动尽责、社会有效支持的协同育人机制更加完善，促进学生全面发展健康成长的良好氛围更加浓厚。到 2035 年，形成定位清晰、机制健全、联动紧密、科学高效的学校家庭社会协同育人机制。

学校、家庭和社会三者之间应该建立紧密的联系，相互补充，共同努力，以促进小学生良好习惯的形成。良好的行为需要良好的环境来支撑，而优良的道德又能为良好行为提供精神动力，因此培养儿童良好的生活习惯与道德品质，离不开家庭和学校两方面的因素。家庭环境对于学生的行为和道德成长起着至关重要的作用。作为孩子的首位教育者，父母的言语和行为、教育观念等都会对孩子的健康发展产生深远的影响。因此，小学班主任必须重视家校合作，为孩子营造一个良好的成长环境。因此，学校可以利用家长委员会和家长开放日的机会，定期组织家长委员会成员会议，邀请家长参与学校的大型活动，组织交流和推荐家庭教育的先进经验的专题学习等，以提高家长的素质，使家长能更好地履行他们在家庭教育中的职责。同时，学校还可以利用班级文化建设、主题班会课、家校合作，以及社会实践等多种途径来丰富学校德育内容，以增强德育工作的实效性。此外，学校可以尽可能利用《文明礼仪教育读本》，积极组织和实施“亲子阅读”活动，并为亲子阅读制订专门的卡片。此外，还应通过举办读书沙龙等方式丰富家长文化生活。在这些活动里，家长和孩子之间的亲密阅读和互动交流，能够帮助孩子更加深入地理解良好行为习惯的价值，进而提高他们的文明觉悟。

小学生的成长过程中，社会环境起到了至关重要的作用。引导小学生积极地融入社会生活，培养良好的道德品质。学校应当高度重视为小学生提供的社会教育机会，并引导他们在真实的体验和实践中培养出正面的行为习惯。学校可以通过多种途径引导学生参与社会活动。学校有能力周期性地组织小学生深入社会进行参观、体验和实践活动，以便让他们更好地接触和接受社会教育，进而培养他们的情操。另外，学校应充分利用社区资源开展丰富多彩的课外活动，让小学生感受到生活的美好。例如，学校可以安排小学生深入社区和敬老院等地参与公益活动，目的是在这些活动中提升小学生的道德水平。与此同时，学校应当主动寻求社会相关部门的帮助和支持，动员所有对学校有益的资源和力量，为小学生提供一个有利于其健康成长的社会氛围。

（三）抓好常规教育，促进学生良好习惯的养成

许多学生的学习习惯是在小学低年级段塑造出来的，如果未来不提供专门的教育支持，这些习惯很难得到显著的改善。“良好的开端，等于成功的一半。”对低年级段的班主任来说，他们的主要工作焦点应该集中在日常教育上，助力于学生形成健康的学校生活习惯。

1. 确立清晰的规则和制度

（1）脚勤，意味着要频繁地走进班级，与学生有更多的互动和接触。当学生的习惯尚未完全形成时，应该频繁地进行跟进和检查，并不断地推广各种管理制度。

（2）眼勤，意味着要经常关注学生的实际情况，这样可以及时获取第一手的信息，并通过实例来验证学生与规章制度的一致性。

（3）嘴勤，也就是经常与学生进行深入的交谈，并在适当的时候提醒他们；积极与家长进行深入地交流，确保家长充分了解学校的各项规定和制度，实现学校与家庭的共同建设和互动交流。

尤其在开学之初，经验丰富的班主任会对学生在各个方面都持有严格的标准，对每一件事都进行细致的管理，确保每一个细节都得到妥善处理。班主任主要关注学生的日常行为和学习习惯的培养，从他们如何佩戴红领巾、如何摆放书籍、如何整理课桌、如何保持正确的坐姿、如何进行卫生清扫、如何排队等方面，都需要进行细致地纠正。这样做不仅有利于提高教育教学质量，而且对培养学生的行为习惯也非常有利。科学研究指出，要想让一个孩子养成良好的生活习惯，他必须坚持努力 21 天，不能中断。因此，班主任应该把每天的时间安排得非常紧凑。经过大约两个月的不懈努力和辛勤耕耘，班级的常规工作只有走上了正轨，未来的各项任务才能更为顺利地展开。

2. 建立适宜的评价体系

评价体系有的是学校依据学生守则、上级教育部门的规定贯彻的，有的是根据班里学生的实际情况建立的。需要强调的是，评价体系的建立和宣传过程就是一个重要的教育过程。对低年级段学生来说，不论采取什么样的奖励都是在传达这样的信息："你是一个好孩子！""你的努力老师看到了！"

3. 从细节入手

习惯的塑造是一个循序渐进的过程。班主任对小学生的要求应该是从"小"开始，从低到高，逐步在日常生活中积累经验，并逐步形成标准。更明确地说，班主任需要遵循"五细"的原则。

（1）"细心"。低年级段的孩子遇到事情，经常不善于表达，这就需要教师细心地观察，一旦发现问题，及时处理。

（2）"细致"。孩子年龄小，行动能力差，教师在布置任务时要考虑周详，步骤衔接紧密，跨度合理。

(3)“细节”。通过细节，教师可以传达出符合要求的正确行为。关注细节，教师可以了解到学生对要求的理解程度。

(4)“仔细”。仔细是一种工作态度，它保证了教育的公正性和正确性。同时，教师的仔细也会对学生的做事态度产生潜移默化的影响。

(5)“精细”。对低年级段的学生，教师一定要认真对待每一件事情，耐心地、持续地进行习惯的培养。

以某小学“培养文明少年，争创文明校园”活动为例。

(1) 学起来：文明礼仪常识学习。①文明礼仪知识的普及教育是开展文明礼仪教育的基础，因此班主任要制订合理的活动方案，并利用“班队课”等渠道引导学生认真学习文明礼仪知识，学生在学习文明礼仪知识的过程中需要提高认识，从而提高养成教育的质量。②组织学生观看青少年文明礼仪影视教材，写好观后感，并选择合适的时间引导学生进行交流，提高认识。③从细节着眼，从身边小事做起，大力倡导礼貌用语的使用，倡导学生利用学过的文明礼仪知识指导自己的生活，在生活中关爱他人，讲文明，懂礼貌，争做文明少年。

(2) 动起来：“文明礼仪我争先”主题宣传。①充分利用各种机会，比如“班队会”“家长会”等时间继续宣传开展文明礼仪普及活动的目的、意义和文明礼仪常识，并根据班级的实际情况，制订宣传计划，让文明礼仪教育深入人心。②开展“文明礼仪我争先”的主题中队活动。

(3) 比起来：文明礼仪之星评选。统一组织实践活动，加强引导和监督，及时总结活动开展的成效，并做好材料方面的记录和整理工作。具体安排如下。①开展“我和同学比一比”文明礼仪活动。②开展“月文明礼仪之星”评比活动。③开展“学期文明礼仪之星”评比活动。

就这样，学生通过学一学，动一动，评一评等一系列活动养成了文明懂礼的好习惯。

第二节　中年级段学生自主化管理的培养

一、中年级段学生身心发展的特点

（一）生理发育

小学生在中年级段自身的发育和成长都得到了一定的提升，生理发育逐渐处在一个充满活力的发展时期。

（二）与同伴交往

中年级段的学生对友谊的定义比较片面，可以一同享乐玩耍，但不一定能够共患难。一旦他们对友谊有了深刻的认识就会表现出一定的功利性。他们选择朋友的标准也会发生改变，会更加注重精神层面的交友。在交友过程中可能会受到各种各样的挫折，很容易导致他们的情绪不稳定甚至是迷茫。

在班级中经常会看到学生分成不同的小团体，每一个小团体中都有一个核心人物和骨干成员。学生对同伴的接纳主要表现为四个方面，欢迎、拒绝、忽视和争议。

（三）与成人交往

1. 师生之间的人际交往

学生对教师大多会有崇拜心理，但随着不断地成长对教师的态度会发生转变，他们在中年级段时期已具备自己的道德判断能力，很容易产生逆反心理。

2. 家长与孩子的交往

学生在低年级阶段的认知大多是被家长左右的。但进入中年级以后，学生逐渐具备了自己独立的个性，许多事情不愿意主动告知家长。此时就需要父母去发掘子女的异常表现，及时与孩子们进行沟通交流，给予他们适当的关爱。否则就会因为家庭之间的矛盾和代沟拉开与孩子们之间的距离。

（四）自我意识

（1）小学生在中年级阶段初步形成自己的个性。有些学生愿意接受别人的评价，在别人的评价中发现自己的价值，从而获得心理上的满足。但有些学生不愿意接受别人的评价，我行我素，很容易产生自负的心理。对于那些成绩不佳的学生，他们受到班级的重视程度是不够的，对自己的评价也非常低，缺乏明显的自信心。

（2）中年级段小学生渴望得到他人的尊重和认可。

（3）中年级段小学生愿意主动评价自己和他人的行为。

（4）中年级段小学生开始对他人的行为进行对比分析。

（五）自我控制

1. 小学生在中年级阶段处于自我情绪波动较大且自我调节能力较差的阶段

他们非常缺乏生活经验，很容易受到各种外界因素的干扰和影响，一旦心理承受不住压力很容易崩溃，无法得到自我排解更无法做到自我调节。他们喜欢与同伴一起学习和玩耍，但遇到一点小矛盾就会变得冲动，他们的情绪都是写在脸上，高不高兴一看便知。

2. 小学生在中年级时期的自制力和坚持性较弱

从中年级末期开始学生就进入了少年时期，这一时期他们的性格特征中会表现出明显的独立性，有强烈摆脱他人控制的欲望。随着年龄的增长，他们对外界的依赖性逐渐减少，自控能力却没有发展起来，在一定时间段内很难控制和调节自己的行为。因此，学生在这一时期很容易产生逆反心理，自己的自制力是比较弱的。

（六）学习特点

（1）中年级段小学生对学习生活的社会意义有了初步的了解与认知。

（2）中年级段小学生初步具备抽象思维能力，并且不断增强，他们的认知行为能力显得随意但带有一定的目的性。

二、实施自我管理的意义

英国教育家斯宾塞指出，自我管理是学校管理的核心，教育的真正目的应是培养出一个具备自治能力的个体，而不是一个需要他人管理的人。在小学中年级段，教师需要逐步引导学生尝试自我管理，这不仅能满足个体身心发展的需求，而且对于班级的发展也有重要意义。

（一）引导学生自我管理是班级发展的必然选择

现阶段一个班级大多由几十名学生组成，仅靠班主任和任课老师是很难做到精细化管理的，这就要求学生参与管理，教师应该积极引导学生参与班级管理，提高学生的自我管理意识和能力，为班级管理作出自己应有的贡献。

（二）引导学生自我管理可以提高其自我教育能力

学生接受教育的成果在一定程度上受到内外因素的双重影响。想要积极发挥内部因素的影响作用就要正确引导学生进行自我管理，这样才能提高学生自我教育的能力。

（三）引导学生自我管理可以培养其独立的个性

学生具备独立的个性并不意味着脱离了父母的帮助有一定的独立生存能力，而是在思维上形成独立性。在班级管理过程中，学生通过自我管理的方式对本我有了更加深入的了解和认知，有利于自我反思和成长发展。

三、自我管理模式的构建

（一）优良的班风班貌是实施自我管理的必备条件

班主任要帮助学生树立正确的价值观和集体主义观念，在正确的引导下帮助学生明确集体的含义。简单来说，想要做好班级管理建设，只能通过学生自我管理来实现。只有管好自己才能去关心他人和集体，才能增强学生对班级的归属感和责任感。让学生意识到自己是班级的一员，是管理的重要参与者。

（二）在具体活动中培养自我管理的能力

1. 责任落实到人，强化自我管理

班主任要将班级管理内容具体分配落实到每一位同学，那么就算班主任不在，学生也能自发地组织开展班级管理活动。班主任在其中主要扮演的是观察者和纠正者的角色，及时发现管理过程中存在的问题并提出改正方法，这样才能提高学生的自我管理意识和能力。

2. 为学生搭建活动平台，提高自我管理能力

任何时期的学生都喜爱接受丰富多彩的教育活动。因此，教师应为学生提供多元化的活动平台，让学生在活动平台上展示自己，以此来提高自我管理能力。在活动开始之前，教师组织学生设计活动计划。在活动过程中，教师从旁指导，学生自

己参与，让每位学生都能得到展示自己的机会。活动结束后，组织学生对活动进行总结和反思，并提出其中存在的问题，以及需要改进的地方，为下一次的活动做好准备。

3. 要在学生中适时地树立榜样

小学生在接受教育的阶段表现出明显的模仿性和较强的可塑性。他们需要学习和生活中的榜样，通过榜样的事迹去影响和感染他们。一般树立为榜样的都是品学兼优的学生，但也可将进步较大的学生树立为榜样。一旦学生被树立为学习榜样就能增强他们的自信心，而那些落后的学生就能在榜样身上找出差距迎头赶上。

（三）指导学生正确地评价

班主任要时刻观察学生自我管理的表现，适当地进行积极的鼓励和肯定，让学生感受到自己的自我管理能力在不断地提升。从心理学的角度来看，人类更容易接受成功的事物，对难以成功的事物不感兴趣。所以，要让学生感受到自己的成长和变化，这样他们才会更加积极主动地做出改变。

第三节　高年级段学生青春期前期的细心介入

一、小学高年级段学生的生理与心理特点

“青春期”一词源于拉丁语中的“pubertas”，意思是“成长”或“成年”。从生理学角度来说，青春期是指儿童发育过程中出现的具有生理和心理特征的一系列重要的转变过程，即身体发生急剧变化的时期。在青春期，学生的变化速度极快，这是一个相对短暂的成长阶段，与从少年到青年初期的时期有所重合。

（一）小学高年级段学生的生理变化

小学五六年级学生的生理发育可划分为三种类型：一是未进入青春期前期，他们的生理特征是男生喉头未增大，女生乳房未发育；二是处于青春期前期，他们的生理特征是男生喉头开始增大，女生乳房开始发育；三是进入青春期，以男生第一次遗精、女生月经初潮为进入青春期的标志。据统计，小学高年级段中有 80%

左右的学生处于青春期前期[1]。

（二）小学高年级段学生的心理特点

1. 在社会能力方面仍处于知大于行的阶段

处于该阶段的学生，情绪很容易冲动、精神系统的爆发力比较强。但因他们的神经系统与大脑还在快速成长与发育之中，不够完善。因此，他们还不成熟，持久力不足。从这里可以看到，在该阶段需培养学生坚强的意志、磨炼他们的精神，对其耐力进行训练，这有非常重要的作用。

2. 独立意识渐趋强烈，并逐步确立自己的社会角色

处于该时期的学生期待得到家长、老师和同学们的关注，他们的表现欲比较强，经常以自我为中心。他们在家中想摆脱父母的约束，对家长的关心和爱护常常表现出不耐烦的样子，一些学生甚至还会嘲笑家长。他们喜欢特立独行、我行我素。而实际上，他们的心理与身体都处于快速成长阶段，没有独立生活的能力。所以，他们的行为通常都十分幼稚，这与其独立意识不断发展引起的不良效应有一定关系。尽管这一阶段的学生有自己的想法与追求，但大多与现实相差甚远，他们在行动中极易“碰一鼻子灰”。

3. 感情丰富，易于冲动

高年级段学生的内心世界丰富且极易冲动。从积极方面来看，他们听了模范榜样的报告、观赏了一场感人至深的电影、看了一部优质小说之后，很容易被其中人物的高尚情操感染，充满昂扬斗志，心中形成无法克制的牺牲精神。从消极方面来看，因高年级段学生的情感十分脆弱、身心发育还不成熟，经常会被外部不良思想蛊惑，甚至被不法分子利用，导致他们受到伤害，从而给社会和家庭留下严重阴影。

4. 求知欲强，兴趣广泛

处于儿童成长时期的学生具有强烈的好奇心和求知欲，但其积极性不足，学习知识的方式与具体范围主要由家长、学校决定。自青春期伊始起，小学阶段的孩子已有了一定的探究知识的能力。他们对外界的所有事物与相关知识都很好奇，有打破砂锅问到底的热情和动力，对每一样新鲜事物都有强烈的求知欲。这对学生

[1] 王家齐 . 关于小学高年级性教育的调查与分析 [J]. 思想·理论·教育，2003（3）：52-57.

们学习知识有积极作用，但每位学生的个性与偏好等都不一样。

5. 心理年龄与生理年龄不同步

将要步入青春期的高年级段学生，虽然生理发育与成人相差无几，但因与社会接触的时间短，他们心理上对社会角色还不清晰、明确，因此会有心理年龄较小、有不适应生理成长特点的表现。尤其是在遇到紧急突发事件时，他们通常手足无措、像热锅上的蚂蚁一样，缺乏相应的应变能力。

二、开展青春期前期教育的原则

（一）适时、适量、适度的原则

学校应根据高年级段学生身心发展的特征和心理现状，对其进行青春期早期的性教育。需把握良好的教育时机，让他们有相应的准备，从而可以充满自信地、健康地对待自己的青春期。向学生普及性知识时，应当兼顾他们的承受能力、身心特征，要把握相应的度，需应用适宜的教育方式。同时，借助丰富多样的辅导与教育模式，引导学生树立科学正确的性意识。

（二）科学的原则

在青春期前期教育过程中，可遵循如下四个原则。

第一，“温”。就是指温暖。准确地谈论与性相关的知识，并不是用特定的专业术语，而是用自然的、温柔的态度来对待。性教育有序推进的基础就是让人倍感亲切的、温暖的态度。

第二，“文”。指的是科学性。既包含概念的准确与科学，又包含正确、健康和合理的传授方法。

第三，“稳”。即对青春期青少年进行性教育，不能操之过急，应慎之又慎。

第四，“问”。应引导青少年进行质疑、提问，让他们可以自然地与教师探讨、交流。为学生构建多样化的交流途径，这不仅是课堂知识的拓展，还是应对敏感问题所采用的基本手段[1]。

（三）坚持与学生的日常生活紧密相连的原则

对青少年进行青春期前期教育的鲜明特征之一，是应当引导、鼓励孩子正确

[1] 李红延 . 为心灵点灯 [J]. 北京教育（普教版），2009（3）：38.

地处理心理和生活中出现的具体问题。因此，传授相关知识，不能只依赖讲解，还应对学生进行合理引导，让其了解应对问题的策略。例如，对女生而言，可从人的生理发育开始，向其普及性知识，让女生了解自己的身体，并爱护自己的身体，从而形成自尊自爱的思想和意识。对男生而言，由于其身体越来越强壮，他们痴迷于自己逐步强大的“力量”，认为可借助自己独特的“力量”来处理一些事情，达到某些目的。因此，处于青春期的男生，由于无法合理、科学地应用自身的“力量”，可能导致不良后果出现。倘若只通过纪律进行管理，那么，可能会引起学生的反感。所以，指引青春期学生科学地认识“力量”，具有十分重要的意义。

三、开展青春期前期教育的方法

（一）讲座

在青春期早期的教育中，讲座是一种经常被采用的手段。缺点是针对性不强，有重复和单调感，没有吸引力；讲座的优势在于其广泛的覆盖范围、详细的内容、明确的指导性，以及丰富的信息内容。因此，可以根据不同对象和年龄层次来确定讲座时间、地点、形式和重点问题。

（二）谈话

谈话的主要优点包括及时、私密、高效和灵活。它不仅能够帮助班主任拉近师生之间的距离，还能在一定程度上弥补了传统教育方法中存在的不足。我们必须明确，交谈不应仅仅是教师单方面的输出，更应该是一个“倾听、引导和支持”的互动过程。只有在平等对话中，师生才能共同成长。倾听不仅是一种获取知识的方式，也是一种毫无保留地接受他人的方式；引导的目的在于协助学生明确自己的思维方向，并寻求问题的解决策略；支持，则是给学生一个思考的机会。“支持”意味着当学生找到相对准确的解答时，立刻给他们支持并予以加强。只有当教师真正成为孩子们学习生活中最忠实的朋友时，才能更好地为学生服务，促进学生发展。教师需要进行角色的转变，遵循平等的原则，尊重学生，实现教师与学生之间的双向沟通，共同讨论，并帮助学生自己做出的决定；鼓励学生敢于提出疑问，勇于发表见解，使其真正成为学习活动的主体，从而培养出具有创新精神和实践能力的高素质人才。教师应当深入了解学生，毫无保留地欢迎他们，真心地对待每一个学生，并将他们视为具有独特价值、无尽潜力和完整人格的个体；要鼓励学生敢于提出疑问和挑战，让他们大胆地发表自己的见解，使其成为课堂讨论的主角。教师应该鼓励学生毫无保留地分享他们内心的想法，从他们的分享中识别出存在的问题，并在此基础上，协助他们独立解决问题，发掘他们内在的成长潜力，从而顺利步入青春期。

（三）班会

班会的一个显著优点是其主题明确、形式生动，这为学生提供了一个相互交流和影响的平台。由于班会涉及青春期的教育议题，因此在设计班会时，必须确保其科学性和形式的多样性。

第七章　小学班级高效管理的学生心理干预

第一节　小学生心理健康测评

一、学生心理健康测评的目的和原则

2021年7月，教育部办公厅发布了《关于加强学生心理健康管理工作的通知》（教思政厅函〔2021〕10号）。该通知提出要“积极借助专业工具和手段”“定期开展学生心理健康测评工作，健全筛查预警机制，及早实施精准干预”。随着教育部通知的全面实施，各小学迅速开展了心理健康测评工作，对所有学生进行定期的心理健康测评已经变成学校心理健康教育工作的一个重要组成部分。

（一）学生心理健康测评及其目的

1. 学生心理健康测评的概念

心理健康测评是基于特定的心理学原理，遵循特定的操作流程和手段，对学生的心理健康状况或其相关的心理属性进行的量化或评价。狭义的学生心理健康测评是指以专门的测试设备为工具，以特定人群中个体所表现出来的心理现象和行为特征为研究对象的一种评价活动。从广义的角度看，学生的心理健康评估可以分为静态评估和动态评估两大类。所谓静态评估，是指专业人士定期使用心理测评问卷，对学生的心理健康状况进行全面的评估。在具体的实施过程中，面向所有小学生的心理健康静态评估通常会在秋季开学大约一个月的时间内启动，这一过程通常会持续1～2个月。针对不同阶段的儿童，采用相应的方法或措施来促进他们健康发展。动态评估是一种由班主任、专职或兼职心理教师，以及其他任课教师、家长和学生等参与的评估方法，其目的是通过持续的观察和实时的动态评估来了解学生的心理健康状况。根据小学生心理问题的出现规律，特别是在开学、考试前后、春季，以及发生重大社会生活事件等特定时段，需要加强对学生心理健康状

况的日常观察。因此，我们可以把这种基于平时观察而开展的动态评估称为“常规动态评估”或“定期动态评估”。狭义上的心理健康评估主要是指静态评估，而本书中提到的心理健康测评则是一个更为广泛的定义，不仅涵盖了静态评估的内容，还涵盖了动态评估的内容。

2. 学生心理健康测评的目的

实施学生心理健康测评可以实时了解学生的心理成长状况，这为创建学生的心理成长档案和积极的心理干预提供了重要依据，进而有助于预防学校内的心理危机，确保校园的心理安全环境得到维护。因此，如何做好学校心理健康教育中学生心理健康测评工作成为当前各学校面临的一个新课题。对学生进行有效的心理健康测评是强化学校心理健康教育和预防学生心理危机的关键基础工作。进行学生心理健康测评的目的不仅是识别出少数存在心理问题的学生，更是为了服务于全体学生的心理健康发展，促进他们的自我认知、潜能挖掘和个性成长，为他们的幸福人生奠定坚实的基础。

更具体地说，通过对学生的心理健康进行测评，可以达到以下的工作目的。

（1）积极推广心理健康教育活动。利用各种途径开展心理辅导活动，加强学校心理咨询队伍建设，使之成为学生健康成长的引路人。积极推广有关心理健康的知识。努力提高全体教师、学生和家长对心理健康教育的认识和理解，持续加强他们维护心理健康的意识和行动。

（2）探究学生的心理健康状态。为了建立学生的心理成长档案，学校需要持续了解每位学生的心理发展状况和他们的个人成长情况，这将为班主任和心理教师提供有针对性的心理健康教育的参考资料。

（3）对有心理问题的学生进行筛查。及时识别出有心理问题的学生，并根据问题的严重性及时实施适当的干预措施，以消除心理危机的潜在风险，从而有效地预防心理危机的出现。

（4）深入了解学生在各个班级或不同年龄段的心理健康状况，能够为设计高效的心理健康教育课程、组织心理活动，以及有针对性的辅导和干预措施提供科学依据。

（二）学生心理健康测评应遵循的原则

班主任对学生心理健康测评的关注程度、测评流程的标准化程度，以及对测评工作的态度等因素，都会对心理健康测评的有效性产生影响。在实际工作中，由于缺乏系统的规划与指导，班主任对心理测评认识不足，操作不到位，导致测评结果不能有效发挥应有的作用。因此，班主任需要加强对心理健康测评工作的管理，确保测评工作的每一个环节都是扎实的，增强危机意识，特别是要加强访谈评估和心理干预这两个薄弱环节，以确保测评工作的有效性。同时，还要注意做好心理测评中相关问题的处理，确保测评结果真实可靠。为了确保心理测评能够满足预定的目标，测评过程必须遵循专业性、普及性、保密性、人文性，以及发展性这几个基本原则。

1. 专业性

（1）心理健康测评人员的专业性。参与测评的班主任必须是接受过专门心理教育培训的专业人士。

（2）健康测评工具的专业性。在正式测评之前，应进行深入而系统的研究。在测评过程中，我们在初步测评时应选择专业的心理评估量表，确保其具有高度的信度和效度。测评过程要遵循科学性、可行性、实用性原则。如果要引用外国的量表，那么必须采用符合中国特色的常模。测评方式一般以书面问卷为主。在进行访谈评估时，所采用的提纲等内容必须经过深入的论证，以确保与各个班级学生的实际情况相匹配。班主任可以根据具体情境灵活选择评估方式，既可以选择传统的纸质方式，也可以选择使用专门的评估软件系统。

（3）流程具有高度的专业性。在进行测评工作时，必须严格遵循科学、精确和规范的工作流程，目标明确，稳健推进，并坚决避免盲目测试、违背保密原则、滥用测试结果或其他不规范的行为。

2. 普及性

心理健康教育工作是面向全体学生的工作，心理健康测评也应当根据学生的年龄特点，选取不同的工具和方法，面向全体学生开展。

3. 保密性

测评活动涉及学生大量的个人隐私问题，参与测评的班主任和心理教师必须严格按照保密原则行事，并根据相关的伦理标准进行操作。在测评中，应遵循保密原则，以确保测评结果准确可靠。

4. 人文性

在进行心理测评的过程中，我们应当高度重视学生及其监护人的观点和情感，并严格遵循与心理测评相关的伦理标准。如果有学生由于请假或其他因素没有参与测评，我们需要深入了解他们所面临的具体问题或挑战，并制定相应的解决方案，以确保每位学生在测评中都能受益。

5. 发展性

小学生正经历着身心发展的快速变化阶段，因此，测评工作针对不同年龄段的学生，应根据他们的身心发展特点来确定测评工具，并科学地解读和应用测评结果。

二、学生心理健康测评注意事项

（一）遵守心理测评工作伦理

1. 遵守伦理的重要意义

明确测评工作中的伦理要求是开展心理健康测评的前提。

（1）遵守伦理要求是促进学生心理健康发展的前提。学生心理健康测评的核心是对学生的心理健康状况进行评价，而不是简单地诊断学生的精神问题，其基础目标和最终目标都是促进学生的健康成长。因此，在学校管理中必须重视并做好这项工作。任何有损于此目标的行为，都应当被严格制止。在当前社会背景下，学校教育中出现了许多新问题，而这些问题也需要通过测评来发现并解决，从而更好地服务学生身心健康成长。小学的心理测评工作主要针对的是未成年人，如果存在违反职业道德的行为，不仅不能有效地保护学生和家长的权益，更有可能对学生个人或其家庭造成极其严重的负面影响，从而损害学生的心理健康。学校作为一个特殊场所，在教育教学过程中必须遵循一定的伦理规范，这既包括职业道德，也包括职业操守，更是一种道德责任。因此，遵循伦理准则是推动学生心理健康成长的基础条件，这不仅能确保测评工作获得广泛的信任，还能营造一个有利于工作进行的健康心理氛围。

（2）遵守伦理规范能保证测评工作规范有效实施。测评工作的各个环节都是紧密相连的，一个环节可能会影响整个系统，如果某个环节处理不当，可能会对个人或集体产生负面效果，甚至可能影响测评工作的效果和社会的信任度。因此，做好测评过程中的每一个细节至关重要。只有在工作伦理的约束和规范之下，测评工作的各个环节才能顺利进行。因此，必须从源头上控制测评工作过程中存在的问题，以保证测评工作的质量。此外，伦理标准也为测评工作的正确执行提供了方向，确保了班主任、学生和家长之间的共同利益，使他们能够建立相互信任的良好关系，从而保证测评工作顺利进行。

2. 学生心理测评伦理的具体内容

学生心理评估的伦理标准具有其独特之处，它结合了心理测量和班主任心理辅导的双重伦理标准，涵盖了广泛的领域，其核心要求可以总结为以下几个方面。

(1) 遵守相关法律法规。如《中华人民共和国未成年人保护法》《中华人民共和国精神卫生法》《中华人民共和国教育法》等国家法律，以及教育部颁布的《中小学心理健康教育指导纲要（2012 年修订）》等文件。

(2) 测评工作的要求。参与测评工作的班主任可参考《临床与咨询心理学工作伦理守则》[1]，工作过程应符合“善行、责任、诚信、公正、尊重”的总要求。

第一，善行：作为心理咨询师，要保障来访者的权利，提供适当的服务，避免来访者受到伤害。

第二，责任：一名专业的心理咨询师需要有强烈的社会责任感，在提供服务的过程中，应明确自身的专业、伦理及法律责任。

第三，诚信：心理咨询师在工作中应做到诚实守信，在教学、科研，以及各类媒体的宣传推广中要保持真实性。

第四，公正：不管是面对来访者、工作人员还是专业人员，要秉承公正态度，避免存在偏见，导致不适当的行为发生。

第五，尊重：对于前来寻求咨询服务的来访者，心理咨询师要尊重他们的隐私，做好保密工作。

(3) 知情同意权。学生和他们的家长都有权利了解心理测评的相关信息，包括测评的目标、意义、流程和结果，以及测评报告的用途。班主任在进行测评之前，必须先与家长进行深入的沟通，并确保得到家长的全力支持和认可。测评时需要考虑到不同年龄段、性别、性格等因素。在执行测评任务的全过程中，必须

---

[1] 中国心理学会 . 中国心理学会临床与咨询心理学工作伦理守则（第二版）[Z].2018-2.

尊重学生及其家长的选择权利，学生有权在测评进行时选择退出。班主任应做好记录，并及时反馈测评情况。此外，班主任需要积极地对学生进行后续的回访和跟进。

(4) 隐私权和保密性。隐私权在其内容和适用范围上都受到国家法律和专业伦理规范的严格保护和约束，因此参与测评工作的班主任有义务确保学生隐私得到妥善保护。在初步的评估过程中，我们必须高度重视学生测评资料的保密性。在进行访谈评估和心理辅导之前，需要向学生明确告知保密性的基本原则、测评结果的应用范围，以及保密例外的具体情况。同时，应注意将测评中涉及的敏感信息公开并进行合理解释。以下几种情况被视为保密性原则的特例。①发现学生存在对自己或他人造成伤害的巨大风险。②那些没有完全民事行为能力的未成年人可能会遭受性侵害或受到虐待。③法律明确了需要公开的其他相关信息。

那些参与心理测评的班主任，必须在签署保密协议之后才能开始他们的测评任务。在测评过程中，所有的信息和建立的心理成长档案都被视为关键的保密资料，通常由学校的心理辅导室保管，并有专门的人员进行管理。若有查阅的需求，必须得到学校心理测评工作组的批准，并在签署保密协议之后才能进行查阅。同时，在进行心理测评过程中要严格按照《中小学心理健康教育指导纲要（2012 年修订）》要求开展相关活动，并将其纳入常规管理工作之中。班主任有责任严格遵守心理档案的管理规定，坚决防止学生信息和个人测评资料的随意泄露，以及任何利用学生数据谋取私利的行为。

(5) 不断提升专业胜任力。参与测评工作的班主任应接受相关培训，在具备相关技能后方能从事此项工作。禁止强迫学生接受心理测试，禁止给学生贴上“心理疾病”的标签，禁止使用任何可能损害学生身心健康的仪器设备[1]。

（二）提高心理健康测评的有效性

1. 明确心理健康测评的目的

作为班主任，我们必须深刻理解测评工作的价值，并明确心理健康测评不仅是为了预防心理危机，它更是一个需要全体成员共同参与，普及心理健康知识，并推动学生健康、和谐成长的关键环节。

---

[1] 中华人民共和国教育部办公厅 . 中小学心理辅导室建设指南 [Z].2015-7-9.

2. 加强过程管理

在开始测评之前，我们需要全方位地进行心理健康测评的培训和宣传活动，以增强班主任的责任感和提升其工作效能；我们应当努力创造一个积极的测评环境，确保班主任、家长和学生都能建立一个理性和正确的观点，这样家长和学生都能以正确的态度对待并给予支持和合作。

3. 测评过程统筹规划

在测评实践中，心理健康测评与干预的三个步骤“初步测评、访谈评估、心理干预”缺一不可，坚决杜绝“滥用测评”“轻视访谈”“忽略干预”的思想和行为。班主任应严格依照流程科学规范地开展，防止心理测评滥用风险。

第二节　小学生心理健康初步评估

一、学生心理健康初步评估的方式

初步评估是学生心理健康测评工作的初始阶段，它涉及对学生心理健康状态的全方位信息收集和初步评价，包括静态和动态两种评估方式。初步评估的成功实施对整体心理测评工作起到了至关重要的基础作用，这将直接影响到后续的访谈评估、心理干预的方向和具体内容。

（一）静态评估

静态评估主要是指使用纸质或电子形式的量表、调查问卷和投射测验等多种心理测量手段，周期性地对所有学生的心理健康状态进行初步评价和分析。班主任可以通过使用专门的心理健康评估软件，迅速地对评估工作进行实时监督和信息交流。

1. 量表测试

量表测试是利用心理量表作为评估工具的一种静态评估方式，它可以迅速并广泛地了解学生的心理健康状态，是目前评估学生心理健康的最常见方式。在进行量表测试时，可以选择集体测试或个体测试，但这对所选的量表、测试流程，以及参与测试的人员都有较高的标准。

2. 调查问卷

班主任可以依据学生的具体状况来制订心理健康调查问卷。调查问卷包括一般资料、心理健康诊断及测评表和相关建议三部分内容。为了补充心理量表的测试结果，心理调查问卷可以选择使用电脑软件或者纸质问答的方式来进行。心理问卷调查应注重信度与效度，并注意对不同群体的区分和处理。为了确保调查问卷的专业性和有效性，我们需要对其内容进行精心设计。

3. 投射测验

绘画和其他艺术表达方式也可以被视为一种有效的静态评估手段。通过对学生作品的详细描述分析，可以对学生的情感、人际交往和社交功能进行全面的评估，进而初步了解学生的心理健康状态。目前常用的绘画评估方法主要是观察法和问卷法等，其特点是简单直观，容易被大多数教师接受与应用。对于年纪较小的学生，我们可以使用“房树人”的绘画技巧来进行初步的心理评估。该方法是在教师的指导下，以儿童绘画为主要手段，将其应用于小学阶段的心理测量中。然而，这种方式对班主任在心理健康评估方面的专业能力提出了更高的要求，他们需要对投射原理有深入的了解，并掌握相关测验的基础技巧。

（二）动态评估

在学生心理健康的初步评估中，动态评估被视为另一个关键的信息来源。学校心理咨询中心提供的学生健康档案既是学生心理发展状况的直接反映，也是进行学生心理干预的依据之一。这是一种通过师生和家长之间的日常互动与观察，持续了解学生心理健康状态的方法。对小学生进行定期全面系统的心理测试及健康咨询与指导，是学校心理咨询工作不可缺少的一部分。其中，班主任、心理委员和家长是负责日常动态观察的核心人员。教师可以在心理辅导过程中识别出需要特别关注的学生，并从多个角度动态地预防学生可能出现的心理问题。

1. 动态评估的参与者

（1）班主任。班主任在学生心理健康的动态评估中起到了核心作用。班主任要善于运用心理学知识分析研究学生在日常学习、生活中出现的各种现象及变化过程，并以此为依据制订切实可行的教育措施。班主任通过观察和了解学生的日常学习、生活、人际关系和情绪状态，能够动态识别出可能存在心理异常的学生，并及时通过专职或兼职心理教师向学校心理测评小组报告。

（2）心理委员。在班级中，我们设立了心理委员来辅助班主任进行班级心理健康的相关工作。心理委员具有沟通桥梁的作用，能及时了解学生的思想动态和行为变化，发现问题并解决问题，帮助同学们排忧解难，提高了学生自我认识、自我评价和自我管理的能力，促进了学生良好心理素质的形成。心理委员在心理健康的动态评估中起到了关键的辅助作用。心理委员可通过参与班务管理活动及与其他教师沟通来收集资料并分析结果，及时了解学生在学习、生活中存在的问题。学校有责任提前为心理委员提供关于心理健康的基础知识、报告程序，以及需要注意的培训事宜，确保他们掌握基础的心理健康常识和观察技巧，以便及时识别潜在的心理问题。心理委员可以从不同角度向班主任汇报班级学生的心理健康状况，并提出建议与咨询意见，帮助班主任做好心理咨询工作。心理委员有责任周期性地完成并提交“班级学生心理健康月报告”。心理委员可与班主任共同收集相关资料并分析讨论，以协助做好日常工作。心理委员的主要职责是提供辅助观察，而不是进行心理干预。当他们发现可能的心理异常时，应立即向班主任或心理教师报告。

（3）家长。家长作为学生的监护人，对学生的心理健康承担着至关重要的职责。当家长参与到心理健康测评中，他们不仅会更加重视孩子的心理健康，还能在整个过程中为学生营造一个积极健康的心理环境，并提供更多的机会和途径来主动参与家校合作。家长可以通过定期或不定期地填写“学生家庭心理健康情况记录表”来记录他们在日常生活中的观察情况，并向学校反馈学生在非学校期间的心理健康状况，从而进一步加强家校之间的沟通。在平时的教育管理中，家长要及时了解学生存在哪些心理问题，并根据具体情况进行分析，提出解决方法。如果学生已经出现心理问题，或者家长在日常生活中注意到学生的心理问题，他们应该立即与班主任取得联系，并如实地向学校报告学生的基本状况。

（4）学科教师。全体教师都是学生健康成长的导师。学科教师可从学生的考勤情况、课堂情绪状态、成绩波动等方面，对学生进行积极关注，动态观察，如发现学生异常，应及时反馈给班主任老师。

2. 需重点关注的学生

在动态评估中，需重点观察、关注以下学生。

（1）那些在学习和人际关系等领域表现出强烈适应困难，同时面临巨大学习压力和学业成绩波动较大的学生。

（2）受到重大事件冲击的学生。那些遭遇家庭重大变故、罹患严重疾病、情感受挫、遭受侮辱、受到惊吓或与他人产生严重人际关系冲突的学生。

（3）具有敏感和内向性格，且朋友较少的学生。

（4）那些情绪持续低迷，或者频繁违反纪律、经常与同学产生矛盾的学生。

（5）那些对网络（如手机、电子游戏）有强烈依赖的学生。

（6）那些来自特殊家庭背景或家庭经济状况极为困难的学生。那些来自父母离异、单亲或重组家庭背景的学生。

3. 动态评估上报流程

通过对学生的日常动态观察，当发现学生出现特殊状况时，应遵循动态评估的上报流程及时上报。经过学校心理危机评估小组的综合评估，可以确定学生的心理问题级别和危机程度，并及时进行心理辅导干预，同时将其纳入学校心理危机预警库中。

总的来说，班主任在选择初步评估的方式和方法时，应依据实际状况进行灵活选择，以确保初步评估的科学性、准确性和有效性。同时，要注意在日常工作中坚持定期或不定期对全体学生进行心理测评，及时了解学生们的情况并给予相应帮助。特别强调的是，全员参与的动态评估在发现和预警学生心理健康危机方面具有至关重要的作用，这也是当前班级管理实践中一个非常缺乏且急需加强的环节。

二、学生心理健康静态评估的组织

班主任在制订年度心理健康教育工作计划时，应当将静态评估纳入其中，并为本班级拟定相应的心理健康静态评估方案。根据学生心理问题的表现特点和发展趋势，结合学校的实际情况制订静态评估目标及相应策略。在制订工作计划时，我们应该尽量清晰地列出评估的时间、选择的量表、评估的时间段、评估的方法，以及工作的反馈等详细信息。

（一）组织心理健康静态评估的原则

1. 各个区域学校的合作协同

地区性的教育管理部门与学校应当实现上下之间的有效协作。教育管理部门按照工作计划进行统筹，拟定了初步的评估策略；学校拟订了针对性的工作计划，有条不紊地进行各项任务，并将工作进展及时汇总上报。

2. 将动态与静态相结合

在进行静态评价的同时，结合日常的动态评估，对学生进行了全面的评估。

3. 严格遵循伦理准则

所有涉及的人员都必须严格按照心理工作的伦理标准行事，严守保密原则，尊重学生的个人隐私，并确保学生评估结果的信息得到适当的反馈，以及文件的保密存储。

4. 实施有力的干预措施

学校通过进行静态评估，实施了学生心理成长的档案管理，创建了学生心理预警库，并设计了详尽而有效的心理干预计划，以确保学生的心理健康得到全面而科学的维护。

（二）心理健康测评量表的选用

为了深入而科学地掌握学生的心理健康状况，班主任需要精心挑选合适的测评量表。首先，用于静态评估的量表必须遵循中国的常模标准，具备较高的权威性和良好的信度与效度，同时，量表的内容、测试语言和各项条目都应适用于学生。其次，在选择量表时，应依据不同的年龄段进行，并严格按照量表所适用的年龄段来使用，避免随意混合使用。再次，要对教师进行培训，使其熟悉量表的使用方法，掌握测量技巧。我们必须杜绝不遵守伦理标准而滥用量表的行为。最后，要在学校组织教师对心理测量工具进行培训与考核，以保证测评结果准确可靠。通常，我们推荐使用专门为小学生设计的心理健康评估量表进行静态的评估，例如，小学经常使用的心理健康诊断测验（MHT）之类的量表。在具体应用时，既可以将该量表作为一种测量工具使用，也可以与其他心理测查方法结合使用。对于年纪较小的学生，由于他们的识字量有限和认知能力受限，可以考虑使用他评量表来进行评估。

班主任有两种不同的量表评估方法可供选择：纸质和软件。在调查问卷中使用纸质版量表可以提高教师对学生学习状况的评价效率。纸质版的量表具有易于学生使用的特点，能够在现场进行回收，并且回收效率相当高；其不足之处在于后续的评估结果需要大量的计算工作。软件版量表的优势在于可以通过计算机实现快速有效地处理数据。软件版量表的一个显著优势是其测量结果能够自动产生，从而避免了人工计算的需求；其不足之处在于，学生在进行上机操作时需要遵循基础的操作流程，并且容易受到网络和电脑等不稳定因素的干扰。班主任的选择可以基于当前的实际情况，以及两种方法的长处和短处来灵活决定。

（三）心理健康评估工作专项培训的开展

鉴于我国小学心理健康教育领域专业人才的短缺，以及心理健康教育工作的专业标准，班主任在参与学校心理健康教育工作时，应当坚持“不进行培训就不进行工作”的方针。督导组作为直接面向一线教师开展心理健康教育指导活动的组织，可通过建立专职心理咨询师队伍、构建专业化团队，以及制订科学有效的管理方案等措施来提高对中小学班主任参与学校心理健康教育工作的重视程度。在开始静态评估工作之前，督导组应该为直接参与心理测评的班主任提供心理测评相关的知识和技能培训，以确保心理测评的专业性和有效性。动态评估时，督导组可根据学生的个体发展水平对班级实施不同程度的干预。培训的主题涵盖了初步评估的方法、伦理要求，以及静态评估的实施步骤、技巧和流程等方面。

根据实际工作需要，每级培训内容的侧重点不同。对班主任的培训侧重于静态评估辅助性的相关知识，以及开展动态评估的日常观察、心理健康教育等必备的知识技能。

三、学生心理健康静态评估的实施流程

学生心理健康静态评估的实施流程包括评估工作准备、评估实施过程和评估结果管理三个方面。

（一）评估工作准备

1. 制订静态评估工作方案

班主任将静态评估纳入班级的心理健康教育计划，并据此制订班级的工作方案。根据方案实施动态评估和跟踪反馈。该工作方案涵盖了学生静态评估任务的组织结构、被评估的对象、评估所需的时间、评估的方法、使用的评估工具，以及评估的整体流程等方面。在具体实施过程中，可采用个别访谈、观察记录、问卷测试和个案分析相结合的方法进行评估。评价活动应当根据计划逐一执行，并按顺序进行。

2. 召开评估工作部署会

根据心理测评的相关标准，明确静态评估的步骤，落实各方的职责，并妥善分配资源，确保静态评估过程的标准化和有序性。积极进行宣传和动员，当向学生传递具体的测评信息时，提前准备书面材料通知家长，确保学生和家长提前了解这项工作的具体安排。

3. 准备评估工具

确保准备好软件版评估量表，并对相关的设备和网络进行仔细地检查和调试，以确保静态评估的顺利进行。

4. 确定评估时间

依据教育管理部门的指示以及班级的实际工作状况，合理选择静态评估的实施时间。在确定静态评估时间时应该遵循针对性、灵活性和可操作性原则。为了最大限度地减少适应期或其他不相关的因素对测评结果的影响，并确保静态评估的准确性，通常我们应该避免在开学前后或考试前后的特定时间段进行评估。

5. 确定评估名单

班主任在静态评估中需要确定参与的学生名单，其中应包括他们的班级、姓名、性别、出生日期、既往病史、父母职业和家庭背景等详细信息。对每个人进行详细登记后，提交给学校心理健康教育中心或辅导员，由他们根据自己掌握的情况作出判断并作出相应处理。信息可以被录入心理评估系统中，或者被记录在学生的心理成长档案里，但在保存和使用所有信息时，必须严格遵循保密的原则。

（二）评估实施过程

1. 告知家长

鉴于小学心理健康评估的目标群体是未成年人，班主任须尊重家长的知情权和选择权。班主任有责任提前与家长进行沟通，明确心理健康测评的目标和具体内容。让家长了解学生的心理健康测评，不仅是心理健康教育工作有序进行的基础，也是预防学生心理健康问题的关键手段，进而赢得家长对这一工作的理解、认同和支持。班主任可以通过多种方式，如发送《致家长的一封信》与家长沟通，只有在家长同意的情况下，才能对学生进行评估。如果学生的家长或监护人不愿意让学生参与静态评估，可以考虑进一步与家长或监护人沟通，了解他们拒绝让孩子参加的原因，然后再进行协商。

2. 集体施测

当学生参与心理测试时，班主任需要用一种自然平静的语气，向参与评估的学生解释心理测试的本质、重要性和流程，并随后宣读出测试的指导意见。当学生开始答题时，测试人员必须始终在场，及时解答学生的问题，并指导他们按计划完成。在进行心理测试的过程中，应当严格遵循专业的标准和规范，以便学生能在一个轻松的环境中顺利完成测试任务。

3. 学生补测

对于那些未能参与测试、未完成测试或对测试结果存有疑虑的学生，我们将统一进行补测，并努力确保每位学生都能够接受静态评估。对于因特殊情况无法参与心理测试的学生，必须如实记录，并及时与其家长进行沟通，了解原因，并共同商定解决方案。

4. 其他注意事项

为了确保测评的真实性和实效性，我们必须严格管理测评班级的纪律，并指导学生真实作答。如果学生在评估过程中选择退出，我们可以先尊重他们的决定，并在了解其原因后进行适当的处理。如果学生在考试过程中表现出不寻常的反应，应当立刻暂停答题，将他们带离现场，并进行心理安慰，直到他们恢复到平静状态，并直接安排专业人员进行访谈和评估。如学生对某一问题产生极端情绪或行为时，应立即向学校领导汇报。在特殊情况下，我们需要迅速启动心理危机干预措施。

（三）评估结果管理

1. 整理学生心理测试结果

基于对学生个体心理测试结果的处理，我们编制了班级报告、重点关注学生名单、重点关注率，以及静态评估工作的总结报告等。报告应当严格遵守保密的准则，清晰地界定对静态评估的了解权限，并在必要的情况下将学生的个人资料隐藏起来。

2. 科学看待心理测评结果

首先，任何形式的量表测试对于评估学生的心理健康状况都只是一个参考依据，不能仅根据这些测试结果来作出对学生心理健康状态的综合性评价。因此，在使用该量表之前，必须先了解被测试者的基本情况及所存在的问题。其次，在进行量表测试时，学生的心理状态和行为习惯可能会对测试结果产生影响，例如，某些学生近期的心理状况可能不太稳定，而另一些学生可能没有根据实际情况进行回答。在使用心理问卷时需要考虑这些问题。再次，每一种心理健康测试都拥有其独特的理论结构，其检测标准也各不相同，因此不能简单地对不同的量表得出的结果进行比较。最后，在进行大规模的群体测量时，许多系统性的因素是难以规避的。某些班级在进行测评时网络连接不流畅，或者班主任过于严格，这些因素都有可能对测评的最终结果造成不良影响。

3. 保密处理，逐一访谈

对心理测验中预警的“高分检出”学生应做一定范围保密的，逐一进行访谈评估。

4. 灵活处理，积极关注

对于那些强烈希望了解静态评估结果的学生和家长，我们应该根据保护学生的伦理要求来灵活处理。我们可以邀请学生或家长进行面对面的交谈，深入了解他们的真实观点，为他们提供合适的解释，并普及必要的心理健康知识，这样家长就能更加正确地看待评估结果，更加关心孩子的心理健康状况。

第三节　小学生心理健康访谈评估

一、学生心理健康访谈评估的准备

访谈评估是由专职或兼职的心理教师主动邀请那些在心理健康初步评估中发现疑似有心理问题的学生，通过语言交流和非言语观察来评估他们的心理健康状况，以确定是否需要，以及如何进行心理干预。访谈评估作为一种特殊的心理咨询技术与方法，具有针对性强、效率高的特点。在心理健康评估中，访谈评估被视为最具挑战性和专业性的环节。评估的准确度将直接影响心理干预的成效，因此，教育管理部门和学校都需要给予高度的关注并进行科学的规划。

（一）班主任培训

班主任不仅是班级的日常管理人员，也是维护班级学生心理健康的关键角色，更是家庭与学校之间沟通的重要纽带。从组织执行到心理干预，访谈评估工作都需要班主任的协助和支持。由于班主任自身的专业水平有限，以及学校对班主任培训重视不够等原因导致了部分教师不能有效参与到心理咨询活动中。因此，学校的心理健康评估团队在开始访谈评估之前，应当组织班主任进行集中的培训活动。

培训的主要内容涵盖了向班主任展示学校或班级学生心理评估的总体情况，明确访谈评估的目标、步骤和详细计划，并阐述班主任在这方面的职责和作用。由于培训过程中需要班主任的协助来邀请学生，甚至需要进行心理干预。因此，在培训过程中也必须明确评估伦理保密原则，并签署集体保密协议。

（二）访谈评估的资料准备

访谈评估开始前，需要准备好访谈评估所需资料。

1. 访谈评估名单

访谈评估名单来自动态评估和静态评估两种途径。

(1) 动态评估。心理健康的动态评估是由班主任、家长、心理委员以及一般学生群体共同进行的。他们从多个视角观察学生，识别出可能存在心理问题的学生，并通过各种方式将这些问题反馈给学校。随后，专职或兼职的心理教师会进行深入的访谈和评估，以实施针对性的心理干预措施。

(2) 静态评估。在对学生的心理健康进行初步评估的过程中，学生已经完成了测评。经过专职或兼职心理教师对学生测评结果的进一步处理，需要整理出进行访谈评估的学生名单，并对名单上的学生进行相应的访谈评估。根据谈话记录和测试成绩确定访谈对象，通过录音录像方式获取被调查学生的相关信息，将这些信息输入计算机数据库内建立档案。参与访谈的学生名单涵盖了测评得分不正常的学生、测谎因子得分不正常的学生，以及在测评过程中出现异常而未能正常完成测评任务的学生等。

2. 访谈评估文本

(1) 访谈评估通知单。为了保证邀约过程的标准化，一般采用填写并下发统一格式的访谈评估通知单的形式邀约学生来访。在通知单上应写明受邀学生的姓名、班级、访谈时间、访谈持续时长与访谈地点。邀约理由在一年级一般采用“学校希望了解学生的入学适应情况，随机抽取部分同学进行简单交流”，在其他年级可以采用“学校希望了解学生近期的学习和生活情况，随机抽取部分同学进行简单交流”。

（2）访谈评估记录表。在访谈过程中，需要使用访谈评估记录表，一方面，它对结构性的谈话有一定的指引作用，有利于保持谈话的标准化；另一方面，可以借助访谈评估记录表对谈话内容进行快速的记录，记录评估结果，指导接下来实施的心理干预。

3. 其他材料

为了更好地与学生建立关系，访谈评估时可以准备一些小礼物或者小卡片，在访谈评估结束的时候送给参加访谈的学生。一方面，这是对心理教师心理辅导工作的一个宣传；另一方面，学生在离开辅导室后，每次看到礼物或卡片便会想起学校心理辅导的资源。

二、学生心理健康访谈评估的流程

访谈评估以结构式访谈的方式开展，一般用时 10~20 分钟，通过与学生谈话的方式了解学生情况，进行综合评估。建立规范的访谈评估模式不仅有利于减少误判，还可以更加精准地对学生进行心理干预，对心理健康教育工作的顺利开展有重要的现实意义。

（一）发出访谈邀请

心理访谈与心理辅导中的“不求无助”有所不同，它是一种主动邀请学生进行交流的方式。既可以选择通过班主任通知，也可以直接从心理中心通知，推荐使用统一格式的邀请通知单。

在实际辅导过程中，大部分学生对邀请表现出好奇心，并可能稍感紧张，但大部分学生都愿意接受邀请并参与访谈。对于那些出于某种特定原因不想来的学生，不应强行要求，而是应该向班主任报告他们的情况，并由班主任加强对他们的观察。

（二）关系建立

关系建立是心理访谈能否顺利进行的前提，也是访谈评估的重要目标，在与学生的第一次见面时就已经开始。

1. 解释访谈目的

通过访谈，我们可以深入了解学生最关注的议题，直接与他们交流有助于消除他们的防备心态，使他们更快地对心理教师产生信任，并愿意与其进行深入交流。同时，要注意在谈话中使用恰当的语言技巧。例如，我们可以考虑这样的建议："为了更好地了解你的入学适应情况，并为大家创建一个心理档案，我们不能仅仅依赖一次测评的结果，而应该与你进行面对面的沟通，探讨有哪些方面可以为你提供帮助。这次的交谈对你的学业表现和个人成长都不会产生任何影响。"

2. 强调保密原则，说明保密例外

由于参与访谈评估的学生可能面临潜在的风险，因此有必要提前向学生明确强调保密的基本原则和例外情况。在进行访谈时，要注意把保密事项告诉学生。例如，可以这么说："我们的对话内容是保密的，不会告诉同学、家长或其他老师，但如果发现你可能伤害自己或他人，我们就不能保密。为了确保你的安全，需要联系可能帮助你的人，你的安全是最重要的。"

3. 询问是否愿意配合或有疑问

在正式的访谈开始之前，我们应该努力消除学生的疑虑，你可以询问："我已经给出了明确的解释吗？你还有其他不理解的部分吗？"

当学生有疑虑或担忧时，访谈教师应当耐心地听取他们的意见，并对学生提出的疑问再次进行探讨和解释。

4. 基本信息询问

为了更好地了解学生的基本信息，例如，他们的出生背景、家庭成员等，我们可以从最基础的实际问题出发，这样更容易进行深入的交谈。这些基本信息有助于我们更深入地了解学生的心理状态。

5. 是否真实作答

心理健康诊断测验（MHT）问卷中，很多心理健康测评量表有测谎因子，如测谎因子得分小于或等于 7 分，便属于可信范围，判定测评结果是可信的。在实践中，也可直接询问其作答时候的真实性，绝大多数学生会如实作答，但也有极少数学生在作答过程中会受到偶发因素（如当时因为某个突发事件影响自己的心情，因为生病身体不适等）的影响，或者会以自己曾经的某个状态回答，这些情况都需要在访谈的时候进行确认。

6. 初评时问题的持续性

初步评估的结果揭示了初次评估时大约一周的状况。通常情况下，访谈是在全体学生进行测评后的 1 ～ 2 周内安排的，并且会持续 1 ～ 2 周的时间。小学生的情绪管理能力相对较弱，他们的心理状况会随着时间的推移而发生明显的变化，但通常不良情绪的持续时间较短，因此在与学生交谈时，需要确认问题是否会持续到访谈结束。

（三）收集信息

这个环节是访谈评估的关键环节。在这个阶段，学生已经与心理教师建立了良好的关系，并为能够毫无保留地表达自己做好了准备。在这个阶段，有必要深入了解学生在生活、学习等多个领域的实际情况，收集信息时要持续追问和详细解释，对于可能出现的危机情况，还需要进行更深入的评估。更具体地说，我们可以从以下几个角度提出问题。

1. 人际关系

“当你心情低落时，你更倾向于与哪些朋友交谈？你能与异性交流吗？你们都会聊些什么内容？”

“当你遇到不愉快的事情时，你会向父母表达吗？他们会如何安慰你？”

2. 情绪状况

“你有没有特别想要发火的时刻？当你想发火的时候，你通常会做些什么？”

3. 身体健康状态、饮食睡眠情况

“你有生病的情况吗？有哪些地方经常感到不适？”

“你近期的饮食习惯如何？一餐可以吃到多少食物？有多少菜肴？”

“你晚上几点入睡？躺下后需要多长时间才能进入梦乡？会不会有更多的梦境？醒来的时间是几点？醒来后你的感觉如何？”

4. 你是否经历过不良的生活事件，并且现在是否仍然产生影响

在进行访谈的过程中，可以了解学生经历过的负面生活事件，包括重要家人的不幸去世、家庭暴力事件以及父母离异等情况。探究这些事件发生的具体时间以及它们如何影响学生过去和现在的状况。

5. 评估是否有自杀自伤等心理危机情况出现

如果在采访过程中观察到学生有过自我伤害的行为或自杀倾向，那么有必要立

刻对这些学生面临的危机状况进行更深入的评估。我们可以从危机的危险因素和保护因素两个维度来进行评估。评估危险因素通常涉及以下几个方面：是否存在自杀或自伤的念头和行为，是否遭受过心理伤害，是否有心理问题，以及是否有自恨和自责的心态等。对于保护因素的评估主要是根据学校及家庭提供的信息来判断，也就是通过调查问卷了解学生对自身安全状况的认识，以及他们所面临的问题。在评估保护因素时，我们可以从以下几个方面进行参考：是否存在寻求帮助的意愿，是否对未来有明确的规划，是否对死亡感到害怕，是否对家人有责任感，以及是否具备解决问题的能力等。我们对相关的学生进行了风险级别的评估，确定了干预的方向，并进行了心理干预的跟进。

（四）访谈结果评估

在收集信息环节完成之后，需要即刻对学生的心理状态进行评估。首先，需要评估学生的状态属于心理正常还是心理异常。心理正常指的是具备正常心理功能的心理活动，或者说是不包括典型心理障碍症状的心理活动；心理异常指有典型精神障碍症状的心理活动。其次，在学生心理正常的情况下，需要鉴别学生的心理状态属于心理健康还是心理不健康。学生是处于发展变化中的个体，可能有一部分学生的心理状态在访谈时已经恢复正常，访谈评估时已经属于正常心理状态，即心理健康状态。对依然存在心理困扰，处于心理不健康状态的学生，需要对学生的心理问题情况进行分类。心理不健康，根据心理冲突类型、持续时间、严重程度和有无泛化分为三类：一般心理问题、严重心理问题和神经症性心理问题（可疑神经症）。需要指出的是，班主任不具备精神疾病的诊断资质，班主任对学生进行心理测评的目的也不是为学生贴上“心理不健康”的标签，而只是对学生的心理健康状态作初步的判断，为后续工作奠定基础。在必要情况下，可邀请专业的精神科医生参与学生心理问题的诊断。

（五）宣传心理健康教育

在访谈评估结束之前，可以有针对性地向学生普及心理健康知识，简要地介绍心理中心的工作情况，提供心理中心的联系方式，说明心理中心的预约方式，并告诉学生如有需要可以来求助。

（六）特殊情况的处理

首先，在访谈评估的过程中，一旦发现学生存在严重的心理问题，应当立即启动相应的危机干预措施。其次，对访谈中的信息反馈和数据采集进行评估。在完成访谈评估之后，我们对评估的结果进行了详细记录，并对学生的情况进行了及时分类和整理。最后，将这些信息反馈给学校和上级教育管理部门。

第四节 小学生心理干预

一、小学生常见的心理问题及原因

2019 年，中华人民共和国国务院正式发布了《国务院关于实施健康中国行动的意见》，其中明确提出实施中小学健康促进行动，为我们做好新时代儿童青少年心理保健提供了新思路。儿童和青少年的心理健康是构建健康中国的核心议题之一。近年来，我国中小学生的心理健康状况总体良好，但仍有部分学生存在一定程度的心理问题，且呈现逐年增加趋势。随着我国经济和社会的飞速发展，儿童和青少年的心理行为问题，以及精神障碍的发病率持续攀升，这已经成为影响国家和民族前景的关键公共健康议题。由于小学阶段正处于人身心发展的关键阶段，其生理机能尚未完善成熟，容易出现各种心理行为问题。因此，对于小学生的心理健康，学校、家庭和社会都应当给予高度的关注。我们需要认识到心理问题可能对学生产生的不良影响，并采纳医学与教育相结合的心理健康服务方式，为小学生提供心理支持，确保他们不受心理问题的伤害。

（一）小学生常见的心理问题及其表现

1. 学习方面的问题

在小学生的日常生活里，学习占据了相当大的比重。对小学生而言，学习始终是他们的首要职责。因此，当他们在学习过程中遇到挫折时，这不仅会对他们的心态产生负面影响，还可能导致心理健康问题。

目前，尽管国家正在积极推动基础教育课程改革，但仍有部分教师和家长深受传统教育观念的影响，依然习惯于用分数作为评价学生学习水平的唯一标准，这导致学生承受了沉重的学业压力，并产生了巨大的心理负担。这种情况使学生在课堂上对所学内容失去了兴趣，导致他们在课堂上难以集中注意力，作业也不能准时完成，考试前他们可能会感到紧张和恐惧，从而导致学业成绩落后。有的学生甚至因为没有足够的课余时间而辍学回家。学生们的课外时光被各式各样的辅导班所填满，导致他们难以得到片刻的休息，感到身心俱疲。这些现象严重制约着我国基础教育事业的发展与进步。部分学生为了迎合教师和家长的期望，有时会采取抄袭、舞弊等不正当手段，这无疑给他们留下了道德行为上的污点。如果这种情况持续下去，学生很可能会产生对学习的反感，甚至可能选择放弃或逃离学校。

2. 人际关系方面的问题

对小学生来说，家庭构成了他们从出生开始的生活背景，而学校则是他们成长过程中的主要场所。因此，亲子、同伴以及师生之间的关系成为他们在人际交往中最关键的部分。良好的亲子关系和同伴关系对小学生身心发展具有十分重要的作用。在与父母、同伴和教师的互动中，小学生也有可能出现各种心理健康问题。

(1) 亲子关系。家长在日常家庭生活中对孩子的教育方式，无疑会对孩子的心理健康带来深远的影响。良好的家庭教育有利于培养孩子积极向上的心理品质和健全的人格，促进他们身心健康发展。不恰当的家庭教育却可能导致小学生面临各种不同的心理健康挑战。某些家长过度溺爱他们的孩子，视孩子如同“小皇帝”或“小公主”，这导致孩子过于以自我为中心，缺少独立和自理的能力，从而形成了依赖心理；某些家长对待自己的孩子非常严格，经常对他们进行批评和体罚，这使得孩子的内心变得更加封闭和敏感；有些家长对孩子缺乏足够的关心和爱护，导致孩子长时间无法体验到家庭的温暖和亲情，从而容易形成孤僻的个性。这些都会使儿童形成不良的人际关系。调查显示，那些在与父母关系和谐的家庭环境中成长起来的学生，他们的人际交往技巧通常更为出色；在亲子关系一般的家庭里，由于父母之间缺少情感交流，他们与同伴交往时常常感到孤独和无助。在家庭关系相对疏离和紧张的环境中成长起来的学生，往往缺乏与他人建立亲密关系的积极态度。

(2) 同伴关系。部分孩子与同龄朋友的互动相对较少，当他们进入学校并与众多同龄伙伴接触时，他们常常难以融入集体生活，从而导致与同龄人的交往变得困难。这些儿童表现出自卑、孤独、敏感和孤僻等特征。部分学生以自我为中心，行为任性且自私，与他人交往时表现得相对偏激，有时会对其他同学采取攻击性的行为，甚至与其他人一起进行校园霸凌；有的学生会把父母的话当作耳旁风，与父母顶撞，甚至离家出走，严重影响了正常学习和身心健康发展。部分学生沉浸于自己的世界，不愿与同学互动，常常独自一人，与他人格格不入，导致他们的心态变得更加封闭；有一部分学生会出现自卑自闭、敏感多疑等心理问题，严重影响了正常学习和身心健康发展。此外，一些学生可能会产生嫉妒的情绪，当他人的学业表现超过自己或得到教师的表扬时，他们可能会表现出对他人的不满或敌意，甚至可能会恶意诋毁或攻击他人。还有一些学生在人际交往过程中，由于缺乏沟通技巧而导致人际关系紧张，从而引发一系列心理健康方面的问题。对学生而言，这些心理问题不利于他们的健康发展。

（3）师生关系。随着年纪的逐渐增加，高年级段的学生往往会表现出逆反心理，这种心理在师生关系中主要表现为与教师的对立和反抗。这些学生由于缺乏正确的自我认知而容易产生心理障碍。比如，在教室里不愿意听教师的授课，不听从教师的指导，与教师产生冲突，对教师缺乏尊重。与教师之间的关系紧张也可能引发学生的心理健康问题。

3. 情绪方面的问题

情绪问题被认为是导致小学生行为异常的关键因素之一。随着社会竞争压力加大、独生子女增多，以及家长过分注重孩子的学习成绩而忽视了对学生情商的培养，造成部分小学生存在严重的不良情绪状态。由于小学生在身心成长方面尚未完全成熟，他们在情绪调控和行为管理方面表现不佳，因此更容易出现剧烈的情感和心理波动，进一步导致各种过激行为的出现。小学生可能会因为焦虑、抑郁和易怒等不良情绪，在学习、社交、日常生活和个性成长等方面受到某种程度的不良影响，甚至可能引发他们的心理健康问题。

（二）小学生心理问题产生的原因

1. 自身原因

小学生的心理状况与他们的性格特点之间存在某种程度的联系。由于小学生的身心尚处于发育阶段，所以他们还没有形成完善的人格和成熟的思想品质，这也是导致小学时期出现各种心理问题的原因之一。部分学生的性格偏向于内敛和敏感，面对问题时，他们往往不会主动寻求他人的帮助，而是长时间地压抑自己的情感。这种长时间的压抑可能导致负面情绪的产生，如果不能及时且有效地处理，这将成为他们的心理负担，并对他们的心理健康产生不良影响。另外一些学生虽然具有较好的心理素质，但是由于受家庭和社会等多方面因素的影响，导致他们存在着不同程度的心理障碍，如自卑、抑郁、嫉妒等。另外，随着年纪的逐渐增长，小学生身体上的微小变化都可能对他们产生一定的影响。如果他们对这些生理现象没有正确地理解，他们可能会感到焦虑、烦躁、苦恼和恐惧，这些都可能对他们的心理健康产生不良影响。

2. 学校原因

对小学生而言，学校环境是相当复杂的，包括同学之间的关系、教师与学生之间的关系，以及在学习过程中所面临的各种压力，这些因素都可能对小学生产生不同程度的心理负担。如果小学生在学校环境中人际关系处理不当，无法有效地完成学业，那么他们可能会出现各种心理健康问题。近年来，我国许多小学由于受到应试教育模式和社会不良风气的影响，使不少小学生出现了一系列不良的心理反应。一方面，有些学校将学生的考试成绩作为评价教师工作表现的唯一标准，这迫使原本充满活力的小学生将全部精力集中在学习上，从而限制了学生的天性，给他们带来了一定的心理压力，这对他们的心理健康发展是不利的。另一方面，有些教师在教学过程中存在着过时的教育观念和评估方法，也缺少高尚的师德。这导致学生对课堂教学失去了热情，从而严重打击了他们的学习积极性和主动性，形成了消极的心理。

3. 家庭原因

家庭是孩子的第一所学校，不同的家庭教育方式对孩子的个人发展和心理健康都会带来不同的影响。良好的家庭教育能够帮助孩子养成健全的人格和健康的心灵。当孩子在积极和开放的家庭教育环境中成长，他们的心理会变得更为乐观和开放。在家长的关心和指导之下，孩子的幸福感会增强，同时更不容易受到心理问题的困扰。反之，消极、保守的家庭教育方法，往往会让孩子形成自卑和封闭等不良性格。然而，某些家庭采取了“专制型”“溺爱型”或“放任型”的教育方式。在这样的家庭背景下，孩子们可能表现出顺从、自私、冷漠和孤僻的态度，这不仅对孩子的心理产生了负面影响，还可能加剧他们的心理健康问题。

4. 社会原因

在一个人的成长过程中，社会环境扮演着极为关键的角色。良好的社会风气不仅能促进青少年身心全面和谐地发展，也会影响他们今后的学习和工作。由于他们刚刚进入小学学习阶段，思想还不够成熟，因此他们更难以抵御一些负面的信息，尤其是一些低俗的内容。再者，由于小学生缺乏辨别是非对错的能力，他们的模仿意识很强，这些负面信息可能会对他们的世界观、人生观和价值观产生负面影响，进一步侵蚀他们纯真的心灵，导致他们产生不良的心理状态。

二、班主任进行心理干预的优势

在学生的成长与发展方面，班主任这一角色有着十分深远的意义。班主任既要关注、引导学生的言行和学习态度，又要对学生展开更深入的心理教育与指导。

（一）班主任工作有利于发现“病”

小学班主任与学生接触的机会与时间都比较多，有充分了解学生的时机。班主任可关注学生平时课堂上的表现来了解他们。与其他科任教师相比，学生会更信服班主任，也会主动告诉班主任自己的想法，期待得到班主任的重视与关注。班主任也能通过其他渠道了解自己的学生，例如，其他科任教师、同班同学和家长等，以此发现学生心理的变化和出现的问题。

（二）班主任工作有利于开出“药”

班主任需明确学生当前出现的心理问题，与学习有关还是和同学沟通不畅等。班主任可以通过自己各方面的资源，例如，其他科任教师和学生等来帮助引导这位学生，让其能够及时有效地解决问题。较之其他科任教师，班主任的威信和影响是十分显著的，学生也更信服班主任。因此，班主任引导学生，帮助其解决心理问题，可以获得良好的效果。就算成效不明显，班主任也能及时告知心理辅导教师，从而对学生的心理进行干预，将问题隐患扼杀在摇篮中，防止问题不断恶化。

倘若学生有心理方面的问题出现，但还能正常学习，那么，班主任需了解该学生的处境与心理状态，以此来稳定他（她）的情绪，并为其构建和谐、宽松的环境，尽可能给予关怀和温暖，从而持续了解该学生，全面收集信息，合理评估学生的情绪和认知行为。倘若学生的行为与情绪出现显著变化，那么，班主任需和家长、心理辅导教师进行交流沟通，必要时可以告知学校领导。通过心理辅导教师的评估，再与家长探讨是否要找心理医生进行干预，同时，班主任还需做好保密工作，明确问题学生心理问题的公布界限。针对由于心理健康问题再复学的学生，应合理评估其心理健康状况，及时进行深入的心理干预，并为其构建良好、宽松、和谐的人际环境。

（三）班主任要懂一些心理危机干预的基本常识

在心理健康教育方面，班主任可以做的工作有很多。所以，班主任应不断学习、提升自己，了解心理问题干预相关的理论知识，不管是爱护学生的身心健康，还是维护自己的健康，都有积极的作用。

学生心理问题的形成通常和其迥异的言行密切相关，从一定程度上来看，一种特殊行为的出现，均与特别的原因有关。这要求班主任及时转变思想，关注学生的心理健康，明确学生异常反应出现的具体原因。倘若只从德育层面来看，通常无法获得良好的成效。

班主任了解班级学生的一个主要方式还有班级日志。通过班级日志，班主任不仅能及时发现学生的心理变化，还能了解其心理问题出现的主要原因。一些教师指出，班级日志是与学生进行心理交流的基本途径之一，通过班级日志能了解学生的心理问题或者最近发生在学生中间的事情，从而有针对性地进行处理。通过文字这一方式与学生进行交流沟通，探寻学生内心的变化，文字是教师和学生共情的纽带与媒介。例如，教师在班级日志中写道：感谢你们对我的信任，在这个班集体里，我们的目标是一致的，你不再是孤单一人，无论遇到什么问题，我们都一起扛，好吗?

（四）班主任做学生心理干预工作需要注意的问题

1. 注意区分心理干预和德育工作

班主任在班级管理中，一项很重要的工作就是做思想工作。在学生需要心理安慰时，选取德育方式，可能无法获得理想的成效。德育工作以学生行为是否与相关规则制度相吻合为主，注重的是学生应不应该做这样的事；而心理干预，则主要重视学生的心理和情绪。德育工作主要以提升学生的道德修养和学习品质为立足点，心理干预则以重视学生的情绪变化为出发点，为其学习和生活剔除不良情绪和心理问题。只有学生认为自身应当改变但不明白怎样改进时，才能通过心理干预获得理想成效。学校的德育在教育学生上，有一定的强制性，无论学生是否接受，学校都要对其进行思想教育。

2. 班主任的“霸权”因素，让学生不敢袒露内心

一些班主任认为，想要管好班级，就要让学生害怕自己，这样就能管住学生。这样的班主任，认为越熟悉学生，越管得住他们，以此实现管教的目标。实际上，能不能直抵学生内心，这对他们而言并不重要，并且对班主任工作没有显著影响。这样的班主任控制欲太强，反而让学生战战兢兢不敢说出内心的真实想法。教师和学生之间的关系，属于人际关系的范畴，但是其具有一定的特殊性，两者之间的关系是影响和被影响的关系。如果将其视作人际关系中的一类，那么，很多问题就能顺利解决。试想，你愿意与哪些人交往？通常和你交往比较频繁的人，基本上是和自身个性、认知水平相差无几的人。如果不能尊重学生、平等对待学生，就无法了解学生的真正想法。教育教学的根本目标是促进学生全面发展，而不是简单地管教学生。

3. 言而无信，不肯保守秘密

取得学生信任的一个重要保障是保密原则，该原则也是心理干预的主要力量。保守学生的秘密，尊重他们的隐私，维护他们的名誉，不公开师生交谈的具体内容。这需要班主任做一个有信用、不随便公开学生隐私的教师，如此，学生才会更加信服班主任，才愿意表达自己的真实想法。

4. 心理干预的谈话技巧不够，自己讲得太多

某班主任与学生谈心，向其讲述自己以前成长过程中发生的事情。通过共情作用，学生深受触动，流下了眼泪，多次插话想告诉班主任自己的问题，班主任却滔滔不绝，白白错失了心理干预的良好时机。因此，班主任了解心理辅导基本知识是非常重要的。当发现学生出现异常反应时，可以与学生交流说：我看到你最近心情低落，是不是发生了什么事？要不要老师帮忙？需要的话一定告诉我好吗？

5. 学生带着情绪时，仍然忙着讲道理

当有紧急重大问题出现在学生身上，让其郁郁寡欢时，应理解他们当前的不良情绪和异常行为。班主任不要一味地灌输道理知识，先要正确处理学生的情绪。当学生被不良情绪包围时，是无法被道理说服的，但可以体会到班主任对自己的尊重与关怀。当学生体会到班主任给予的温暖和信任时，心情会平和一些，就会愿意说出自己的想法。

班主任对学生做思想工作，对其进行心理干预，并不意味着班主任能解决所

有的心理问题。学生的小问题班主任可以解决，但大问题就要向校领导反映，交给心理辅导教师来解决，这就是一级预防的意义。班主任及时发现这一问题，并提交给上级领导就已尽到班主任的责任了。

班主任是班级的管理者，既是和学生接触比较多的科任教师，也是德育工作的重要实施者。班主任针对学生的心理发展展开一级预防工作，这不仅是学生成长与发展的基本要求，还是国家发展、时代变革对教师提出的新要求。

三、班主任对学生心理危机进行干预的策略

班主任是班级管理者，和学生之间有着广泛而密切的关联，在德育工作中发挥着重要作用。同时，班主任还在心理危机干预中起着关键作用，班主任应当通过班级管理来干预学生的心理问题。

【实操指南】

1. 做好预警工作

对学生进行心理危机干预，需以教育为出发点，预防是关键。班主任是与学生接触最多的教师，需及早感应到学生的异常行为，发现其心理问题，及时进行干预，努力将心理危机问题扼杀在摇篮之中。班主任应构建完善的心理检查制度，及时发现学生的心理隐患，合理应对学生的心理问题，并及时约谈备受心理问题煎熬的学生，按照谈话的状况为学生提供准确、及时的心理干预，对学生进行动态管理。

2. 做好应急工作

在学生因心理问题导致其做出自残等紧急事件时，班主任在了解相关信息与事实，获得校长的许可之后，需适当向学生说明发生的情况，借助与学生认知能力、年龄特征相符的方式解释相关信息。班主任需及时请教学校中有经验、参与过心理干预培训的教师，如心理辅导员、专职心理教师等，向他们咨询怎样引导和解决学生的心理危机问题。在表达内心情感上，班主任应当做一个良好的示范，鼓励引导学生说出他们内心的感受与真实想法，这对化解学生的心理危机十分重要。

班主任还需努力克制自己的情绪。班主任应当告诉学生，他们在心理危机中做出的反应也许是对特别情景的正常表现。班主任需安排学生加以探讨，分析他们

遭遇心理危机时的感受，分析其在危机出现时做出的反应。班主任应当让学生认识到，他们周围的环境也许不是那么安全，他们应共同探讨心理危机出现时内心的波动，说出自己真实的想法。当学生探讨自身的感觉时，班主任应仔细倾听，要表示自己的理解与认同，但是不要评论，不要将自己的观点强加给学生。

班主任与学生进行沟通时，应明确表示自己的理解之情，学生在危机中的反应均可能是正常反应。班主任在引导帮助学生时，需注意方式方法，避免用要求的口吻，可以引导学生借助其他各种方式说出自己的观点，比如，写日记的方式，年龄较小的学生可应用画画的方式。班主任还可组织相关活动、布置相应作业，引导学生说出自己对危机的感受。班主任应特别关注反应十分强烈、表达能力有限的学生，可能他们需要特殊的、深层次的心理干预。

在心理危机出现的第一个星期至第六个星期里，学生会逐步控制自己对危机的强烈反应。上文提及的多种长期性影响也许还要更长的时间才能慢慢克服，一部分学生也许在危机出现之时、数天或者更长一点的时间内未出现明显反应，这都是有可能的。班主任应随时保持关注，不能掉以轻心。一部分学生也可能会极力让他人相信自己不会有任何影响，但是某天或者某一个时刻，他们就会突然爆发，让人始料不及。

3. 做好后期维护工作

班主任需追踪关注心理康复之后的学生。学生恢复正常之后，班主任还需重点关注，并及时了解学生的情绪波动状况，定期和其交流。同时，借助学生干部等方式侧面了解学生的内心变化。对那些抑郁倾向严重的学生，班主任需给予特别的爱护与支持，防止其他学生和其出现矛盾冲突，组织学生干部对其多加关心，并制订有效的危机应对措施，预防该生出现突发状况。

对学生进行心理危机干预既是一项复杂的任务，也是系统性的工程。班主任不仅是学生们的管家，更是执行心理干预的中坚力量。班主任应学习心理健康教育的相关知识和干预技巧，促进学生健康全面发展。

4. 将该项工作贯彻到日常工作中去

通过相关统计发现，现阶段，我国大约有 1600 万心理疾病患者，其中，有大约 33.3% 出现在青少年时期。同时，有心理问题的学生人数还有不断增加的态势。从心理疾病上来看，心理危机是比较严重的疾病之一，学生如果出现了心理危机，想要快速康复是很难的，并且会对周围的学生产生显著影响，甚至对其他学生造成无法弥补的伤害，极易形成不稳定的因素，对学校的教育教学产生严重影响。

5. 了解心理危机的成因及表现形式，及时发现学生的病情

那些有心理危机问题、心理状态不良的学生是班主任心理干预的主要对象。这些学生通常有躯体、情绪和认知等层面的明显波动，不能快速适应正常的生活秩序。满足下列其中一个因素的学生，需被当作心理危机干预的重点对象，班主任应给予重点关注：有抑郁倾向、心情不佳，不愿意和亲友交流沟通者；有成绩一落千丈、失恋、重大家庭变故和身体疾病等显著挫折者；负罪感强烈、极度缺乏安全者；有明显自杀倾向者；精神有阻碍、人格有显著缺陷者；经常觉得自己一无是处、社会支持系统长期不足、悲观厌世者；长期失眠、有睡眠障碍者；有暴力倾向、多次攻击他人，给社会造成严重负面影响者等。

对学生进行心理干预，需从教育实际出发，预防是关键。班主任是学生们的管理者，需及早发现孩子的心理问题，并进行适当干预，争取将心理危机扼杀在摇篮之中。

6. 引导学生建立健康的心理

班主任应进一步强化教育学生，让他们有科学的人生观和价值观，鼓励他们热爱自己的生命，善待自己；强化提升学生的自我意识，让他们对自己有正确的认识，认可自己，接纳自己，建立自信心，将自卑与脆弱从心里赶走；加强心理危机应对教育，让学生明确危机的概念，危机可能出现在什么情况下，及时引导与干预那些有抑郁倾向、心情低落的学生。应当将心理健康相关知识传授给学生，让他们形成身心健康的成长理念。同时，对于学生普遍出现的人际交往问题、适应环境问题、学习方法问题以及情绪控制等，进行有针对性的教育。班主任应在班级中构建宽松、和谐、融洽的氛围，逐步增强学生的心理适应能力、提升其品德修养，促进其身心健康、全面发展。

对学生进行心理危机干预既是一项复杂的任务，也是系统性的工程。班主任不仅是学生们的管家，也是执行心理干预的中坚力量。当前，民众的健康意识逐步增强，越来越关注心理方面的健康，各学校还设立了心理健康咨询处，在学生心理干预工作中，部分学生心理健康社团也显现了重要价值。而班主任作为学生的管理者，依旧是学生心理干预不可或缺的力量。

第八章　小学班级高效管理的班主任自我成长与管理

第一节　班主任自我成长的必要性

一、班主任学习与成长的重要性

与经验相比，反省的作用不可或缺，通过不断反省可以培养出专业水平高的班主任。教师从大学毕业后进入工作单位，担任某个班的班主任。倘若在管理班集体的过程中遇到相应问题，只能通过以往的学习经验与大学教师给予的解决问题的方法，依据实务和理论的全面、深入印证，获得处理问题的对策。这种根据理论来处理班主任工作中遇到问题的方式，是风险较大、不稳妥的办法。

通过分析发现，班主任在管理学生的过程中，倘若出现问题或者遇到棘手的难题时，通常会用以往的经验来解决。太过依赖以往的经验，就极易在以往的问题中徘徊踌躇不前，或忽视问题的核心，或心安理得地回避问题，从而出现几十年只用一种经验解决问题。班主任只有运用学习和成长这一模式，借助行动探究和不断反省来积极处理问题，增强自身的技能和专业性，才能提高其管理学生的能力，正确、合理地管理班级事务，从而成长为高效且专业的优秀班主任。

二、当前班主任专业化发展存在的问题

（一）缺乏专业理想

通过相关调查发现，大部分班主任都不想待在这个岗位上，他们宁愿当一个科任教师。班主任的工作比较繁杂，例如，学生每日常规、各科学习情况、协同科任教师与家长、组织安排各项活动等，都在班主任管理的范围内。并且班级学生多，很难有序管理，大部分班主任不仅要忙于教学工作，还要兼顾班级中的每一位

学生。多数班主任表示，只要每月能及时完成基本任务就很好了，几乎没有多余的时间思考如何推动班级和学生良好发展。还有一些班主任认为，管理班级的工作甚至比多教一个科目还要难、工作量还要多。从这里可以发现，班主任的工作动力与积极性若不足，将对班主任的专业发展十分不利。一部分教师在刚进入学校工作，在没有得到专业培训的情况下就被安置在了班主任的岗位上，由于经验不足、教学工作的繁忙导致教师不堪重负。当教师有了丰富的教学经验之后，又可能会因为家庭等其他因素的制约，不能在班主任工作中投入全部的时间和精力，这使班主任的专业性严重不足。

（二）缺乏专业知识与专业技能

国内大部分班主任对国家的相关教育法规制度和教学管理文件等方面的了解不足。多数班主任只是知晓有这件事，但无法说出详细内容。还有一些班主任认为，教育心理学等理论知识对自己专业化发展、提升学习没有什么作用，所以，在日常工作中忽视了学习。班主任既要有专业的能力，还要有专业的理论知识储备，例如，心理辅导的相关知识、管理班级的能力和良好的交流能力等。但是，通过实际状况发现，一些班主任的专业能力和知识积累还存在不足之处。

（三）上岗形式与培训机制不健全

通过调查分析发现，国内多数地区的班主任选拔制度还不健全，存在许多短板。选聘班主任通常缺乏明确的根据，一般都是校长或者学校责任人来决定班主任人选。通常情况下，他们会聘任那些在班主任岗位上耕耘时间长、有经验或者年轻的教师；而这样的做法既没有足够的依据，也缺乏合理性。同时，对班主任的发展不利。每一年各地教育部门针对新到岗的班主任，均会安排一系列的培训活动，但这样的培训，效果差强人意。一些班主任参加教育部门组织的培训活动，仅仅是为了应付差事，而且这种形式的培训存在相应的滞后性，原因是大部分班主任均已正式开始了工作。就算是进行了培训，班主任还需在实践中“摸爬滚打”，不断探索，才能快速成长。而在此过程中，大部分学生都变成了班主任教师的陪练，如此对班主任专业化成长不利。

班主任的快速、良好发展，既能够为学生构建宽松、融洽的班级环境，又能推动教育事业稳定、有序发展。因现阶段国内一些小学班级管理比较落后，出现了大量问题，所以班主任的提升和学习非常重要。

第二节　班主任自我成长的具体途径和方法

班主任是学校教师队伍中十分独特的群体，其发展的方向是专业化和高素质，以及较好的创新能力。班主任不但是小学教师行业中十分重要的构成部分，而且具有举足轻重的地位。班主任既是班集体的组织者，又是班级的建设者，不仅要与其他科任教师一同展开专业化发展，还需有一定水平的理论知识和技能。只有如此，班主任在管理学生与班级事务的过程中，才能促进学生德智体美劳等全面发展。

一、班主任专业化的基本内涵

教师需要拥有专业技能、专业理论知识和相应的素养，这就是教师专业化，是教育教学领域比较独特且先进的教学思想。因此，班主任专业化发展是一个长期的过程，并非短期就能实现的。然而，当前班主任专业化发展的效果不尽如人意，需要社会各方面的助力和扶持，也需要教师不断提升自己、有活到老学到老的意识。只有逐步增强教师的专业技能、增加专业知识，才能促进教育事业高效、规范地发展。

班主任专业化的基本内涵，从一定程度上来看和教师专业化内涵大致相同。原因是班主任和教师的工作均是促进学生全面、健康成长，每位班主任在成长为合格的班主任之前，都要先成长为合格的人民教师。尽管科任教师和班主任有共性存在，但是本质上两者的专业化定位有一定的差别。在教育教学上，班主任既要与科任教师一样展开教学活动，又要充分履行班主任的责任与义务。这两者的专业化角色存在相应差异，并且班主任的专业化内涵比教师的更丰富一些。换言之，班主任专业化发展不但要在教师专业化发展要求的基础上展开，而且要熟悉了解班主任基本知识和思想品德教育的相关知识，同时，还要有优秀的管理能力和良好的沟通能力，这样才能充分发挥班主任的作用。

二、小学班主任专业化培养的意义

儿童学习的初期就是小学阶段，这也是国家的基础教育事业。小学生处在心理和生理快速发展的时期，由于年龄比较小、认知有限，还没有构建科学的价值观和人生观，其言行也亟待进行规范等。因此，各个层面都会对小学生的发展产生相应影响。小学班主任在教育教学中，具有十分关键的作用和地位，班主任的管理方式会显著影响小学生的成长和心理健康。所以，作为小学生领路人和班级建设者的班主任，在注重学生学习的过程中，还需密切关注学生各方面能力的发展。同时，班主任工作的表现也会对学生未来的发展产生重要影响，由此可见，在培养学生各方面能力方面，小学班主任专业化发展的影响十分深远。由于教育事业快速发展，从家长的角度来看，小学班主任的专业能力和工作水平非常重要，因此促进班主任专业化发展迫在眉睫。

三、促进小学班主任专业自我成长的对策

班主任专业自我成长，即其在管理学生和班集体的同时，产生的管理风格、管理思想及管理能力的集合。它既包含班主任对自己的认知、对学生的希望和了解，也包含对班主任工作的感知、对该工作形象的了解以及对管理成效的测度等，这一成长过程对班主任工作有直接影响。

对班主任专业化发展产生影响的因素比较多，他们的作用也各不相同，一些因素的作用是积极的，一些因素的作用则是消极的。在这之中，外部因素在短期内既无法清除，也无法减少其影响，班主任自身不能有效地控制这些外部因素。但内在因素却能借助个体的调节来转变。所以，小学班主任需将注意力放在优化自身素养上，由以往的被动局面向积极向上的态势转变，以此促进自身不断成长、发展。

（一）审视认知水平，做善于终身学习的科学型班主任

教师这一职业的重点是文化形象，教师主要通过文化这一媒介来熏陶、影响学生。现阶段，学生处于信息化技术蓬勃发展、互联网技术发达的社会背景中，取得信息的方式十分丰富，教师不再是学生获得知识的唯一来源，这使教师的威信与文化形象面临着巨大的压力和考验。因此，理论知识缺乏、落后于时代的教师和班主任很难获得学生的青睐，只有学富五车、知识渊博的班主任才能让学生信服，

才能在学生中建立威信。

对现阶段班主任班级管理情况进行分析，发现还存在一定的局限性。班主任认知水平整体偏低是使班级管理工作负担居高不下的根本因素。为了减轻其工作负担，班主任的专业理想需清晰、明确，让自己变成可以满足学生求知需求的学科教师，以及有现代管理理论知识的优秀班主任；不但要让自己成长为学生信服的对象，而且要变成班级里有威望的管理者。为了实现该目标，需努力做到：再苦再累也要不断学习，工作任务再繁重也不能丢下书本，收益少也不能不读书，卧室再小也要堆上书，亲友之间即使联系少也送书；只有这样才能增加知识，增长见识，获得源源不断的知识能量；走上教师工作岗位，就要有“一辈子学做教师”的准备；教师只有不断学习，才能跟上时代发展的脚步，通过新的思维审视教育事业[1]，才能逐步优化自己的专业技能和专业知识。所以，班主任的学习应是一个长期的自律行为，需养成终身学习的意识，应当活到老学到老。

（二）直面动机状态，做善于正面感受的快乐型班主任

小学班主任是班级的管理者和建设者，其管理者的角色和教师角色往往融为一体。在班级管理实践中贯彻教育理念，通过教育工作落实管理策略[2]，班主任对学生充满希望，并不断激励自己努力工作。但是实际上，部分学生并未根据班主任的要求来做，也与班主任的要求相差甚远。导致一部分班主任经常处在失望和期待冲突的矛盾中，感受着无奈和绝望，甚至产生难过伤心的情绪。诚然，小学班主任的不良情绪会对班级的有序稳定发展产生消极影响。

快乐情绪的感染力比较强，这种积极的情绪就是强大管理的动力。尽管在教育教学过程中无法有效规避矛盾和冲突等问题出现，但是能防止不良情绪持续蔓延，班主任需要做个快乐的班级管理者。那么，怎样才能用快乐的心态来管理班级呢？一方面，可以从了解学生中获得快乐。班主任要认识到，所有学生的成长目标是一致的，但是个体之间有一定的差异性。应当促进所有学生在尽可能的空间中稳定、健康成长，同时，逐步拓展学生的成长空间，而不是对所有学生使用相同的方式和方法。另一方面，快乐来源于班主任对学生的爱。倘若在教育中没有爱，那

---

❶ 赵子彦．终身学习理念的发展与教师的成长 [J]. 廊坊师范学院学报，2008（1）:99.

❷ 李学农．班级管理 [M]. 北京：高等教育出版社，2004:5.

么，任何管理技巧与教育方式都无法取得良好的效果。如今的学生已不再是以往的“乖乖听话”的孩子，而是敢于挑战权威、自信反叛且追求新潮的特立独行的学生。这些特点使一部分班主任还在步履维艰的适应之中，导致教师与学生之间的关系呈现逐步紧张的态势。只有从先入为主的固定心理中解脱出来，生成合理的权变心理，充分发现学生的优点，挖掘其潜能，这样才能真诚地爱护自己的学生。倘若班主任能信任自己的学生、热爱关怀学生，那么，就能从班级管理中感受到巨大的幸福感和成就感，因此体验到当班主任的快乐。

（三）反思行为特征，做善于改革创新的智慧型班主任

若班主任仅满足于传统的教书育人，只做学校的传声筒，只要班级学生纪律良好，没有出乱子就知足了。那么，止步不前的工作态度和一成不变的管理模式将让班级工作面临更多的困难。班主任不仅需转变以往思虑不足的程式化管理思想，还要有敢于质疑管理方式的态度，通过各种层面和角度进行审视和反思。例如，自己的管理能力是否好、工作是否勤奋、是否会因不了解工作重点致使时间不足、是否由于管理计划不明确而导致目标笼统、是不是因为不够果敢导致问题逐步恶化等。

班主任进行自我审视的过程，本质上是把学会自主学习和管理引领进行协调统一的过程。班级管理工作比较烦琐且比较困难，班主任应通过琐碎的班级事务，对自身的职责进行有效整理，然后再审视反思，做一个有担当、不断革新、聪明智慧的班主任。借助观察、审视，然后分析、再进行革新这一方式，基于全面了解学生和班级，对班级发展进行合理筹划。制定与学生需求、班级特征相吻合的管理措施和教育策略，并明确落实的具体方式和途径，循序渐进地展开管理工作，逐步积累工作实践经验，不断改进优化班级班规，增强班级管理和建设的有效性和合理性，提升管理效率和质量。

（四）正视个体心理，做善于自我调控的平和型班主任

一部分班主任由于长时间处于不良情绪中，心理十分苦闷、情绪频繁波动。一些班主任见到学生就板着脸，仅限于和学生交流信息，并没有情感的互动，不仅不利于教师和学生之间的沟通交流，而且无法获得良好的教学效果。马卡连柯指出，无法控制自身情绪的人，与坏了的机器没有任何差别。一个不能克制自己的班主任，就算工作能力再强、品质再好，也不是一位合格的班级管理者。班主任每日与学生相处，其个性和心理也不再是自己一个人的事情，而是能产生显著影响的重要事情，是十分关键的教育要素。

经验丰富的班主任都能深刻感悟到“愤怒从愚蠢始，以后悔告终”这句话的意思，让学生怕自己很容易，但在学生中间树立威信、让他们心服口服则很难。班级管理工作中的每次失态和不恰当的言语，都会让班主任失去学生的尊敬，从而导致师生关系出现裂痕。因此，班主任应提升心理保健意识，学习心理学相关知识，对自身有正确的认识，明确压力的出处与危害。了解调整心理状态的方式，借助心理咨询和运动锻炼，以及音乐疗愈等方式来应对焦虑情绪，排解不良情绪，减轻心理负担，将心理调到平和稳定的状态。处于管理和教育场景里的班主任既是教育教学工作者，也是学生尊崇的榜样。在和学生交流时，班主任需抛掉苦闷郁闷的情绪，增强自我控制能力，及时调整不合理的行为。

（五）构建专业形象，做善于表现个性的独特型班主任

从现代心理学的角度来看，个性指的是一个人的精神状态，其是个体稳定的、常态化的、存在相应倾向性的心理特质。

班主任的能力和性格、理想及气质等互相影响互相作用而组成的一个整体，就是班主任的个性。班主任的个性有一定差异，常言道：“戏法人人会变，但技巧有不同。”科学合理的管理理念和技巧也需借助班主任这个媒介，才能在班级工作中大放异彩。在应用各类管理方式时，均会因班主任的参与而展现出独特的个性和特色。无论班主任能否认识到这一点，他们的个性都会对全体学生产生显著的影响，变成各位学生学习和模仿的对象。如果班主任的个性不突出，那么，其管理的班级也会缺乏个性。俗话说，不求最好，只期待最适宜的，管理班级的模式也不能呆板、僵化。班主任应基于了解学生与班级的实际情况，通过自身的喜好与个性，努力找到并构建与班级现状、班主任自身个性相匹配的管理风格，从而树立别具一格、特殊的形象。

班主任专业形象属于综合性的特定概念，不仅有具体内容，还有表现方式。其体现了班主任的行为习惯和个性特征及精神状态，是班主任心理素质、智慧，以及外在呈现等综合形成的特征。同时，其既是社会和学生等群体对班主任的评价，也是班主任在管理工作过程中，构建的专业形象。倘若班主任形成自己的职业形象，那么，就能在班级管理中充分发挥自己的优势，合理、全面地进行工作，提升自我效能感，以此感知班主任工作的独特价值。

大部分班主任心里只有学生，行为也是为了学生，但是存在这样的结果：在教室中，一眼看去站着的是教师、坐着的是学生，但从精神上来看，却完全相反，老师站着高高在上，有着统领者的威仪，坐在位置旁的学生体内，是诚惶诚恐、跪着的灵魂。[1]诚然，这样的结果否定了班主任管理的成效。出现这样的局面是班主任专业发展不足所致，只有班主任专业化发展充分和完善，才能有效避免这类问题。

第三节　班主任自我管理的内容与途径

一、班主任自我管理的内容及其重要性

教师构成了学校的核心部分，而教师的管理方式对学校的进步有着直接的影响。因此，要想提高教育教学质量和办学水平，就必须重视并加强教师队伍建设，尤其是教师管理工作。随着人本管理观念的广泛传播和深化，教师在学校管理活动中对自我管理的重视程度逐渐增加。教师自我管理不仅能够促进学生健康人格和良好品质的形成，而且能提高教学质量和效率，从而使教育目标得以实现。教师的自我管理涉及教师在教学、学习和日常生活中对自身的身体、思维、情感和意识进行的调整和管理，这是教师基于自己的实际情况进行的内部调整和管理。其目的在于促进学生的身心健康成长。自我管理与传统的教师管理有所不同。它要求教师在不与组织管理发生冲突的情况下，运用各种技能和技巧来减轻工作中的职业压力，通过学习来提高自己的专业素质，并在生活中找到身心的愉悦。

（一）班主任自我管理的含义

班主任的自我管理涉及班主任对自己身体、思维、情感和意识的全面管理。这是在班主任正确地认识自己的基础上，通过合理的自我规划、自我学习、自我协调和自我控制来推动自己的专业成长的过程，班主任自我管理有助于提升班主任的工作绩效。

(1) 班主任的自我管理过程应高度重视班主任的独立性，这是班主任根据自己

---

[1] 殷永松．浅谈班主任工作中的心理健康教育 [J]. 黄石教育学院学报，2005（4）:78.

的实际情况，独立地规划发展路径，并对自己的行为进行自我调节和监督的过程。在这一管理模式下，班级管理工作不再仅仅依靠教师来完成，而是由学生和家长共同参与承担的一种教育活动。这种以班主任为中心的内部管理方式，为班主任的职业成长提供了源源不断的推动力。那些拥有出色的自我管理技巧的班主任不会受到外界刺激的影响，他们会为自己设定明确的目标，并致力于实现这些目标，用它们作为推动自己前行的动力。

（2）班主任的自我管理目标主要集中在班主任个人的职业成长，以及他们所在学校的班主任工作目标的实现上，这两个方面是相辅相成的。反之，则不利于班主任所处班级的健康发展。班主任进行的自我管理是在不与学校设定的目标发生冲突的前提下进行的，自我管理的水平越高，对学校教育目标的达成就越有益。当班主任的个人目标与学校设定的目标出现偏差时，一个出色的自我管理者可以调整自己，或与外界环境互动，或对自己的目标进行修正，然后通过自我管理，全身心地投入到新的活动中。需要特别强调的是，班主任的自我管理并不是一种完全封闭的“自我管理”，而是一种开放的、与他人合作的管理方式。班主任的个人目标和学校目标的实现依赖于班主任与其他教师之间的相互信任、支持和合作。因此，如果班主任想要实现有效的自我管理，还必须主动承担维护人际关系的基本责任。

（3）班主任的自我管理是建立在全面和正确的自我认知之上，以自我学习为中心，通过一系列的自我设计、自我协调和自我控制的过程来实现的。在此过程中，持续的自我学习是关键。班主任需要通过自我学习来更好地了解自己，并在学习过程中为自己设定明确的目标，然后通过学习来调整或修正这些目标，以确保最终达到自己设定的目标。班主任进行自我管理的过程实际上是一个了解自己、并通过持续的学习来超越自己的过程。

班主任的自我管理是一个涉及多个维度和层次的观念，从认知角度看，这意味着教师需要掌握自我认知，这包括自我分析和自我评估；在情感方面，教师需要进行自我激励，这主要体现在精神层面上的内部激励；在进行行为训练时，我们需要重视个人修养和自我规划；教师在意志品质方面需要进行自我监控、自我管理和自我调整。教师的自我管理具有主动性、独立性、自律性和创造性等特点。简单地说，教师的自我管理是一个过程，其中教师在正确地了解自己的基础上，通过自我激励，主动地为自己设定发展目标，并能够主动地进行自我规划、执行、控制和调整，以实现他们的理想发展目标。在这个过程中，教师需要不断地提升自己的能力和素养。他们既要具备扎实的专业知识，不断学习新知识，更新教学理念，他们还需要培养良好的人际关系和团队合作能力，与同事、家长和学生建立良好的沟通和合作关系。只有这样，教师的自我管理才能更加全面、更加有效地推动教育事业的发展。

（二）班主任自我管理的意义

在学校的教育和教学活动中，班主任的自我管理起着至关重要的作用。班主任是一个班集体的领导者和教育者，其自身素质如何，对这个班的管理效果影响很大。班主任在教师群体中是一个独特的部分，他们既是学校教育和教学活动的主要执行者，也是学校道德教育和班级管理的核心组织者，更是连接教师和学生，以及学校与家庭之间的重要纽带。班主任不仅要有良好的师德修养和高尚的道德品质，还要具备较强的沟通能力及管理艺术。班主任作为学校与学生之间最直接的沟通桥梁，在学校的教育和教学过程中扮演着至关重要的角色，他们是学校教育团队的核心成员。因此，班主任在学生成长过程中扮演着至关重要的角色。

由于班主任肩负着多重角色，这使得他们的职责变得异常繁重和复杂。如果想做好班主任工作，就要充分发挥自身的主观能动性，充分调动其内部的积极性。仅仅依赖外部的制度和管理手段，就可能导致许多班主任都会表达不满，感到心烦意乱。班主任不仅要承担起日常班级管理工作，还要承担起德育工作，这给教师带来了极大的压力和挑战。因此，在学校的管理过程中，能够激发班主任内部积极性的自我管理变得越来越关键。

班主任要想实现良好的自我管理，首先应该树立正确的自我概念。随着社会的变迁和学生的变化，班主任的思维、观点和行为也在悄无声息地发生转变。只有通过自我管理，班主任才能对自己和周围环境有一个理性的认识，这样才能不断地构建自我，推动自我的可持续发展。所以，班主任要想提高班级管理的效率和效果，首先就要明确自己是谁？只有在这样的基础之上，我们才能依据自己的独特性质和学生的个性特点，有效地进行班级管理，从而推动学生全面发展。

从学校管理者的视角出发，班主任的自我管理不仅凸显了其专业地位，而且始终将“人的发展”视为最核心的任务。管理的焦点也从“事务”转向了“人”，同时，管理的核心理念也从“约束和控制”转向了“推动发展”，即通过多种有效手段来引导和促进班主任的专业成长，这也是现代学校发展的必要条件。

从班主任个人成长的视角出发，班主任的自我管理不仅是提升其专业发展水平的基础，也是推动其个人成长的关键要素和核心内容。在这其中，班主任的专业化指的是教师通过不断的学习、实践、研究、培训和反思，逐步提升到班主任的专业水平的整个过程。这个过程是不断变化的，它融合了外界的压力和个人的勤奋努力。在这个过程中，班主任自身需要不断地自我完善，以适应社会对他提出的更高要求。如果缺乏外界环境的激励和推动，班主任的能力很难实现真正的提升。在此背景下，班主任自身的成长就显得尤为重要。然而，无论外部环境有多么有利的条件和因素，都需要班主任自己内部系统的调整才能发挥其应有的作用。班主任作为学校中重要的教育管理者之一，其专业化水平直接关系到班级的教学质量、学生的健康成长，以及整个教师队伍的建设。班主任是学生成长过程中的主导者，而强大的内在驱动力则是推动班主任专业成长的根本动力。因此，班主任的专业成长必须以自我为中心，从“我”出发，主动进行学习与探索。只有当班主任全方位地了解自己，主动地为自己的职业生涯做好规划，并在合理的管理和自我发展监控下，他们才能达到既定的专业发展目标，并有效地促进自己的专业进步。这就要求班主任必须具有良好的职业素质、高尚的人格魅力、健康积极的情绪情感、科学高效的工作方法、丰富多元的知识结构等综合能力。班主任始终坚定地沿着自主专业发展的道路前进，不断地追求个人的专业成长，这实际上是一个持续的自我认知、自我激励、自我监督和自我完善的过程，旨在提高自我管理能力。

二、班主任自我管理的途径

在教育领域里，高效的自我管理不仅仅是一种技能，更是一种态度。优秀的教师和班主任不仅具备专业知识，还懂得如何与学生建立良好的关系，激发他们的学习热情。他们善于倾听，善于反思，并且不断地完善自己的教学方法。这种不懈的努力和自我提升的精神，让他们成为学生心目中的楷模和引领者。他们能够高效地利用自己和周围的资源，主动地调整和超越自己。正是这种高效的自我管理方式，造就了杰出的教师和出色的班主任。

（一）班主任的自我认识

1. 自我认识的含义

自我认识涉及人们对自身及与外部世界互动关系的理解，这主要涵盖了自我感知、自我概念和自我评价等多个方面。自我感知指的是对自身外在特质的深入了解；自我概念实际上是对个体内在属性的一种抽象理解；自我评价则是对自身是否符合客观实际的判断和衡量。自我评价是一种对自身在能力、道德、行为等多个方面社会价值的全面评价，它既是通过与他人进行比较来对自己进行的一种评价，也是最能反映一个人在自我认知方面水平的指标。

正确的自我认知意味着一个人对自己的了解是全方位的、客观的，并且与自己的实际状况是一致的。它不仅包括对自身的知识和技能的掌握，也包括对自我的态度及行为方式的了解。我们不仅可以了解自己的外在特质，还可以深入了解自己的内在品质；既可以认识到自己的长处，也能认识到自己的短板；既会分析事物间的矛盾和冲突，也会解决这些矛盾和冲突。我们应该既能接纳真实的自己，也能用前瞻性的视角，持续地加深对自己的了解；既会从自身内部寻找原因和出路，也会从外界环境中寻求答案。我们不仅可以深入了解自己的独特性质，还可以明白自己与社会和集体之间的紧密联系。

2. 自我认识的途径

为了实现全方位和准确的自我了解，通常可以通过以下几种方式来实施。

（1）通过对自己的观察和深入的自我反思来更好地了解自己。在日常生活中，我们需要对自己的外观、气质、健康状态、在集体中的角色和地位、在公共场合的行为和社会适应能力、政治观点、道德标准、智慧程度、能力、性格、兴趣、爱好和特长等多个方面进行深入的反思，从而总结出自己是怎样的一个人，并识别出自己的长处和短处。

（2）通过别人对自己的评价来认识自己。“不识庐山真面目，只缘身在此山中。”有时仅凭个人的力量，很难获得对自我全面而正确的认识，而周围人的态度和评价却能帮助我们认识自己、了解自己。当然，对这些态度与评价，我们要作冷静的分析，既不能盲从，也不能忽视。

（3）通过与他人进行比较，我们可以更好地了解自己。因此，班主任要学会用比较的方法来了解自身的特点，以便更好地发展和完善自己。他人不仅是自我反映的镜子，而且在与他人的互动中，与他们对事物的看法和行为进行比较，是个体获取自我认知的关键途径。显然，选择合适的比较对象和比较内容是至关重要的。

3. 班主任的专业自我认识

自我构成了一个复杂、多方面、不断变化的表达结构，它是人与环境长时间互动的产物。班主任作为学校中与学生接触最多的群体之一，其自身素质如何将直接影响着教育工作效果的好坏。如果班主任希望建立一个正确的自我认知，他们不仅需要了解自己在生理、心理和社交方面的独特之处，更重要的是要对自己的专业领域有一个准确的了解。

班主任的专业自我反映了他们对所从事工作的接受和认可，这包括他们对自己的角色、价值观和专业发展状况的理解。

班主任对自己在工作中的角色有深入的了解，这是专业自我认识的核心部分。班主任在学校中具有特殊而重要的位置和作用。班主任所扮演的角色是多方面的，既要是一位杰出的教育者，也要是学生道德教育的"首席执行官"。班主任作为一个特殊的职业群体，在不同时期和阶段有自己独特的角色定位和价值取向。班主任不仅是学生全面成长的引导者和促进者，还是学生道德行为的示范者、良好习惯的指导者、地位平等的沟通者、心理问题的解答者、班级教育活动的主要策划者、班级文化建设的执行者、各方面教育力量的协调者、学生发展的研究者和自身专业成长的研究者。班主任是否能够认识到自身角色的多重性和意义，将直接影响其专业自我状态，进而影响其工作感受、工作接纳和工作动机。

班主任所持有的价值观是在他们的日常工作、学习和生活中逐步塑造出来的，这些价值观涉及对是与非、对与错、善与恶、美与丑的评判，并对学生的行为起到了指导、约束和规范的作用。班主任作为班集体建设和管理工作的领导者，他所具备的价值观将直接影响到班级管理的效果。班主任需要深入地了解自己的核心价值观，尤其是他们对于教育、学生成长，以及教师与学生之间关系的观点，包括他们的教育理念、对学生的看法、对发展的看法及对教师的看法。这三个方面既相互联系又相互影响，共同构成了班主任价值观体系。这些观点是隐性的，班主任需要通过持续的行为反思来使其变得更加清晰。班主任应该以正确的价值取向为核心来进行自我修养和自我完善。除此之外，班主任还需要深入了解学校的核心价值观，并努力确保自己的价值观与学校的价值观保持一致或接近。

班主任需要认识到自己在专业上的长处和短板。作为班主任，你可以将自己的性格特点与新时代班主任的职业标准进行比较，以确定自己的哪一方面最适合担任班主任工作。同时，你也可以反思自己的工作成果，找出自己擅长或不擅长的工作内容、最适合的工作和学习方式，例如，你更倾向于与他人合作还是独自一人工作和学习。

班主任在履行职责时，需要采用多种策略来建立一个全方位且精确的自我了解。班主任的职业特点决定了班主任必须具有较强的自我认知能力，只有这样才能更好地开展班级管理工作。但应时常自己反思：你对班主任工作有好感吗？班主任工作有哪些重要意义？班主任职责的真正意义是什么？自己对学生有多大影响？什么是自己的价值和重要性？你所擅长的领域是什么？如何发挥这些作用？哪些内在的优点有助于这项任务的成功完成？哪些人适合从事这项工作，而哪些人不合适？哪些特性可能会妨碍工作的顺利进行？在学校里如何更好地发挥这些特长？还存在哪些其他的职业选择？这些都是班主任在日常教育教学中需要认真思考和解决的问题。班主任也可以通过与其他班主任的比较来了解自己，与他人的比较既可以帮助班主任看到自己的长处和短处，还能使班主任对自己有更客观公正的评价，从而更好地调整工作思路。当然，班主任也需要与自己进行一番比较。因为班主任的每一次工作都是一次新的尝试，需要不断地总结，完善才能更好地为班级服务。拥有了一定的工作经验后，班主任应该深入思考与之前相比，自己在哪些领域取得了进步，而在哪些方面还需要进一步发展。通过自我对比，一方面可以增强班主任的自信，另一方面也有助于班主任明确未来的发展方向，同时，还可以帮助班主任了解自己的能力水平、知识结构等情况。简言之，班主任需要经常进行自我反思和比较，明确自己的长处和短板，加强对自己专业方向的认识，并确立一个积极的专业定位。

（二）班主任自我专业发展规划的设计

在最近几年，随着对教师专业化的研究逐渐加深，班主任的专业化问题开始受到广泛的关注。许多学者认为，班主任作为学校教育管理和学生思想政治工作的骨干之一，肩负着重要的责任和使命。在人们的观念里，班主任与其他教师相比，除“更为劳累”之外，似乎并没有太大的区别，他们认为这是一项“人人都可以承担”的职责。然而，随着时间的推移，人们逐渐意识到班主任的职责具有很高的专业性，没有接受过系统专业培训的教师，很难胜任这一角色。因为作为一名合格的班主任，不仅要具备较高的思想政治水平和专业知识能力，还要具有较强的教育教学艺术。即使是具备一定工作经验的班主任，如果不能持续地进行学习和研究，也很难有效地履行班主任的职责。

班主任的职业成长指的是班主任为了更好地适应当下的工作需求，持续地更新自己的教育观念、强化自己的职业道德、扩充自己的专业领域知识，并努力提升自己的专业技能。班主任作为一个特殊的职业群体，其管理对象具有特殊性和复杂性。持续的学习、实践和反思，以推动个人的专业成长，已经变成现代班主任自我管理的核心部分。

班主任的个人专业成长计划实际上是班主任亲自为自己的职业生涯制定的规划蓝图。在学校教育管理过程中，班主任自我专业化发展规划既是一种策略，又是一门艺术。该规划不仅能为班主任在专业成长方面提供有效的指导和监督，还能为班主任在反思自己的专业发展过程中提供一个有用的参考依据。通过自我专业化发展规划能够让班主任明确自己在教育教学过程中所承担的职责和应该具备的基本素养，从而更好地发挥出自己的工作能力，提高班级管理效能。对班主任自身而言，自我专业发展规划不仅是自我管理的推动力，也是其源泉。只有具备明确的规划意识，才能让自己的职业生涯更加丰富和充实。

通过对优秀班主任成长案例的分析发现，班主任要想在工作中有所建树，就必须为自己的发展制定规划——包括专业成长目标与追求、预期效果、专业素养目标的细化、各成长阶段的设计、实施方案与策略等。这些发展规划不但可以促使班主任认真分析自我，促进反思，也可以使班主任有专业发展的紧迫感，还能促使班主任不断寻找自己在班主任群体中的位置，不断激励自己。更重要的是，发展规划对班主任的发展起到了具体的指导和监控作用。

班主任在制定自我专业发展规划时，通常需要经历自我评估、对环境的分析、明确目标和制定策略等多个步骤。

1. 对自己进行深入的自我剖析，全方位地了解自己

全面分析自己的兴趣、需求、能力等个性因素，深入了解自己的优点和缺点，明确自己的专业发展方向。不同成长阶段的班主任在进行自我评估时的标准各不相同。首次担任班主任的人应当对自己目前的工作环境和能力有基本的了解，并对未

来 3 ～ 5 年的职业发展进行初步的规划；随着学生的年龄增长和知识积累，其角色功能逐步由单纯教育者向管理者转化。对于那些拥有 3 ～ 5 年工作经验的班主任，他们需要了解与过去相比所取得的进步和存在的不足，与同事之间的差距，并找到自我更新的方向；对于那些优秀班主任，他们不仅需要总结过去的工作经验和取得的成果，为其他班主任提供示范，还需要客观、理性地分析自己在工作中遇到的问题，并对当前的前沿问题有一个相对准确的认识。在这个过程中，他们既需要教师自身的努力，也离不开学校、社会等各方面的支持和帮助。通常，当班主任工作了一段时间后，他会经历职业生涯中的两个特定阶段——职业疲劳阶段和职业高峰阶段。在此阶段内，班主任会遇到许多困难和挑战，如缺乏专业引领、自身角色定位不清等。身处这两个阶段的班主任需要格外重视对自己的深入分析，并主动地进行自我调整，以确保顺利通过这些挑战，并迈向专业发展的新阶段。

2. 对环境进行深入分析，明确专业成长的路径

积极搜集关于专业成长的信息，并把握专业进步的良机。具体的操作步骤包括：对学校的目标和对班主任的要求进行分析，制订改进方案；确定工作内容，制订实施策略，并进行评价与反思。探讨学生的需求及他们成长过程中对班主任的期望；根据学生的需要确定工作重点，并将其落实到班级具体事务中去。在满足个人需求、学校的需求，以及学生的需求之间找到一个平衡点。

3. 设定明确的目标，并构建远景

我们需要明确自己的成长方向和路径，设定期望的成果，并结合自己的个性和外部环境来设定实际的发展目标。根据班级管理活动中的实际情况及自身优势与劣势，制订切实可行的发展策略。设定目标时，可以考虑班主任的职业观念、专业知识和专业技能等多个维度。在实际工作中，可以通过制订不同阶段的发展目标来实现学校教育教学目标。目标可以分为长期和短期两大类，而它们的具体实施程度可能会因规划或计划的长远性而有所区别。在实际工作中应根据不同的阶段目标制订出相应的实施策略，并将目标与其他相关因素相结合，以保证实现理想的效果。短期的目标应当更为明确，而在长期的规划中，也应纳入更具体的阶段性目标。

4. 制定策略并规划具体的行动计划

一旦确定了目标，就需要考虑采取的由各种措施和活动组成的具体行动计划。具体措施包括：基于个人的成长目标和所具备的各种条件，分析实现这些目标所需

的资源，明确实现这些目标所需的专业发展内容，并据此确定为完成专业发展目标需要进行的各种活动，例如，班主任的专业知识阅读和学习、班主任的专业技能实践，以及班主任的专业反思等。

（三）班主任的自我学习与自我调控

班主任的个人专业成长计划仅仅是一个理想化的发展规划，要真正实现它，班主任的实际工作经验和在实践中的持续学习与自我管理是不可或缺的。

1. 致力于自主学习

从根本上说，班主任的职业成长是通过持续的自我学习来实现的。

自我学习是班主任主动构建自己的理论知识和实践知识的过程。班主任在工作实践中经常会遇到各种困惑和困难，需要不断地反思，才能找到解决问题的办法。班主任在自我学习方面有多种可能的路径。在班级管理中运用好这些途径，对提高学生自我教育能力和促进班集体发展具有重要作用。班主任通过广泛地阅读书籍，不仅可以拓宽自己的知识面，也能丰富自己的精神领域，还能开阔自己的视野；你也可以寻求专家的建议，通过与德育领域的专家和经验丰富的班主任进行深入交流，对他们提出疑问，从而更准确地理解德育的内在规律，避免不必要的弯路；更重要的是要向实践学习，在教学中不断反思自己的得失，总结经验教训，从而达到改进和完善自身素质的目的，还可以与团队成员进行深入的交流，观察他们的行为模式，并与他们讨论如何更好地管理班级，从而分享自己教育心得，拓宽工作视野，提升工作能力；总之，要学习理论知识，这就要求班主任要多读书。班主任应该从学生身上汲取知识，他们的求知欲、创新能力，以及充满激情和纯真的性格特点都值得班主任学习；同时，教师也应学会倾听，多给学生提供一些思考和讨论的机会。我们还需要从自己的经历中吸取教训，通过对自己的行为进行深入反思，找出工作中的短板，并在适当的时候进行修正和改进，以确保在未来的职业生涯中能够克服这些问题。

班主任在进行自我学习的过程中，应该培养出勤于思考和勤于动手的习惯，及时记录自己的学习过程和感悟，并定期进行总结，这样可以提高对班主任工作的认识和专业水平。

2. 自我协调

自我协调意味着班主任有能力对自己进行有效的调整，确保自己的身心状态及与外部环境的关系都能和谐地发展。因此，自我协调能力对学生的成长成才具有重要意义。为了实现自我协调，班主任通常会采用自我激励、管理压力和时间管理等方法。

（1）对自己进行激励。自我激励是一种心理过程，旨在激发个体的行为驱动力，进而促使其产生一种积极乐观和自我超越的心态。在班级管理过程中运用自我激励能够调动学生学习的积极性和主动性，提高班集体凝聚力。通过自我激励，班主任和学生都能够认识到自己的正面特质和内在价值，并以勇气和自信的态度去面对生活带来的各种考验。班主任工作具有一定的特殊性和复杂性，因此需要运用一些方法来增强班主任的自我激励能力。班主任要对自己专业角色有准确的理解，积极乐观的心态和进取心，着力于提高班级管理效能，增强团队凝聚力。具备自我激励能力的班主任会始终保持年轻的心态，对自己的职业充满热情，对学生抱有高度的期望，并在每一刻都沉浸在快乐和幸福之中。

（2）对压力进行有效管理。班主任所承担的日常职责充满了情境性、复杂性和不确定性。社会和家长对班主任工作的高度期望，以及班主任自身对自我实现的强烈需求，都可能导致班主任在日常工作中面临巨大的压力。这些压力若得不到有效缓解和消除，将严重干扰班主任正常的学习生活，甚至可能引发心理危机。关于压力及其影响的研究指出，当一个人长时间生活在高度的压力环境中，他的工作效率会受到影响，认知能力也会受到损害。此外，由于自主神经系统长时间处于高度紧张的状态，这可能会妨碍免疫系统的正常功能，进而干扰内分泌和激素之间的平衡，可能导致各种生理和心理问题。因此，面对压力，每个班主任都有可能产生不同程度的心理压力。面对相似的挑战和压力，部分班主任能够将这些压力转化为推动力，积极地面对并创新地处理各种问题和冲突，从而出色地完成他们的职责，并始终保持一个健康的心态。与此相对，部分班主任或是感到迷茫、抱怨连连，或是疲于应对，导致了多种心理健康问题，他们的抗压能力显得不足。

（3）对时间的管理策略。众多的班主任都认为自己的时间远远不够，每日工作繁忙，但很少有机会看到自己付出的努力所带来的“回馈”。

探究其背后的原因，主要归咎于时间的管理不当。在这些问题中，最常见和最重要的就是缺乏有效的时间管理方法，从而导致了时间浪费。班主任需要深入剖析自己浪费时间的各种原因，并有针对性地实施策略以优化时间管理。在时间管理方面的主要策略包括：为自己的工作制订明确的计划和重点，按照事务的重要性和紧迫性进行排序，合理地分配每项任务的时间，确保自己能够“随时完成任务，每件事都按时完成”；利用各种机会与学生沟通，了解学生在学习上存在的问题和困难，及时给予解决，并做好反馈信息。面对一些不那么重要的事，我们应该学会拒绝；努力培养自己的决断力、不拖沓、不轻言放弃的性格特质；不要把学习当作负担或享受。所有的教学材料和日常用品都应该被有序地整理好。值得强调的是，时间管理的终极目标应该是增加个人可支配的时间和闲暇时间，而不是简单地将自己转化为一台“工作机器”。

3. 对自己的控制能力

自我控制指的是班主任在自我发展过程中对自身的偏差和错误进行自我修正，以确保自我发展计划能够最终得以实施或在适当的时机进行调整。

实施自我管理的过程中，自我控制起到了关键的保障作用。同时，还要注意把自我控制同班级管理有机结合起来。在实现自我管理目标的过程中，经常会遇到各种干扰和破坏因素。因此，班主任需要根据自己设定的目标为指导，并在适当的时机回顾总体和分目标的完成进度。同时，他们还需要保留那些有助于实现自我管理目标的因素，并排除和遏制那些可能妨碍自我管理目标实现的因素。班主任的自我控制能力体现在他们能够在日常工作中战胜各种挑战，并努力达成既定的目标；不会受到外部环境的干扰，始终坚守自己的正确行为。对于那些难以实现的目标，果断地进行了修正；持续地为自己设定新的目标，并努力超越自我。班主任要提高自身控制能力和素养，必须通过自我完善来达到提升管理水平和效能的目的。班主任在教育和教学行为上的自我控制能力越强，对其专业成长的推动作用也越明显。因此，班主任必须在实际工作中不断地提升自己，坚信自己的梦想而不放弃追求，相信自己的能力而砥砺前行，这样才能真正实现自我控制，实现自己的价值。

第九章　小学班级高效管理优秀案例

第一节　带班方略篇

小荷才露尖尖角

——“小荷家园”高效管理的实践与思考

珠海市香洲区第一小学　颜　婧

“小荷家园”是我曾任教班级五(4)班的雅称。我至今还清晰地记得在班名的众多征集稿中，“小荷”以它的活泼、俏丽、无限的生命力赢得了全班孩子的喜爱和认可，大家一致投票通过“小荷”为我们班的班名。自此，“小荷家园”也犹如夏日里初展头角的小荷，那一池新绿，那一抹嫣红，以独有的清新、勃勃的生机，让人欣喜!

如何针对孩子们期待新颖而充满个性的班级活动，又结合班级目标开展一系列的评比活动，让同学们在学习与活动中彰显个性呢?于是，创建班级文化，打造“小荷家园”的活动便在我们班轰轰烈烈地开展了。

自开展“小荷家园”活动以来，各项精细化管理和班级文化创建一直受到我班全体孩子们的欢迎。

“学好靠信心，求教靠虚心，探求靠专心，长进靠恒心。”黑板上方悬挂的是“小荷家园”的班级格言，体现了以这“四心”发挥孩子们个人潜能，激励孩子们在求学的道路上好学、虚心、上进并持之以恒、坚持不懈，并最终形成班集体的凝聚力。

《真心英雄》是我们班的班歌。面对新接手班级人心涣散、不求上进的现状，斟酌良久，我决定以成龙、周华健等人合唱的《真心英雄》作为班歌。

这首歌里有我对孩子们的祝福和殷切的期望：

灿烂星空谁是真的英雄
平凡的人们给我最多感动
但愿人间处处都有爱的影踪
用我们的歌换你真心笑容
祝福你的人生从此与众不同

这首歌里更充满了惜时、进取：

把握生命里的每一分钟
全力以赴我们心中的梦
不经历风雨怎么见彩虹
没有人能随随便便成功

这首班歌，我班孩子人人耳熟能详，个个张口能唱。这首班歌激励着孩子们健康、快乐、智慧地成长。

一、“小荷家园”的环境布置

教室是孩子们第二个温馨的“家”，孩子们白天大多数时间都要在这个“家”里学习、生活。在环境优美、干净整洁的教室里学习、休息，孩子们的心情自然也会变得美好，言行也会自觉不自觉地变得文雅起来，学习的热情也会高涨。因此，教室布置我总是放在第一位。既然“小荷”已经成为我们的班名，所以我们的教室布置就围绕“小荷”展开。我们的“家园”里处处点缀着荷叶、荷花，充满盎然生机。

1. 展示台

展示台是我班的重头戏。整个版面设计成一个大大的荷塘，主题“我的第一本书、我的第二本书”都依次“开放”在荷花里，碧绿的荷叶上是孩子们自己亲手设计、创作的“书”，这本小书里既有封面设计、目录、前言、文章佳作，还有书法作品、后记等。展示台的小荷象征着希望，象征着真善美，它的光芒照耀着每一个孩子。

我班板报小组的组长蔡莹的日记里就真实地记录着当时设计展示台的过程：

当我听到颜老师告诉我这次板报的主题是“小荷——我的第一本书”时，我就开始和妈妈一起兴奋地策划如何布置展示台。听到“小荷”这个美丽的名称，我就自然想到才露尖尖角的荷花和绿油油的荷叶。然后，我又根据评选出来的同学们的优秀作品，开始设计分布图。板报一共分成6块，用6张碧绿的大荷叶做底，把同学们的“第一本书”放在荷叶上，再添加一些可爱的水中小动物来做装饰，俨然就是一个美丽的荷塘。

2. 班务栏

班务栏里设计成鱼儿自由嬉戏的小荷塘，绽放的荷花被“请进了”我们的班务栏。碧绿的大荷叶，“早有蜻蜓立上头”的小荷，游弋的小鱼儿，池塘里泛起的涟漪……整个班务栏生机勃勃!

3. 荣誉栏

荣誉栏里是我们班级获得的集体荣誉。这是孩子们团结一致付出的心血和汗水的成果，来之不易! 板报小组的成员也别出心裁地在墙上贴了很多圆盘般的大荷叶，然后把奖状贴到“荷叶”上面，远远看去，一张张奖状就像一朵朵盛开的荷花!

4. 小荷图书馆

在我们的小荷家园里，有一个装满图书的小图书馆。在这个小荷图书馆里，既有我们从网上淘来的名著，也有孩子们从家里带来的好书。这些书带给孩子们无尽的欢乐和丰富的精神养分。我对孩子们进行心灵的启迪，就从小荷图书馆开始!

孩子们投票选出最负责、最具有爱心的孩子担任馆长，馆长选任图书管理员，登记借阅图书。为了激发孩子们主动阅读的积极性，采取“读书签名”形式。签名登记本上，孩子们按照学号每人一页，读完一本书即登记书名并签字，学期末结束，根据小荷图书馆读书签名情况，评比班级的“阅读大王”“阅读之星”等。

经过孩子们的巧手，我们的小荷家园变得格外温馨漂亮，而且生机勃勃。每一位走进“小荷家园”的人，都会眼前一亮，都会被碧绿的荷叶、鲜艳的小荷吸引，还有那游来游去的小鱼，孩子们在这样的环境里学习、成长，别提有多舒心了。

为孩子们创设一种轻松、和谐、怡人的心理成长环境，营造书香班级，“小荷家园”多次在校园“班级文化评比”中荣获一等奖。

二、公正、公平，富有竞争力的“小荷综合评比表”

1. 班务承包，我们的口号是“人人有事做，事事有人管”

尊重每一位学生，激励学生自主教育和管理，增强学生的班集体荣誉感和主人翁意识，比如每学期开学之初，即在班上实行“班务承包”活动，大到班长毛遂自荐后的竞选，小到同学们自主报名当早餐管理员等，每一个岗位都让孩子们积极踊跃地参加，真正实现了班级“人人有事做，事事有人管”，确保每一个岗位都不空缺。

2. 让人心悦诚服的“小荷综合评比制度”

孩子们进入中、高年级段后，针对高年级段学生的特点，为进一步发挥学生的自主活动、自主管理对班集体建设的促进作用，我开始在班级开展“小荷综合评比”竞赛。竞赛内容包括品德、学习、纪律、劳动、礼仪综合评比，这项评比也是结合学校大队部的每周之星、榜样之星而开展的。既有个人评比，又有小队评比，实行层级管理，班主任评比四位常务班长，常务班长管理、评比八位小组长，组长管理、评比组员（一般每小组 5 ～ 6 人）。每周根据评分表评出最高分前三名者为每周之星，连续四次都能评为每周之星的同学晋升为榜样之星，由学校在升旗仪式上颁奖，并在光荣榜张贴照片让全校学习。

当然，每周之星、榜样之星毕竟只是极少数，如果一个评比制度只让少数孩子获益，那是意义不大的。我们的小荷评比表受益的是全班每一个孩子。具体做法如下：

教室后面墙壁专门开辟、张贴一张全班孩子“做最优秀的自己”评比栏。每次评比以一周为一个周期。每逢星期一班会课上，我会奖励每一个孩子 100 分，只要本周五班队会上评比时能保住这 100 分的孩子就可以在“做最优秀的自己”评比栏里奖一个“优”贴纸，向上跳一格，正如“跳一跳，摘桃子”。绝大多数的孩子都能保住周一颜老师奖励的 100 分而顺利“跳级”。一般来说，只要不在学校扣班分，不欠缴作业，基本都可以保住 100 分，而且我班加分的项目繁多，比如为班级捐一条纸巾加 10 分，主动帮助同学值日加 10 分，主动弯腰拣三次垃圾纸屑加 10 分，劝架加 10 分，推荐一条成语加 10 分，推荐一条新闻加 10 分等。原则是尽量多加分，少扣分，实在不能不扣才扣分。

至于加分、扣分的细则就更加明确了，比如语、数、英等学科作业得 A 就可加 10 分，欠缴一次扣 10 分。比如，学校大队部登记没戴红领巾、迟到、没有认真值日等扣班分者，周一颜老师赠送的 100 分全部收回，这些为集体抹黑的行为是班级最不允许的，这些同学只能回到起点。每周五评出班级前三名为每周之星，荣获前十名即由班主任发信息给家长报喜。连续三次评为最后十名，老师会跟学生谈话，并及时跟其父母交流沟通，督促其奋起直追，而且还为这些同学专门设立了一个进步之星，只要他在下周的评比中超越了自己即可评为进步之星。一般很少有学生会连续三次得最后十名，因为评比周期短，只有一周 5 天，即使上周评比低于 100 分的孩子在新的一周又会和全班同学一起回到 100 分的新起点。因为这个评分表主要是激励正能量，所以，家长们和孩子们都心服口服，都深深认可。

具体评分表如表 9-1 所示（加分、扣分都按十分，这样便于算分）：

表9-1　品德、纪律、学习、劳动、礼仪小荷综合评比表

第　周　　　　　　　　　　　　第　小组

姓名	品德	纪律	劳动	礼仪	语文作业	数学作业	英语作业	其他作业	大课间	眼保健操	总分

（注：此评比表既是个人评比，也是小组评比。）

三、丰富多彩的“小荷家园”班队活动

1. 我的活动我做主

将班级分为八个小队，每个小队轮流组织班会活动，自主申报各小队的班会主

题，小队长是负责人。每次活动完，由全班同学投票选出最喜爱的活动，并奖励胜出的小队优先申报主题，优先在班级展示。比如，本学期各个小队组织开展了“我是小小推销员”“遨游汉字王国”“振兴中华，不忘国耻”“食在中华”“我的音乐地盘”等主题班会，深受孩子们的喜爱。

2. 爱心大使在行动

“爱心大使在行动”在我班已经顺利开展，以抽签确定“爱心大使”的小主人，在活动期间写下自己真实的爱心体验日记，既可以是自己奉献爱心的体验，也可以是感受到别人的关心和帮助等。此活动旨在培养孩子们的爱心，学会主动去帮助、关心他人，从而增强班集体的凝聚力，让班级更加和谐。活动结束后评选出优秀体验日记和爱心大使，并颁奖。

附：爱心大使在行动抽签条：

亲爱的 ××× 同学：

你是我想真心帮助的同学，因为我是你的爱心大使呀！

从今天开始，到 2023 年 6 月 1 日这段时间，我会在生活、学习等各方面，默默地关心你、帮助你，让你快乐！让你进步！让你温暖！

要问我是谁，保密，绝对保密！看看最后你能不能猜到我是谁。

你的爱心大使：×××

2023 年 3 月 8 日

分享小迪同学的日记：

爱心日记 1

3 月 8 日

今天，我们班开展了一次特殊的活动——爱心大使在行动。

每个人（包括颜老师）以抽签的形式选取要帮助的人，如果抽到自己要放回去。每个人只有一个爱心大使和一个要帮助的人，这就是“爱心大使在行动”这个活动的规则。快轮到我抽签时，我的心怦怦直跳。我突然害怕起来，怕自己抽到班级最调皮的同学，帮助他可是一件吃力不讨好的事情呀！终于，轮到我了。我抽了一张，一看，高兴起来，原来，我抽中的是女生小琪。

爱心日记 2

3 月 16 日

“爱心大使在行动”的活动在我班开展一个星期了。昨天，颜老师问了我们三个问题，分别是：谁已经开始行动了？谁感受到了帮助？谁写了爱心日记？对于这三个问题，我一个也回答不出来。

我下定决心，一定要帮助她。

爱心日记 3

3 月 22 日

今天，我主动借给小琪一把量角器。

上午第二节课，听说数学突击考试，小琪忘记带量角器了，急得团团转，我看见了，马上把一个粉色的量角器借给她。

最近，小瑜常常借给我铅笔，原因是我家没有削笔器。我开始怀疑他是不是我的爱心大使了。

爱心日记 4

4 月 8 日

我一直琢磨着怎么帮助小琪。刚好前几天，我找到一个机会。

那一天，我走在回教室的路上，碰见小琪，我们刚一见面，她就叫我和她一起搬作业。我问她是怎么回事，她说别的课代表不帮助她搬作业。我正好想帮助她，所以愉快地答应了。我们一起来到办公室前，她进去了。不一会儿，抱着一大堆作业出来了，我急忙上去帮忙。途中，我们还遇到了前数学课代表小萍，她也自告奋勇地帮忙抱作业。

帮助别人是一件很快乐的事情，我的爱心大使是谁呢？

爱心日记 5

5 月 31 日

今天是“爱心大使在行动”活动结束的日子，同学们都非常高兴，我也知道了原来我的爱心大使是小烨，怪不得这几天我的课桌里总有意外惊喜呢。

很多同学在这次活动中得奖，我也得到了“爱心大使奖”和“优秀日记奖”。颜老师也获得了“爱心大使奖”，她帮助的那个同学天天都得到老师的礼物，太幸福啦！听说奖品是小莹妈妈捐助的，她真是一位超级有爱心的妈妈。通过这次活动，大家建立了互相帮助的氛围，体会到帮助同学的乐趣。大家都在兴奋地议论，下次，谁能很幸运，当颜老师的爱心大使呢。

这次活动虽然结束了，但我意外收获了一个好朋友，太开心啦！在今后的学习、生活中我还要多帮助别人，收获更多的友情。

3. 班刊，班级文化的主阵地

我的班级里，孩子们最期待的是我们的班刊，这也是校园里一道独特的风景。每学期人手一本，成为孩子们金色童年里最珍贵的精神食粮。多年以后，属于我们的班刊不会轻易随着时间的流逝而消失，它仍会在孩子们、家长们、老师的手中流传……墨香记载着孩子们灿烂花开的成长岁月。

班刊内容丰富：班级日记、诗歌、小说、通信报道、剧本、随笔……每一本里都有学生篇、家长篇、园丁篇，字字句句是对真善美的追求、美好生活的畅想和珍惜！爱好文学的家长朋友还为我们的班刊写了前言和后记，他（她）们为班刊添上了最绚丽的一笔。一个人的力量很小，但一群人的力量十分强大。又一个新年来临之际，我们崭新的班刊又如期捧在孩子们的手中……本学期升上了五年级，我们从开学那天就在筹备着我们的挚爱——班刊。学生和家长们踊跃参与征集班刊名活动，一个雅致的名字脱颖而出——聆听花开。仍然是老师策划主编，但本期班刊加入了孩子们为编委，两周后，栏目名定下来：“我的舞台”“梦的怒放”“走读心旅”……每个名字都充满了少年的风采和智慧，同学们的投稿也如雪花般飘进主编的邮箱……

一路走来，一路汗水，一路收获！我们的班刊给我最大的感悟和启迪是：从无到有，从生到熟，从我带头，到孩子们自己独立编辑、完稿，这是一个循序渐进的过程，更是一个学习创新的成长历程！我想，等到孩子们毕业时，唯有这原汁原味的班刊算是我们独特的印记。时间会带走很多东西，但美好的校园记忆将在班刊里珍藏，这些珍贵的文字给予我们永远的温暖和力量！

4. 自编诵读精华本：《心灵花园》

无疑，关注孩子的思想和心灵的成长必须放在为人师者的首位。《心灵花园》是我送给小荷家园的每一位学生的一碗心灵鸡汤，通过一篇篇生动优美感人的文字，春风化雨一般滋润着孩子们的心田，旨在启迪心智、开阔视野、引领感悟生活的真谛，帮助孩子们积蓄少年的力量，从而在自身和周围发掘美好，营造和谐，从中得到领悟、抚慰、净化和关爱。

附：心灵花园之三

姓名：　　　　诵读时间：

天道酬勤

曾国藩是中国历史上最有影响的人物之一，然而他小时候的天赋并不高。

有一天，他在家读书，把一篇文章反复读了不知道多少遍了还在朗读，因为他还没有背下来。这时候他家来了一个贼，潜伏在他头顶的屋檐下，希望等读书人睡觉之后捞点好处。可是等啊等，就是不见曾国藩睡觉，他还是翻来复去地读那篇文章。贼人大怒，跳出来说："这种水平读什么书？"然后将那文章背诵一遍，扬长而去！

贼人是很聪明，至少当时看来比曾先生要聪明，但是他只能成为贼，而曾先生却成为连毛泽东主席都钦佩的人。

"勤能补拙是良训，一分辛苦一分才。"那贼的记忆力真好，听过几遍的文章就能背下来，而且胆量还不小，见别人不睡觉居然跳出来大怒，教训曾先生之后，还要背书以示高低然后愤然离去。但遗憾的是，他名不见经传。曾先生后来大展宏图，启用了一大批人才，按说这位贼人与曾先生有过一面之交，大可去施展一二，可惜，他的天赋没有加上勤奋，更因为人生的方向目标不正确，最后不知所终。

颜老师寄语：

没有人只依靠天分成功，上帝给予了天分，勤奋却将天分变为天才。伟大的成功和辛勤的劳动是成正比的，付出一分劳动就有一分收获，日积月累，从少到多，奇迹就可以创造出来。

我的感想：

朋友对我说：

家长对我说：

因《心灵花园》在我班家长、学生中反响较大且好评如潮，校长还邀请我为学校主编了校本德育教材《在心灵上种花》。

5. 别具一格的班庆日

当我班评上五星级班、体育锻炼流动红旗，甚至学校广播里表扬我班时，都是我们的班庆日。班庆日即无语文作业日。我班有班级循环日记制度，轮到写班级日记的同学可以凭“免作业卡”免当天的其他语文作业而专心致志写好班级日记。

6. 妙笔生花的文学社团

我班还成立了女生文学社和男生文学社。男、女生立志自发各自创作一本属于“女生爱读的书”“男生必读的书”。

女生银铃文学社，她们的口号是创作一本属于女生的书。投票选出了社长小宁，社长再招募爱好写作的同学为社员。女生创作的第一本长篇小说是《冬夜里，银铃在歌唱》，女生的书主要是以童话类型展开写作。

男生阿 Q 文学社的宗旨是写一本男生必读的书。社长小玮号召全班男同学都积极加入创作，他们先确定书名为《穿越时空》，主要是以科幻类型展开写作。一学期下来，不管是男生文学社还是女生文学社，都以长篇连载的形式写了十几万字，想象之丰富，文笔之优美，都让老师爱不释手。

四、“小荷家园”取得的成效

1. 提高了学生的自主管理能力，孩子们的潜能得到发挥

将建设“小荷家园”的活动按小队为单位进行，各小队成员的自主性得到尊重，孩子们的特长得到了尽情发挥。小队长完全由小队成员民主推荐，为了给更多孩子提供发挥自己才能的机会，推选小队长之前我们约定一般不推选已经担任班干部的同学，并且一个月后推选新的小队长，这样就有更多的孩子得到锻炼。每个月由小队长带领队员进行“月总结”，分析小队的优点和不足，并提出改进的措施。孩子们自主管理的意识越来越强。

2. 促进了班级团结协作，增强了班级的凝聚力

活动提高了学生的主人翁意识，实行小队评比制度以来，孩子们更加积极向上了，每个小队都憋着一股子劲，领先的小队争取更上一层楼；稍显落后的小队则奋起直追。孩子们对所在小队的荣誉感都非常重视，所以，在我班经常可以看见小

队成员互相提醒上课要多发言，哪个队员欠缴作业，大家都会提醒并督促他赶紧补回，大家都争着为班级做好事，因为自己所在的小队也可以加分，大家互相促进，互相督促，蔚然成风。在大家团结一心的努力下，我班一次又一次荣获学校“十佳中队”，这也给了孩子们极大的鼓舞。

在点点滴滴的班级管理工作中，我深深体会到：班主任工作不一定事事亲力亲为，但对班级一定要实行精细化管理。我们班一系列的班级制度形成了我班特有的班级文化。在班级制度文化建设过程中，我们“小荷家园”的每一位队员在学校、班级、小队各种活动中，踊跃展示自我，不断提高自己各方面的能力。我也逐渐实现了班主任角色的转换——从烦琐、忙累的事必躬亲者变成了轻松自如的指导者。我欣慰地看着“小荷家园”里的每朵“小荷”，逐渐成就田田的荷塘！真可谓：小荷才露尖尖角，高效管理促成长！

（颜婧老师带着五(4）班的学生们一起打造的“小荷家园”荣获珠海市香洲区第一小学班级文化评比特等奖）

扬中华体育精神　育时代山海少年

——山海少年班带班育人方略

珠海市香洲区第一小学　梁　玥

一、立德树人落实处·指导思想

2023年，在“六一”国际儿童节到来之际，中共中央总书记、国家主席、中央军委主席习近平5月31日上午来到北京育英学校，看望慰问师生，向全国广大少年儿童祝贺节日。习近平总书记强调，少年儿童是祖国的未来，是中华民族的希望。新时代中国儿童应该是有志向、有梦想，爱学习、爱劳动，懂感恩、懂友善，敢创新、敢奋斗，德智体美劳全面发展的好儿童。

习近平总书记还在全国教育大会上指出：“要努力建构德智体美劳全面培养的教育体系”，“培养德智体美劳全面发展的社会主义建设者和接班人”。中共中央、国务院发布的《关于深化教育教学改革全面提高义务教育质量的意见》提出："坚持'五育'并举，全面发展素质教育。""五育"本是相互融通渗透、相互滋养相生的整体，不可分割与偏废。"五育"融合，方能更好地培养全面发展的人才。

二、山海相伴识明珠·班情分析

广东省珠海市香洲区第一小学四(3)班，共有50名学生，其中男生27人，女生23人。班级中有1人来自单亲家庭，有2人是自闭症儿童。班级中孩子们的兴趣爱好比较广泛，但因家庭条件优越，喜欢互相攀比，缺乏团结合作意识，班级凝集力不强。同时，家长们特别重视孩子的学习成绩，忽略了孩子的全面发展。在"万师进万家"的家访活动中，我发现这个班的家长和孩子有一个特别之处：他们都特别喜欢运动。班级中有25个孩子从一年级开始就坚持至少一项体育锻炼，20个孩子经常参加体育比赛，5个孩子曾经获得奖牌。通过实地家访，我发现有12个家庭有多种健身器材，33个家庭的小区配有健身设备，5个家庭的家长从事和体育有关的职业，如健身教练、足球运动员、体育老师、职业网球教练等。

"山石相伴，勇登峰；向海而兴，纳百川"，珠海是一座三面环山，迎面向海的海滨城市，生活在珠海的孩子们喜欢大海的宽广，向往山林的自由。因此，我和孩子们一起为班级命名为"山海少年"班。

三、"五育"融合促发展·育人理念

"五育"融合，必须转变教育观念，改革创新，坚持目标导向与问题导向相结合，坚持顶层设计与基层探索相结合，将立德树人根本任务落实到实处。

基于《中小学德育工作指南》的指导，结合山海少年班的班情特点和我个人对运动的热爱，我以体育文化为载体，以运动精神为切入点，形成我的育人理念：扬中华体育精神，育时代山海少年。

四、山海精神领成长·班级发展目标

围绕"立德树人"这一根本任务在班级建设中的落实、落细、落小，我设定了班级发展目标(表9-2)。

表9-2　班级发展目标

总目标	分目标	指导思想
·培养热爱生活，积极进取的山海少年； ·培养团结合作、全面发展的山海少年； ·培养有创新能力、海纳百川，胸怀天下的山海少年	四年级：将军山群少年兴，继续保持运动充分发挥学生的运动优势，用体育文化引领山海少年继续保持运动的热情，让山海少年“爱运动、乐运动、享运动”	以体育德，以体培智，以体铸魂，通过运动精神的引领，把体育精神和各学科相互融合，促进山海少年的集体主义观念、锻炼意志品质，努力实现学生潜能最大化，使他们身心健康，促进全面发展。“五育”融合，方能更好地培养全面发展的人
	五年级：凤凰山脉少年壮，用拼搏、奋斗的运动精神推动五育相促相融，培养山海少年全面发展	
	六年级：黄杨山峰少年强，在学生全面发展的基础之上，充分挖掘每一位学生的优势，展示个性，激发学生创造热情，培养学生创新能力	

五、“三山·五动”展高远·规划思路

“三山·五动”规划如图 9-1 所示。

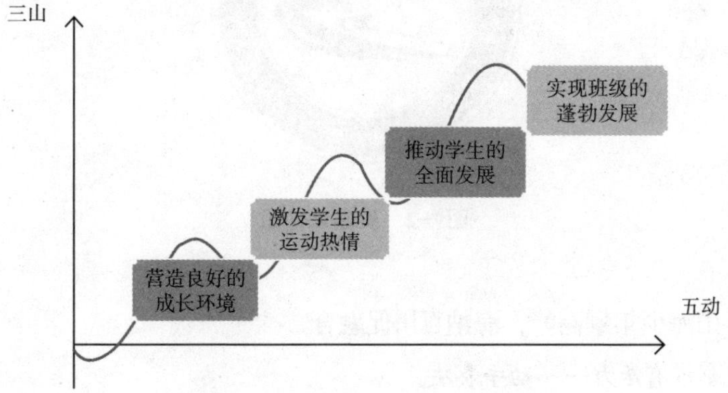

图9-1　“三山·五动”规划图

六、“三山·五动”启明珠·实践做法

“粤之律动·启明珠”，山海少年就是一颗颗璀璨的海上明珠。结合班级实际情况，我形成了五“yue”动感班级文化，即乐动、悦动、跃动、岳动、粤动，努力让每个山海少年发出明珠般的光芒。

（一）乐动——团建活动共破冰

班级文化促建设，通过每学期的团建活动，搭起老师、家长和学生沟通的桥梁。

1. 班级文化显团结——动手布置

为发展学生特长，打造班级特色，我和家委会决定用运动元素布置班级。我们以体育文化为依托，以中华健儿勇于拼搏的精神为引领，打造一个团结向上、勇于拼搏的班集体。

2. 班徽设计显特色——动手设计

通过团建小组破冰活动，家长和孩子们一起把运动精神、珠海文化融入班徽（图9-2）：有山相伴，有海相拥，中间的少年向山海奔去。这既体现了海纳百川的情怀，又体现了奋勇拼搏的精神。

图9-2　班徽设计图

寓意：山海少年攀高峰，海纳百川促融合。

3. 班规制度有活力——动手表决

我利用主题班会时间，通过小组讨论、全班表决等环节，发扬体育民主精神，把体育文化、运动元素写进班规，体现班级特色与活力，发扬团结进取的精神。

4. 班级运动理事会有规模——动手组织

为了更好地统筹班级运动事务，挖掘班级更多的运动资源，我成立了“山海少年运动理事会”，培养学生的责任和组织协调能力。每学期，我充分调动家长资源，在家委会的指导与陪同下，由运动理事会成员组织同学们进行“球类竞技”“户外探险”“山海运动会”等活动，不仅促进了班集体的凝聚力，还培养了学生的责任和组织协调能力，同时在一系列活动中增进了亲子关系、生生关系、师生关系。

（二）悦动——多元评价促发展

为推进山海少年团结进取，让每一个山海少年都能成为班级的主人，我通过“山海少年评价体系”定期开展小组评价、师生评价、同伴互评等方式，多角度、全方位对全体同学进行参与式、过程性评价，实现了评价的精准化和多元化。以“积极引导”取代“简单的否定和批评”，让山海少年获得自信，形成规则，促进共同发展。

我结合山海少年评价体系，设计“山海少年奖章兑换奖励表”（图 9-3），把量化积分具象化，把实物设计个性化，让山海少年从物质奖励慢慢过渡到精神奖励。通过山海心愿存折、山海能量表彰墙，让孩子们积极运动、坚持运动、享受运动。

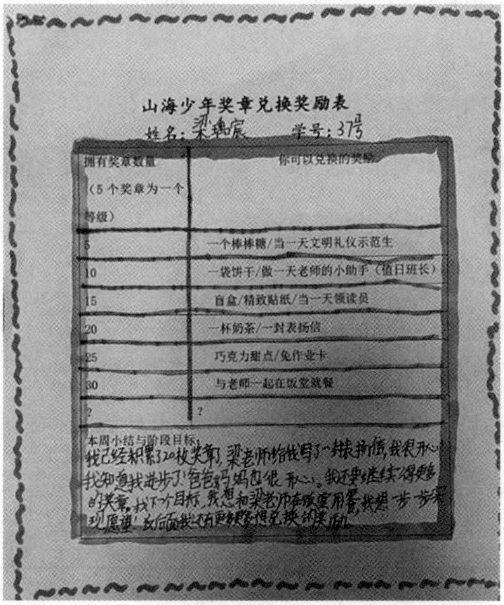

图9-3　“山海少年奖章兑换奖励表”实物图

1. 积极运动

结合中国运动健儿的生动事例和成功经验，我通过多种评价措施，激励孩子们积极参加各项运动，在活动中培养孩子勇往直前、团结合作的精神，为孩子的成长赋能。

（1）心愿存折——每个孩子都有一本心愿存折，通过参与活动的次数，积攒能量徽章，通过山海少年奖章兑换奖励表，实现自己的心愿，让山海少年从物质奖励慢慢过渡到精神奖励。

（2）山海能量表彰墙——充分利用大课间时间，让小组成员记录组员的跳绳个数，由理事会成员统计一周能量打卡先进个人，每个月均评选“能量山海少年”，设置“能量山海少年”表彰墙，不仅增强了孩子的责任心和团结合作的能力，也让孩子每天能量满满。

2. 坚持运动

每天早上，我和孩子们 7: 30 到校，坚持晨跑。每天大课间，我带领孩子们一起进行深蹲训练，提升孩子们的核心力量，孩子们从刚开始只能蹲 10 秒，经过一个学期的训练，最长可以坚持到 20 分钟，这种深蹲训练既锻炼了孩子们的腿部肌肉，更重要的是培养孩子们勇于挑战、坚持不懈的精神。

3. 享受运动

利用珠海“百岛之市”和“群山之城”的地理优势，每学期，我们开展了上山下岛的户外亲子运动，如山岭徒步、野外攀爬、沿海骑行、海岛运动会等活动，大家一起享受亲子运动带来的快乐。

（三）跃动——校园活动展风采

体育是一种寓教于乐的教育形式。以体育德，以体育智，以体育魂，通过运动精神的引领，把体育精神和各学科相互融合，开展各种类型的校园活动（见表 9–3），促进山海少年的集体主义观念，锻炼他们的意志品质，使他们身心健康，促进全面发展。

表9–3　各种类型校园活动的具体内容

活动类型	具体内容	评价方式
红色活动	校史讲解员、党史讲解员等	观察性评价 + 反馈性评价
黄色活动	安全教育类，如安全讲座、红十字会训练营等	交互性评价：小组内生生互评 + 自我评价
绿色活动	劳动教育类，如垃圾分类、保护环境等绿色活动	老师评价 + 家长评价 + 自我评价
蓝色活动	心理健康课程，如“小升初心理沙龙”“山海少年家长成长营”等系列课程	家长评价 + 自我评价
金色活动	开展社团活动，如音乐社团、体育社团	观察性评价 + 自我评价

1. 红色活动显担当

开展党史讲解员、校史讲解员、红领巾假期作业、“绘党史，颂党恩”、红色研学·薪火相传等红色活动，增强学生们的社会责任感和使命感。该系列活动持续开展，时间长、影响力大。在活动中，山海少年感受到革命英雄和运动健儿一样，都需要有钢铁般的意志力，才能突破重围，获得顽强的生命力和永不服输的品质。

2. 黄色活动重泰山

安全是保障一切活动的基础。黄色代表安全保障的色彩，提醒学生时刻注意安全。

（1）坚持安全主线——以“平安校园”创建为主线，以“安全教育活动”为契机，充分利用家长资源，为山海少年讲解安全知识、播放安全教育片、分享现实案例。

（2）坚持每个学期开展安全拓展活动 —— 让山海少年走出去，通过“安全调查员”“红十字会训练营”“户外山林自救”等课外研学拓展活动，深化安全教育防范意识与事故发生时急救措施的落实，提高学生的自救自护能力，为山海少年的安全保驾护航。

（3）坚持举办安全相关讲座 —— 每学期邀请交通民警、体育教练、心理医生、专职心理咨询师等，为山海少年开展安全教育讲座，讲解运动与安全、运动与健康、运动与心理系列讲座。

3. 绿色活动显创新

新时代教育更加彰显劳动教育在“全面培养人、培养全面人”这一任务中的重要地位。通过劳动教育，山海少年养成了叠被子、光盘子、刷池子、复位子等良好的生活习惯。珠海重视垃圾分类、保护环境等绿色活动的开展。假期里，山海少年在海边做“海洋保护小卫士”，保护大海环境，了解海洋生物，探究大海奥秘，为山海少年全面发展打好人生的底色。

4. 蓝色活动有包容

开展“小升初心理沙龙”“山海少年家长成长营”等系列课程，邀请家长全员参与，构建多维的心理健康教育体系，培养山海少年健全的人格和健康的心理素质，以积极心态迎接初中的学习。

5. 金色活动有收成

山海少年团结进取，多才多艺，成立了山海跃动营，他们用自己对音乐的热爱在珠海的大街小巷留下足迹。在各类音乐大赛中，山海少年发挥团队优势，将合作、进取、创造的种子播撒在山海少年的心田。

（四）岳动——项目式学习展个性

岳，高大的山。把运动精神融入山海项目式学习课程，让山海少年结合自己的兴趣特长，自主选择项目式学习，培养学生的合作探究与创新能力。我们开展的山岭徒步课程，在专业人士的指导下，穿越将军山、凤凰山、黄杨山。山海少年在永攀高峰的过程中，还认识了珠海群山中的各种物种；在“纸皮造船”“帆船竞渡”的项目式学习中，山海少年在海中合作，在海中挑战，在海中前行，感受了大海的宽广与深邃。

（五）粤动——联盟校区共进步

珠海市香洲区一小教育集团在地区教育中起着引领辐射的作用。珠海南湾片区是我集团校区的主要帮扶对象，在长达三年多的时间里，我校每周坚持组织师生去南湾片区进行带班经验分享，多次在市、区内进行交流、开设讲座，多次和兄弟学校结盟班级一起开展“定向运动”“四球对抗赛”“花样跳绳”等活动，不仅增强了校际间的友谊，而且在运动中弘扬了中华民族“坚韧不拔、勇往直前、顽强拼搏”的体育精神。

七、山海面貌创新篇·特色与成效

中华体育精神展风采，“三山·五动”带班模式显成效。三年来，山海少年班和珠海共生共长。珠海发生了翻天覆地的变化，山海少年班也成为珠海市小学中的一颗绽放耀眼光彩的璀璨明珠。

1. 面貌翻新展变化

珠海城市面貌焕然一新，山海班的少年精神面貌也更加朝气蓬勃。三年来，山海少年团结进取，积极参加校内外各项比赛，一张张奖状的背后，是一颗颗炙热的心，带着满腔的热血开拓创新，争做一张张特区名片。山海少年班从学校文明班开始，连续 6 个学期被评为“七色花班级”荣誉称号，从一星班级成长为六星班级。山海少年正迈着坚定的步伐成为“身体好、性格好、学习好”的新时代好少年。

2. 团结奋进创文明

珠海市民的精神面貌是珠海城市建设的一道风景线。山海班少年在“和孩子一起走出去”系列亲子活动中，表现出良好的家庭风貌，其中有 42 个家长被评为“山海优秀家长义工”，有 38 个家庭被评为“山海幸福模范家庭”。据统计，三年来，山海少年班至少每学期举行一次亲子活动、团建活动；山海少年家长到学校、班级举行专业讲座达 12 次，包括心理健康讲座、安全讲座、法治讲座、运动与健康讲座等。

3. 助力专业成长

我在带班过程中不断进步与成长，不仅对精心带班、用心育人有了自己的感悟和体会，也收获了来自学生、家长和同行的肯定，更提升了我的专业自信和职业幸福感。

山高任鸟飞，海阔凭鱼跃。山海少年，不负韶华，山海少年将继续带着勇攀高峰、海纳百川的山海精神，进入初中的学习，开启新的山海人生。

打造幸福课程，培育儒雅少年
——小杨桃班的带班育人方略

珠海市香洲区第一小学　吕美燕

一、育人理念

我的育人理念来源于教室旁边那棵杨桃树：悠然吐纳风雨，把一树繁华展开，任蜂蝶吟唱。果实一簇簇，一团团，在岁月静好中从容自处。平凡而幸福，团结而奉献，这不正是幸福人生的真实写照吗？可课堂上孩子们对着作业焦虑时也让我思考何为教育。就在这时，塞利格曼的“幸福五要素”理论给了我幸福教育的灵感，教育要面对的不仅仅是眼前的分数，而是让孩子成为内心有力量的儒雅儿童，拥有成长的动力，拥有终身幸福的能力。

二、班情分析

小杨桃们活泼可爱、天真无邪、富有活力。在小杨桃班建班之初，我就对学生们的基本情况、兴趣爱好、品行行为和家长情况进行了数据分析。我了解到孩子们的常规习惯较差，缺乏自信心与自主性，班级凝聚力弱，但可喜的是家长非常配合老师的工作。

三、育人目标

围绕“立德树人”这一根本任务在班级建设中的落实、落细、落小，我设定了阶段性目标和内容性目标。

（一）阶段性目标

（1）低年级段目标：杨桃花开放，习惯渐养成。

（2）中年级段目标：杨桃初长成，集体群聚力。

（3）高年级段目标：杨桃满枝头，立志为中华。

（二）内容性目标

（1）润泽杨桃根系，培养儒士。

（2）发展杨桃枝叶，培养雅士。

（3）收获杨桃花果，培养博士。

（三）育人框架

班级育人框架如图 9-4 所示。

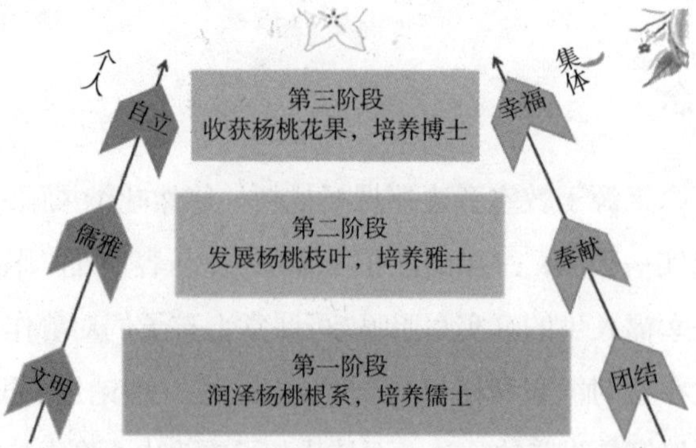

图9-4　班级育人框架

四、实践做法

《中小学德育工作指南》中指出："实施课程育人、文化育人、活动育人、实践育人、管理育人和协同育人。"在实践过程中，要始终牢记立德树人的根本任务，发挥多种育人方式的作用。

（一）润泽根系，培养"儒士"

"谈笑有鸿儒，往来无白丁"，在古代，"儒士"指的是读书人。培养小"儒士"，是引导学生养成良好的学习和生活习惯，成为一个内外兼修的好学生。以德润心，在小杨桃们的心中播种下美好品德的种子，让他们在踏入小学之时收获陪伴一生的好习惯。

1. 班级文化，正心笃信

班级文化是班级的灵魂，能潜移默化地影响学生的精神世界。温馨的教室环境布置体现出教师对学生的关怀。小杨桃班的主色调是绿色，代表着生命力。班级的 Logo 是一颗杨桃，杨桃的五个角分别代表着独立、善良、健康、儒雅、幸福，这是小杨桃们的成长目标。班级墙上的爱心卡纸贴着每一位同学的头像，头像下是几句简单的自我介绍。小杨桃们刚进到学校就看到自己的照片贴在墙上，感受到了家一般的温暖。课间，小杨桃们会聚在一起欣赏自己和小伙伴的照片，认识彼此，消除陌生感。

学生从幼儿园进入小学，缺乏必要的入学准备，对小学的规则比较陌生，常规习惯有待提升。在小杨桃班上，杨桃树在班级化身一棵规则树，每一片树叶上有着规则，包括可以做和不可以做的事情。一年级的小杨桃还不认识太多字，陌生的文字搭配上孩子们手绘的作品，让规则更有温度和易于接受了。杨桃树会不断向上生长，小杨桃们会把自己写的规则叶子粘贴到杨桃树上，杨桃树越来越高大，规则也悄悄地走进小杨桃们的心中。

一年级的学生缺乏独立性，在家衣来伸手，饭来张口，缺乏劳动的意识。在小杨桃班上，每个同学都要认养一棵绿植，给绿植取名字，呵护这盆绿植生长。绿萝、长寿花、仙人掌、文竹、铁海棠等绿植在班级里肆意生长，小杨桃们亲切地称呼这个植物角为"绿色天地"，每天课间给绿植浇水、换水，养护植物让他们懂得尊重生命，变得善良和独立。

一年级小朋友活泼好动，缺乏规则意识，经常惹得班主任“怒火中烧”，教室里经常传来“怒吼声”，一节课下来班主任已元气耗尽。如何能够心平气和地和一年级小朋友交流，让他们听清楚老师的要求，确实是一个大难题。于是，我在班级中开设了一个杨桃悄悄话的地方，我曾经收到一个小杨桃的内心独白，上面用歪歪扭扭的文字和拼音写着：“下课了，老师走了，我自由了，我要去玩了。”看到这一段内心独白，我哭笑不得，从那以后，我便改变了上课的方式，在课堂上融入游戏的元素，让孩子爱上学习。一个小小的信箱里面有我的每日一语，有小杨桃们的每日心语，我们将对彼此想说的话写成文字，用文字架起了沟通的桥梁，不仅减少了同学间的矛盾，也增加了师生间的爱和信任。

一个充满爱与包容的环境能孕育一颗颗儒雅的心。通过班级文化的塑造和班级氛围的影响，小杨桃们便有了儒雅的文化根基，他们互相关心和帮助，独立而谦虚，善良而平和。

2. 班本课程，激发儒趣

《中小学德育工作指南》提到：“充分发挥课堂教学的主渠道作用，将中小学德育内容细化落实到各学科课程的教学目标之中，融入渗透到教育教学全过程。”培养小“儒士”，我结合学生对传统文化的热爱，以及语文学科的人文性特点，开设了班本课程（图 9–5）。

课程模块	杨桃课程名称	培养能力
杨桃项目	画杨桃、写杨桃、诵杨桃、护杨桃	奉献
杨桃人文	党史室讲、读万卷书（晨诵、幕读）、行万里路（畅游世界、畅游中国）、博古通今（观看纪录片、收听新闻时事）	儒雅
杨桃科学	科学小实验、信息检索、生活中的数学、解密十万个为什么	探究
杨桃健康	校园足球、花样跳绳、视力管理、中医科学、心理健康教育	健康
杨桃艺术	书法、班级大合唱、古典音乐赏析、班级啦啦操、一周一幅名画	博雅
杨桃生活	植物培育、宠物养护、厨房烘焙、房间收纳、垃圾分类管理	自立

图9–5　班本课程图

班本课程之一是人文课程。我们开展了经典诵读，所选内容是《三字经》和《弟子规》。这两本经典书中有许多中华传统美德，读来朗朗上口，学生在记诵的过程中也在内化价值。每日晨诵，早读班长一到校便会组织同学们齐声朗读，朗朗读书声从教室传来。早读班长每周都是不一样的学生担任，小杨桃们竞聘上岗，朗读高手带上朗读较弱的同学，每个人都有机会上台领读。

班本课程之二是艺术课程，每周五下午小杨桃们会聚在一起欣赏纪录片。在新媒体技术极速发展的背景下，许多儿童纪录片也被搬上荧幕，走进孩子们的内心世界，比如《此画怎讲》和《跟着书本去旅行》等纪录片，为孩子们打开了一扇看世界的窗户，让孩子们看到了世界的多样，也更懂得去包容，去涵养一份儒雅。

班本课程之三是健康课程，每周三下午第七节课，小杨桃们便会走出教室，一起感受校园的别样魅力。我们会到操场上玩游戏，做运动，会到小花园里感受春夏秋冬的变化，物色各种各样的虫子，会到学校包干区里打扫卫生，到户外呼吸新鲜的空气，将学习和生活结合在一起，感受生活的美好，珍惜幸福的生活。

班本课程之四是杨桃项目式学习。一年级的小杨桃项目式学习主题主要是发生在他们身边的、他们感兴趣的话题。小杨桃项目式学习之一是探索杨桃的生长过程，结合班级文化的构建开展。小杨桃们需要了解杨桃树的种植条件、种植区位和种植时间，进而思考为什么不同的植物生长的条件不一样，是什么影响了植物的生长？每个人为班级手绘一副杨桃的 Logo，制作杨桃的模型，为教室旁边的杨桃写一个植物名片。

3. 微型班会，内化规则

活动既是学生学校生活的重要构成部分，也是对学生进行思想道德教育的重要资源和载体。班主任应该充分发挥活动的作用，培养学生良好的思想品德和行为习惯。

一年级的学生专注力时间较短，班会课就不能是四十分钟的说教，而应该是日常润物无声的微型班会。微型班会围绕着班级生活中细微的话题开展，如班级卫生、班级路队、班级课间打闹现象、文明礼仪、班级学生表扬与批评等方面。微型班会持续时间一般在十分钟左右，主要利用早读、午读等零散的时间，有针对性地引导小杨桃们对班级管理发出自己的声音，提出自己的建议。微型班会是针对问题的出现而设定的。对于班级近期棘手的需要解决的问题，老师提前收集好图片或者视频资料。学生从图片和视频中看到自己的表现，便更能感同身受，发现自身的问题。

一年级的小杨桃们并非不懂事，相反他们很懂事，但缺乏自控力。他们往往能够在班级管理中提出问题并找出解决的办法，确实成为了班级的管理人。微型班会是通过一节节班会活动，让育人在长期过程中得以展现。一节班会课无法解决的问题，要用多节班会活动强化和巩固。

（二）发展枝叶，培养“雅士”

“雅”是文雅、高尚的意思。培养小“雅士”是培养学生饱读诗书，博览群书，成为一个博古通今、文雅高尚的人，进而学会学习和思考，让思考和学习成为陪伴他们终生的好习惯。小杨桃们渴望读书，但是因为家庭缺乏读书的氛围，这导致他们的阅读能力较差，难以从书本当中汲取养分。培养小“雅士”，便要从构建书香班级和书香家庭做起。

1. 根植红色，童心向党

习近平总书记在全国教育大会上的讲话强调：“要在坚定理想信念上下功夫。”理想信念教育是德育的重要内容之一。小学生要领会国家发展的使命、树立远大的奋斗理想和坚定的社会主义信念。小学低年级段的学生要了解中国近现代史，了解中国共产党史和中国革命史。小杨桃班利用学校党史墙学党史和讲党史。

学校的党史墙是学习资源。小杨桃们总会听到哥哥姐姐讲党史，他们常常听得入了迷。一个个党史故事抑或是感人肺腑，抑或是激动人心，都让小杨桃们心中燃起爱党爱国的激情。经过培训，他们也成为小小讲解员，为班级同学甚至是老师家长讲党史。稚嫩的童言是民族的未来语言，他们的博学与爱国之情激发了听众的民族自尊心和骄傲，而小杨桃们也成为中华革命精神的传承者和接班人。

2. 文化滋养，修炼内核

小杨桃们喜欢玩，读书可以成为一项好玩的活动吗？当读书带有社交属性的时候，就更好玩了。小杨桃们每个人从家里带来几本书，玩起了图书漂流活动。每个小朋友背着图书漂流袋，将一本本书装进图书漂流袋，满心欢喜地带回家阅读。有的小杨桃看完一本书还会在书后面贴上便利贴，写下自己的读后感。一年级小朋友的文字稚嫩又可爱，这个阶段的他们最喜欢写字条交流。学校图书节活动上，小杨桃们个个展示出自己的风采，在班级和年级的舞台上自信大方地讲出自己最喜欢的故事。班级的读书角藏书丰富，阅读评比活动你争我赶，每周阅读数量最多的前三位同学将会获得奖励。这项评比成为激励学生读书的有效方法。

腹有诗书气自华，最是书香能致远。为了培养孩子们良好的朗读习惯，以诵寄意、以声传情，丰富孩子们的精神文化生活，我们开展了“小小朗读者”的活动。孩子们以简单美好的方式，用发自心灵的声音，入情入境地朗读，用声音邂逅美好，表达最真挚的情感。“小小新闻播报员”活动通过观看《新闻联播》节目，让学生了解国内国际形势，丰富时事政治知识，也使学生将习得的书本知识与时事紧密结合起来，激发了学生的创造力，让学生更客观、更全面地认识周围事物和世界。

3. 活动开展，展示个性

好的教育需要好的活动。我们开展了班级吉尼斯的评选活动。此次活动的意义是力求从学校和班级的多方面多视角为孩子们搭建展示自己的平台，让孩子们充分展示自己最好的一面。每个孩子都是一朵独一无二的花蕾，而作为老师则希望每一朵花儿将来都能绽放出他们与众不同的美丽与精彩。孩子们的展示，以及相互的PK，让我看到了不一样的他们，看到“无冕之王”那自信的微笑，挑战失败者一脸的不服输，还有作为评委的孩子们的欢呼声和赞扬声。我明白了这次活动之中孩子们更多的收获——榜样与自行，勇气与斗志。

（三）收获花果，培养“博士”

“博”是丰富、宽广的意思。《说文解字》中对“博”的解释是：“博，大通也。”培养学生成为小“博士”就是让学生成为知识广博的人，成为传承经典、开拓未来的社会主义建设者和接班人。

1. 民主制度，自主管理

为进一步规范班级管理，调动更多的同学参与班级管理，培养他们的主人翁意识、责任意识、规则意识和综合能力，做到“人人有事做，事事有人做”，结合孩子们的日常诉求，我们开展了岗位竞聘活动，孩子们写了自荐书，积极推销自己。我们还引入了社会听证制度，在班级设立了班级议事会。议事会上，各组的小成员们表现积极热烈，针对班级出现的问题选择议案案由，大家一起认真逐条地对各类提案展开讨论，并提出了当周班级议案。班级议事会既锻炼了孩子们的自主探究能力，也让全班孩子从小树立起了参政、议政的国家公民意识。

2. 多元评价，全面发展

基于多元智能理论，我们开展了学校、班级、教师和学生多主体、德智体美劳多角度的评价。学校评价体系中设置了每周之星、榜样之星和校园之星的奖状。在班级评价体系中，我结合了班情特点，设置了阅读之星、书写之星、作文之星和积分拍卖会。在教师评价系统中，我们利用班级优化大师，加入了各科任老师，对孩子们在课堂和班级活动中的表现进行评价。在学生评价系统中，孩子们开展了互评和自评，对自己有了深刻的反思。由教师主导的评价转向师生共享评价责任，即让学生也参与到对自己的评价中来，通过评价调节自己的学习过程，因而与传统的评价相比，学生对自己的学习承担起了更大的责任。

3. 多方力量，助力成长

《中小学德育工作指南》指出："要积极争取家庭、社会共同参与和支持学校德育工作，引导家长注重家庭、注重家教、注重家风，营造积极向上的良好社会氛围。"为此我策划了多次杨桃沟通会、读书会和家长会，分别围绕不同的育人主题开展。

在某期家长会中，我们围绕着"双减"政策下家庭教育应该怎么做的主题开展。在交流过程中，家长们表示"双减"没有了作业，孩子回家就是玩，有时候家长工作忙，上晚班，也顾不上孩子。"双减"下教育减负不减质，家长应该关注学生的睡眠质量、身体健康、阅读情况、品德发展和学习情况，而不是完全放任不管，孩子的学习能力也是需要培养的。在沟通之后，我们对于"双减"政策背景下家庭教育应该怎么做有了更加明晰的认识。

在家长们知道了陪伴的重要性后，我们还开展了杨桃育人行动圈，开展户外亲子活动共参与、班级亲子共读一本书的活动，让家长们参与育人的活动中。在这一过程中，班级的孩子们因为活动而凝聚在一起，家长们因为活动而团结在一起。老师和家长们也形成了精神和行动的共同体。

五、特色成效

（一）学生幸福感增强，成为儒雅少年

通过内发外铄，小杨桃们养成了比较好的习惯。他们彬彬有礼，有一定的独立性，能主动做一些力所能及的小事。最让人兴奋的是他们的内驱力和目标感不断增强，经常围绕着老师询问问题，能够为自己树立小目标，并且用目标来激励自己，学习时更有韧性，遇到困难和问题也不会轻言放弃。小杨桃们也具有探究

精神，面对感兴趣的问题，他们会打破砂锅问到底，通过各种途径寻找答案。比如，为什么春天到了冰雪会融化？为什么花朵是五颜六色的？我总是叫他们“小问号”。

（二）班级凝聚力增强，班风向善向上

小杨桃们在班级找到了自己的优点，发挥了自己的特长。班级里做到了“事事有人做，人人有事做”，每个人都找到了属于自己的岗位。学生之间相互关爱、相互帮助、相互促进，个人之间的爱转化成了集体之间的爱。在小杨桃班，我们基本看不到学生之间发生矛盾的现象，学生懂规则、明礼仪、知荣辱，将内心的规则外化于行动。在运动会上，小杨桃班的集体接力、跳绳等项目都获得第一名，在期末优秀班级评选中荣获“七色花班级”。小杨桃们在学校组织的各种征文比赛和表演比赛中充分发挥特长，获得了多种奖项。

（三）家校齐心共成长，育人效果显著

经过多次多主题的小型家长沙龙和论坛，我和家长们进行了深入的沟通。作为未养育过孩子的我，对于家长们的辛苦确实无法做到感同身受，经过沟通我们对彼此的工作更了解，也更包容了。在分享了一些教育方法和经验后，家长们教育起孩子更加得心应手了。我们一起学习了正面管教的方法，家长们不仅更加重视孩子的内心感受和行为背后的需求，也能够竭尽所能提供给孩子最好的学习环境，激励孩子向上向善。而我也将我和小杨桃们的故事记录在册，将故事投稿到了《班主任》杂志上，分享了自己的心得与体会。

养浩然之气，育少年英雄

——神奇七班带班育人方略

珠海市香洲区第一小学　黄亮民

《孤勇者》中有这么一句歌词：“谁说站在光里的才算英雄。”我的育人方略来源于一次遇见。我初次参加工作，临近下班时偶然遇到：一个小小的身躯背着一个大大的书包走在没有光照的走廊上。

一、育人理念

培养一个什么样的人是任何教育观点都无法回避的话题。作为西方教育经典读本的《卡尔·威特的教育》，它的教育目的是“培养具有英雄气质的儿童”。其核心观点是推动孩子持续学习和成长的最重要的气质是具有使命感（英雄感）。根据弗洛伊德的人格理论，这是属于人格中的超我意识，是需要后天教育进行塑造的。李竹平老师在《儿童成长的秘密》里谈道：“儿童发展的第一天性是自由。”自由是儿童人格发展的基础，是超我人格的底层生长点。儿童的发展过程是一种以自由为基础的发展过程。儿童的心理发展是以自由的“本我”阶段不断发展成以至善为原则，人们向往的终极理想的“超我”。因此，“少年英雄”的基本气质是自由和自律的气质，终极目标是培养具有使命感的“五力”少年。其培养路径是以俯下身去仰视儿童为核心理念，以建设“少年英雄”生涯课程为实践路径，发展具有情感力、学习力、交流力、意志力、道德力的少年英雄。

二、班情分析

在入学时，我们借助问卷调查和“万师进万家”的家访活动对班级情况进行了初步了解。其中班级家长的学历情况为：65% 的家长为高中学历及以下，有 38 位孩子的家长为“90 后”，是第一次当爸爸妈妈。班级学生情况为：有两个单亲家庭的孩子，两位被确诊为多动症的孩子。随着和班级的一起成长，对班级的情况越来越熟悉，我对班级情况做了如下判断：其优点是，家长和孩子个性鲜明。由于家长普遍是务工人员以及“90 后”家长，家庭陪伴孩子的时间较少，在这种环境下，孩子呈现出对自我实现需求的渴望。

三、班情发展目标

基于班情的分析，我根据弗洛伊德的人格发展理论，以培养具有情感力、学习力、交流力、意志力、道德力的少年英雄为课程终点，以“本我”为起点，拾级而上规划了少年英雄班的三阶发展目标（图 9-6）。第一阶段；搭窝筑巢，滋润心灵，成就活泼、有序的自由儿童。第二阶段：砌石架木，红日初升，养育尊师、乐学的榜样少年，第三阶段：雕梁画栋，与国同辉，培育具有理想信念、家国情怀、奋斗精神的少年英雄（表 9-4）。

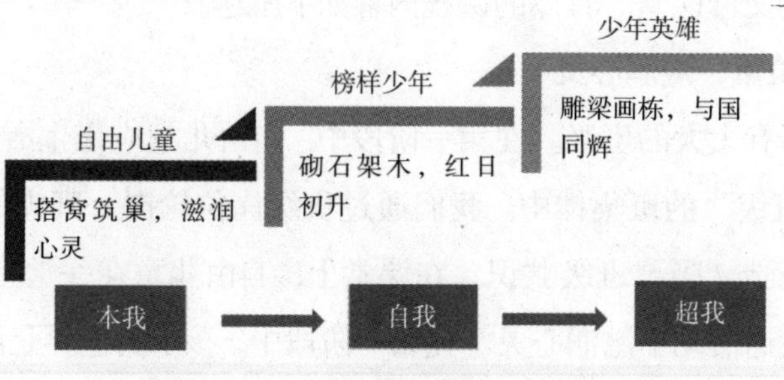

图9-6　少年英雄班的三阶发展目标

表9-4　三阶发展目标的具体措施

阶段	目标	措施	培养力
自由儿童（搭窝筑巢，滋润心灵）	发展本我：养育自由、活泼、有序的气质	1. 搭窝筑巢，建构安全、自由的班级文化 2. 人人有事做班级管理 + 轮岗班长制 3. 德育绘本课程（我讲你听课程） 4. 晨诵“读写绘” 5. 父母课堂主题：适应 + 习惯养成	情感力 道德力
榜样少年（砌石架木，红日初升）	追求自我：树立尊师、乐学的观念	1. 以班级代币为基础的班级生活运行机制 2. 周榜样之星、月榜样之星称号体系 3. 微型主题班会（你讲我听课程） 4. 晨诵“读写绘”+ 暮省 5.《柒周刊》为平台，打造班级树洞 6. 父母课堂主题：学会学习 + 礼仪	学习力 道德力
少年英雄（雕梁画栋，与国同辉）	敢于超我：培育理想信念、家国情怀、奋斗精神	1. 班级日记本的班级议事制 2. 团队管理共同体 3. 微型主题班会（大家共讲课程） 4. 红色研学、志愿服务 5. 父母课堂主题：立志 + 自强	交流力 意志力

四、教育内容和主要措施

为实现这个目标，我们打造了“三翼一体”的少年英雄生涯课程，以班级制度建设、德育活动建设、父母课堂建设为三翼，以多种评价方式为一体。具体构架为：在班级制度建设上，以班级生活（文化）、管理制度和荣誉称号体系为框架。在德育活动建设上，以绘本和微主题课程，线上、线下班级树洞和晨诵、暮省为主要内容。在父母课堂建设上，以家长分享会、周计划日评价、家长委员会制度架构起少年英雄的父母课堂。具体的课程内容如下所述。

（一）搭窝筑巢，滋润心灵

小小的孩子有大大的班级。在第一阶段中，自由儿童应该生活在一个“人人有事做，人人为班级”的班集体中。我们通过班级岗位轮岗、班规的民主决策、班级环境的共同营造，凝聚班级共识。在课堂上，自由儿童在一堂堂“读写绘”“小手写童诗”的晨诵活动中滋润心灵。在第一阶段中，孩子的世界是图画的。我们开发了“我讲你听”的绘本课程来启迪心智（表 9-5）。比如，在小学刚开学的第一个月，我们以教室生活为主题开展持续一个多月的规则制定、遵守规则等主题教育活动。在这个时候，我和小朋友一起阅读《大卫上学去》《我们的强强》等绘本来学习如何适应小学生活。在二年级“学会控制情绪”的主题课程中，我们又一起阅读《我的情绪小怪兽》《生气汤》《讨厌黑夜的席奶奶等》。当然在阅读绘本之前，我们也会设计一些游戏活动以帮助孩子们理解。比如，在“学会控制情绪”这个主题中，我们会玩一个“脱离掌控”的游戏。游戏的第一部分是轮流掷骰子，投到奇数可以选一个小礼品，直到礼品被选完。第二部分接着投骰子，规则改成投出奇数可以从别人那儿选择一个小奖品，直到规定时间游戏结束。这个游戏的主要目的是让儿童感受到，生活中总是有很多事情自己难以掌控，情绪却可以控制。

表9-5　绘本课程

阶段	内容（主题）	绘本
一年级	小学生活（我是小学生）	《大卫上学去》《我们的强强》
二年级	控制情绪和学会交流	《我的情绪小怪兽》《生气汤》《讨厌黑夜的席奶奶》

在父母课堂建设中，我们借助“一期一相会，一期一主题”的形式打造少年英雄班的家长课堂。例如，针对家庭教育从幼儿园的保育转型为上小学的准备而可能出现的心态焦虑和缺少解决策略的问题，我们设计了“开学第一课：心态和策略”为主题的父母课堂。课堂的目的是通过聚焦前期向家长收集的具体案例，通过家长交流分享、教师总结“调整心态 + 使用策略”的思路，让家长学会用“心态和策略”的方法处理家庭教育中出现的问题。课堂的流程包括“前期问题的收集—暖场活动—案例分享和分析—组织思考与交流—迁移思路，引导践行”。其中课堂生动性的旨归是改变满堂灌的活动形式，充分发挥个别家长的家庭教育知识的专业性。在

整个活动中，让家长们眼手口并用，最大程度地调动了其主动性，提高了家庭教育指导的效率。

（二）砌石架木，红日初升

在这一阶段中，小朋友逐渐从自由儿童成长为榜样少年。在培养榜样少年的过程中，我们效仿了《第 56 号教室的奇迹》，打造以 Q 币为经济货币的班级生活。在这套系统下，我设置了班级的 Q 币银行，在 Q 币银行里设置了行长和副行长负责 Q 币的存取和回收。在成立初期，我和学生一起民主讨论奖惩细则，初步拟定了“神奇七班 Q 币使用细则”。这套使用细则以《中小学生守则》为基础，实际上代替了我们班级班规的作用。在这套班级代币系统里，衍生了许多行之有效的措施，如日记比拼比赛、作为发表的稿酬等。为了扩大代币的影响，我们班级的奖励由物质奖励逐渐过渡到精神奖励。我希望通过代币奖励，促进学生良好习惯的习得和养成，以 Q 币作为常规养成教育的工具和手段能产生无限的可能。这种可能就来自代币奖励机制的优越性。

在德育文化活动中，我们通过在线上建立公众号，线下以开创《柒周刊》为班刊，打造班级树洞，让学生自由表达自我。在德育活动建设上，我们以月份文化链接培养目标，打造少年英雄的“你讲我听”课程，让学生在微主题班会活动中发展交流力和学习力（表 9-6）。

表9-6　微主题班会活动

月份	一月	三月	四月	五月	六月	八月
主题	春日文化	习惯养成	红色祭祖	五四精神	传统与现代节日	爱国强军
月份	九月	十月	十一月	十二月	班本	班本
主题	尊师重道	家国情怀	传统美德	生命之美	爱心传递	团结合作

（三）雕梁画栋，与国同辉

在成就少年英雄阶段，我们以组间同质，组内异质为原则打造了 13 个班级特色小组。通过进行小组命名、组徽设计比赛等活动建立小组文化，发展紧密型小组。同时，依靠小组成立团队管理共同体，代替班级岗位的轮岗，培养少年英雄的团结力。在班级民主文化建设上，借鉴社会听证制度，建立班级议事制，制订了议事原则。从此，少年英雄班走向了集体共生的阶段。在德育活动建设中，我们打通学校资源和社区资源，组织了“育红孩儿”的德育课程，通过大家共讲的筑基教育到借助社区资源的红色研学，从党史宣讲到小小的励志书，培养少年英雄的意志力和使命感。可以说，走完一轮少年英雄课程，是一场十年功名志与力，英雄长路云和月。

五、评价标准

少年英雄的评价体系是借助“七色花”评价系统对每位少年英雄进行量化和质性的评价。在这个评价体系中，不仅有教师的参与，也有家长的评价。在形成性评价中，我们依据“五力”培养目标，创造性开放了五个一过程性评价，即每次活动中发现闪光点写一封“表扬信”，每天记录生活的一个班级日记本，每周呈现暮省时刻的一本“暮省书”，每月记录成长变化的一个“成长档案袋”，每期形式多样的一组“小组共评价”。“五个一”既相互独立，又交叉融合。同时，我们依靠荣誉称号体系，链接学校的荣誉表彰，即建立周榜样之星、月榜样之星、周榜样团队、月榜样团队的称号体系，实现了既独立又融合的评价特色。总之，少年英雄的评价不仅是老师和家长的一种评价，也是七色花评价系统里的赋分、增值，更包括了来自同学的一种认可，小组的一种肯定。我们正是在多元的评价中促进少年英雄人格的养成。

六、特色和成效

在这样一段少年英雄的课程经历中，我们欣赏到了这样一些沿途的风景：每年一本班级刊物的出版，撰写的父母课堂案例的发表，班级公众号的粉丝数量日益增长，班级在学校各种活动中大放异彩，其他省份地区的老师纷纷慕名而来进行学习和参观。更为重要的是，班级的学生在这样一种精神的鼓励下逐渐养成少年英雄的人格品质，班级也逐渐形成了班级秩序好、学习氛围好、家校团结一致、学生自立自强的班级文化。

七、结语

少年英雄的故事仍在书写，那个曾经萦绕我心的背影，那个背着大大书包，不被光照到的小小身躯，现在已经不断衍变成在操场上自由地书写属于自己的英雄故事。他们或是结伴共写，或是独自奋笔疾书，可能是同伴之间的互帮互助，又或者是在老师和同伴的鼓励中，朝着少年英雄的目标前进。我想这就是少年英雄的真正内涵和价值——养浩然之气，成为每个人自己的少年英雄，不必站在光里，坚信我便是那道光。

第二节　精细化管理篇

七彩评价助力学生潜能发挥

——互联网+多元评价体系初探

珠海市香洲区第一小学　颜　婧

有哲人云："授人以鱼，不如授人以渔。"教学之务，无非是传道、授业、解惑。教学的初衷，应是授学生以渔，而非授之以鱼。培养学生的自学能力往往比一味灌输更有利于学生的成长，更能为学生适应未来的生活和走进独当一面的工作环境打下坚实的基础。

子曰："学而时习之。"学习将会伴随人的一生。但学习是需要能力的，与其让学生走上社会才懂得自学，不如现在就引导他们锻炼出良好的自主学习能力。

2015 年，我校与北京师范大学珠海研究院展开合作，研发出了互联网七彩评价系统。该系统根据中国 6 ～ 12 岁儿童心理健康发展情况，建立了适合我校具体校情的儿童全面素养健康发展的评价量表和评优模型。我所执教的五(8) 班作为首个实验班，率先投入使用了七彩评价体系，引起学生和家长的热烈反响，一学期后七彩评价体系在我校全面铺开。

实验结果显示，该系统不仅借助互联网，对学生给出了多元、全面和科学的评价，也提升了学生学习语文的兴趣，激发了学生学习的主动性、能动性，并有助于良好的语文学习习惯的养成。

七彩评价体系意义下的语文教育和教学的评价实验，可以更清晰地阐释正确的教学行为和学生的学习行为两者之间的密切关系。于老师，为学生的全面发展提供了积极而健康向上的平台。于学生，对语文学习的价值取向也获得了更加明确的认识，从而更能激起学生的进取精神。七彩评价体系不仅能引导学生的学习行为，培养学生良好的学习习惯，还能激发学生参与学习的积极性。结果表明，七彩评价体系的运用，大幅提升了学生的学习能力、理解能力，以及学习的专注力。

七彩评价体系的实施，是在课改背景下，坚持以人为本的课改实验。其以提高学生的语文素养，促进学生的素质发展为根本目的。同时，对教学过程的各环节也进行全面检查并予以价值上的判断。七彩评价不是简单地去评判学生的优劣，对学生进行分等鉴定，而是充分发挥评价的诊断效果，进而从导向、激励、启发、改进、创造等诸多评价功能中，去关注个体的进步和学生多方面的发展潜能。

故而，七彩评价体系不在于区分学生学业成绩的等级差别，而在于去科学测评每个学生在达成教学目标的过程中，所表现出来的文化素质的广度和深度。

一、多元七彩

以往的语文教学，往往囿于传统的教学模式，偏重于学科的知识系统，而轻视学生的语文综合能力；往往偏重于学生的智力素质，而忽略每个学生个体的学习态度和习惯；往往重视学生的朗读、听写、背诵、写作、口语交际等综合性语文学习能力等的评价，而忽视学生接受知识与能力培养的过程。

《义务教育语文课程标准》明确提出，认知领域的评价内容有：识字与写字、阅读、写作、综合性学习的能力等。而对学生的评价，以往总是习惯性地照本宣科而加以评价。在教育的方式、方法和过程中，也更多习惯于墨守成规，如认真倾听、课前准备、错题订正等默认习惯。这些均属于认知领域的惯性思维。

在教学实践中，对学生接受知识和能力的方法、过程，往往带有“一刀切”的主观色彩。事实上，这很难完全做到开发出每个学生最大的个体学习空间。而在七彩评价体系的框架下，既打开了因时施教、因材施教的空间，也拓宽了教师教书育人的认知领域。

1. 激发潜力，标准分级

学生是独立的个体，是有差异性的。

评价标准，既是教学评价的衡量尺度，也是让教学评价得以科学进行的前提和依据。以往的语文教学，几乎都是教师灌输，学生自律，课程完毕后进行评价，使学生因其个性、学习习惯导致的学习成绩、学习方式方法的差异性，被评价同步格式化，不仅缺少评价激励机制和评价的科学性，更弱化了语文学科的人文特点。

七彩评价系统，作出了标准分级，充分考虑到了学生的个体性、差异性，可充分激活学生的学习兴趣、学习动力，乃至激活学生自身即有的语言和阅读的潜能。同时，因差异性的包容评价，又使学生大大提高了学习的能动性和积极性，不仅培养了学生积极的学习心态，更有利于学生的心理健康。

2. 针对差异，异步达标

七彩评价引入游戏激励模式，把抽象的《义务教育语文课程标准》和大量的课外阅读，转化为诸如“水果”种植任务游戏、“阅读海洋”答题过关一类的志趣游戏，形成一套完整的知识积分体系。

在这些“游戏”体系中，学生可以通过积分兑换网络的虚拟物品，契合儿童爱玩的天性，不仅让学生在悄然不觉中养成了阅读习惯，也大大提升了学生的阅读能力，从而开始形成自学习惯。

因学生的差异性，对能提前达标的学生，一方面，设每周之星、榜样之星作为榜样激励手段；另一方面，对不能按时达标的学生，也通过七彩评价，帮助他们找到问题的症结所在以促进他们改进。其间，实施延迟评价，期待他们的进步。与此同时，设进步之星予以激励。这套机制的确立，可以使所有学生在接受评价的过程中，充分感受到成功的喜悦，从而自觉地改变以往的不良学习习惯。

3. 多层评价，因材施教

学生对于阅读，对于阅读理解，因人、因时、因家庭和社会影响，各有不同。因此，七彩评价实施因人而异的多层评价策略。

针对不同的学生、不同的阅读理解，采取“非一刀切”的评价方式，从而更有利于学生树立自信心，让学生都能及时看到自己的进步和成功，都能在不同程度上提升阅读和自我学习的兴趣。在评价之外，对学生出现的非正确性理解采取因人而异的施教方式，帮助学生确立正确的世界观和理解方向，更好地促进学生在学习和身心上的健康成长。分层评价显著地改变了学生们的学习态度和积极性。

4. 多次开放测评，鼓励“百家争鸣”

通过七彩评价，多次用开放式的问题测评，以检测学生的语文学习能力。在测评题目上没有拘泥于对学到的知识的记忆，而是让学生用学到的知识去试着解决问题，如在七彩评价“阅读海洋”板块，提前在图书馆里设置了难易结合的闯关题目，闯关答题答对者获得奖励。

测评之时，鼓励学生对某个问题发表个人见解，提出自己的设计和创意，这样既有助于激发学生的学习潜力，也能更好地激励学生养成爱读书、多读书、读益书的良好习惯，从而培养学生独立思考和学习的能力。

二、七彩评价

评价不只是结果，也是过程。评价既不能只是教师单方面的评价，也要吸纳家长参与的评价，还有学生的自我评价。七彩评价，既是一个立体的、互动的评价过程，也是师生和家长都能共同参与的评价体系。

1. 教师评价，总结教育成果

教师评价，分为即时评价和延时评价。即时评价，有助于及时纠正学生学习中出现的缺点和错误，从而让学生能在第一时间看到自己的不足并及时改正；延时评价，则是以鼓励为主要手段，让学生获得认识错误和改正缺点的空间，这也是一种教育策略。让学生及时听到教师的鼓励，从而能更快接受老师的指正，认识错误发生的原因，以免再犯。

在课堂教学中，立足于学生现实存在的差异，实施有差异的教学，除了尽可能让学生能够同步吸收课标中的知识，也在课堂上实施分层教学、分层评价，允许学生各自发言，让每一个学生都能体验到学习的快乐，从而真正地去激活学生学习的能动性。

通过分层测试题中所反映出来的学生记忆、理解、应用等方面出现的问题，再通过七彩评价平台，查找问题发生的原因所在，追根溯源，及时改正。老师的评价，可以实现学生语文素养的良性积累。

2. 家长评价，纠正学习态度

七彩评价系统利用网络信息普及化，引入家庭微信公众号，可以及时将学校、学生的信息传递给家长，让家长也能在第一时间进行评价。

教师和家长的评价，相互交错，能将学生的学习状态、学习态度等信息在第一时间共同会诊，使教师对学生能有针对性地进行教育，而家长也会在放学后有针对性地督促、帮助学生学习。比如，若学生在家每天坚持课外阅读，则家长可以这样评价孩子："每天阅读不少于半小时，申请奖励。"老师审核通过后，学生即可获得积分，他们的"果园"会马上生机勃勃。这样可以有效地让学生从细微的小事中，渐渐养成良好的学习习惯。

3. 学生评价，学会自我反省

七彩评价体系中的教学评价，并不是教师的专利，学生也是评价中的一员。学校建设的七彩体系，将学生的语文学习行为进行积分管理，正是为了培养学生持之以恒的良好学习习惯，从而培养学生自学能力。让学生成为评价主体的一员，将评价变成主动参与，使学生自我反省、自我规范、自我监督。让学生成为评价主体的一员，也有力地形成了民主教育，营造出了积极、正面、民主、公允的评价氛围。这样，学生自信心的建立、学习能动性的提升，以及教师教学的成果，三者形成良性循环。

三、互联网+七彩评价

一般我校每周一的班会课公布上周"互联网＋七彩评价"结果，奖励七彩评价平台自动生成的每周之星。每周一集体晨会上都要表扬奖励榜样之星，各班的评价结果也及时在家长群里公布。同时，对于评价系统自动评出的每月榜样之星，学校还会把他们的照片放在全校的光荣榜"榜样之星"栏上，既为奖励榜样，也为鼓励其他学生学习和进步。

为扩大奖励面，我在本班教室后墙上张贴了"七彩小荷，竞相吐艳"的荣誉栏。每个星期，我对学生的七彩评价积分作一次小结，得满分的，在"荣誉栏"上再奖一颗红星。每个星期总积分前三名的学生，颁发"语文之星"小证书和奖品。在家长会上，对获得"语文之星"和"七彩小荷荣誉榜"的情况进行总结和通报，引导家长重视学生平时语文学习的习惯和过程，并引导家长对学生的学习多予以激励。很多家长告诉我，孩子回家把"语文之星"的小证书，贴在家里书桌的显著位置，视若个人的荣誉和成功。有些孩子还会不时把自己获得的"语文之星"小证书拿出来数一数、看一看，成就感不输大人事业的荣誉感。

这些足以证明，七彩评价对学生的激励作用，是不可小觑的。

对教师而言，七彩评价系统从一定程度上改变了教师的“学生观”，并重新构建了“智力观”“教育观”。对家长而言，也一定程度上改变了家长原先的“学习观”。对学生而言，则是大大改进了他们的学习方式和方法，很大程度上，使他们的学习从原来的被动变成了主动。

如今我校不仅在语文学科中引入了七彩评价系统，其他学科也相继引入了七彩评价系统，且所有教师对七彩评价系统的应用都得心应手。我校教师也因此能够从多角度来评价、观察学生并接纳和赏识学生，不断发现和挖掘学生各方面的潜能。而这正是新课标下所倡导的学生评价的改革方向。显然，评价内容多元、评价标准分层、评价方式多样而灵活，使得全校教学进入一个全新的科学模式。

在教育教学实践中，学校力求了解学生成长中的需要，以帮助学生不断认识自我，建立充分的人格自信，这就需要寻找科学而有效的手段。而建立一套为促进学生全面素质发展的教育和教学评价体系，就显得尤为必要和重要了。笔者相信，一套逐步趋于完善的科学、多元和民主的教学评价机制的建立，一定会为我校语文教学活动和其他学科的教学活动提供一片崭新的广阔天地。

（注：此论文作为特刊发表于 2017 年 8 月《教育》杂志，本人和学生教学照也荣登当期封面。）

浅议《红楼梦》中的管理艺术带给班级管理的启示

珠海市香洲区第一小学　颜　婧

《红楼梦》的艺术成就无须赘述，然而书中的管理艺术却不可小觑。下面就结合班级管理实践，谈谈《红楼梦》中的管理艺术带给班级管理的启示。

一、王熙凤“家族诊断”对班规制定的启示

王熙凤在《红楼梦》中是个歹毒、贪婪且媚上欺下的人物形象，但作为贾府这个大而乱的摊子，王熙凤的管理才能是不能抹杀的。比如，在协理宁国府时，王熙

凤就出色地表现了她的管理才能。王熙凤对宁国府做了一次家族诊断。她极其尖锐地指出，宁国府存有“五大弊病”：“头一件是人口混杂，遗失东西；第二件，事无专执，临期推诿；第三件，需用过费，滥支冒领；第四件，任无大小，苦乐不均；第五件，家人豪纵，有脸者不服钤束，无脸者不能上进。”针对这五大弊病，王熙凤一到宁国府就说：“既托了我，再别说你们‘这府里原是这么样’的话，如今可要依着我行。”

根据这一管理思路，班主任在接手一个新的班集体时，先要通过前任班主任或者班干部充分了解和分析班级存在的“几大弊病”，找到解决问题的根源，然后根据这些弊病制订应对措施。比如，班规或班级公约一旦制定，只要严格遵守，就能克服诸多“无政府主义”带来的混乱。

二、贾探春的公开竞标对班级工作创新的启示

在《红楼梦》第五十六回中，曹雪芹以一个章回的篇幅，完整地描绘了发生在大观园里的经济改革故事，并塑造了与王熙凤完全不同的管理人物贾探春。为了克服贾府的经济危机，贾探春凭借自己对当时正处于萌芽状态的市场经济的敏感，富有创意地推出了一个全新的改革举措：采用公开竞标的方式，把大观园分包给园中“能知园圃事”的老妈妈们，专人修理花木，收获园中果实，省了花匠和打扫人的费用，还对承包者有所贴补。这样一来，一个消费性的大观园就被改造成了一个生产性的种植园，捉襟见肘的贾府经济也因此找到了一个新的增长点。

21世纪是知识经济的时代，需要高素质的人才。作为新时代的班主任，在工作中只有像探春这样不断地创新，“兴利除弊”，让创新成为班级之魂，才会使班级焕发勃勃生机。

1. 班级自主上的创新

为了给所有学生创造锻炼的机会，从小培养他们的责任心与服务意识，在班级管理中，我的口号是“事事有人干，人人有事干”。我不仅设置常务班长、值日班长、大小组长等各种要职十来个，而且鼓励每个学生自愿承包至少一项班务，比如早餐后卫生、开关窗、开关风扇、开关灯、锁门开门、开关电脑、整理图书、擦黑板、放垃圾袋、整理课桌椅、负责黑板报、检查巡视教室卫生、抓垃圾虫等。一旦定下承包人员，就各司其职，每周评一次，奖勤罚懒。我还运用竞争机制，通过

竞选的方式产生新的班干部，让小干部产生“忧患意识”，工作会更主动，更能以身作则。

2. 思想教育方法的创新

课间突发事件会扰乱正常的教学秩序，常常让老师措手不及。但如果能抓住契机，灵活地进行处理，会起到事半功倍的效果。有一次，快要上语文课了，有同学跑来报告：“老师，不好了，小文和小毕打起来了。”一经询问，原来是小文故意踩小毕的影子，激怒了小毕，小毕便扒小文的裤子，结果两人闹上了。是及时处理呢？还是若无其事地上课呢？前者无疑要耽误同学们的学习，可他们两个根本没法安静下来，尤其小毕的脾气暴躁，还在摔书跺脚发泄不满呢。怎么办？我灵机一动，干脆将这节课改为口语交际课，主题就是“如果你是他，你会怎么做？”。先让同学们进行讨论，分析问题所在，然后各抒己见。之后，我在想，以后如有违纪现象发生，总不能每次都把它改为口语交际课。于是，我立即在课上组建了一个“班级小法庭”，由同学们选举出他们最信任的两个同学担任正副“庭长”，还有证人、律师，律师由当事人自己聘任，同学们当听众。一旦有事情发生，就在当天找出时间，在班级“开庭审理”，责令有错的同学改正。这节课，既是一节生动的口语课，又是一节育人课，既让学生学会分析、处理问题，又能从中受到教育，可谓一举多得。

三、薛宝钗的柔性管理对良好班风形成的启示

与王熙凤、贾探春相比，薛宝钗实际上并没有什么管理实权，但是我们完全可以说，《红楼梦》中真正的管理权威就是薛宝钗。德鲁克曾说过：“不论一个人的职位有多高，如果只是一味地看重权力，那么，他就只能列入从属的地位；反之，不论一个人职位多么低下，如果他能从整体思考并负起成果的责任，他就可以列入高级管理层。”按照德鲁克的这一标准，薛宝钗显然是可以进入“高级管理层”的。

薛宝钗的改革理念超越了贾探春，更注重以人为本。例如，探春只看到承包的种种好处：“一则园子有专定之人修理花木，自然一年好似一年了，也不用临时忙乱；二则也不至作践，白辜负了东西；三则老妈妈们也可借此小补，不枉年日在园中辛苦；四则亦可以省了这些花儿匠、山子匠并打扫人等的工费，将此有余，以补不足，未为不可。”她清醒地意识到，能够直接承包并得到好处的只是少数人，大

多数人心里仍是不服的。如果不考虑大多数人的利益，那么承包就可能因得不到大多数人的支持而遭遇种种意想不到的挫折。因此，薛宝钗建议，承包者年终时拿出若干吊钱来分给也在园中辛苦的老妈妈们，让她们也能分享改革的成果。

薛宝钗的柔性管理给班级管理带来了很好的启示。比如从平凡的小事做起。谁的生日到了，音乐班长会带着全班同学一道为他唱“生日歌”，并送上大家亲手绘制的生日贺卡，全体同学都会签名写上祝福的话。小雨等同学被突如其来的暴雨淋湿了，同学们会立即想办法找来衣服替他们换上。小根同学手摔伤住院了，我带着学生代表亲自去探望。小青身体不舒服，吐了一地，同学们没有一个扭着头、捂住鼻子，而是争先恐后赶紧将脏物打扫干净。

《红楼梦》是“说不尽”的奇书，书中栩栩如生的文学形象令人叹为观止。我们在潜心攻读名著的同时，也能发现书中的管理艺术，对班级管理工作定会大有裨益。

（注：此论文发表于《广东中小学德育》2014 年第 1 期，并在 2018 年“全国中小学名班主任德育工作创新论坛”上被评为一等奖。）

用“三放”制胜“三烦”

——浅谈班级管理策略

珠海市香洲区格力学校　周　旋

谈到班级管理，我觉得特点有三：一“烦”，凡，平平凡凡，所做之事，毫不起眼；二“烦”，也是繁，烦烦琐琐，无所不做、无所不管；三还是“烦”，不得不烦，调皮捣蛋不听话。“管是为了不管”，这是我最推崇的魏书生的一句名言，从根本上来说，就是要在班级管理中充分发挥学生的主体作用。记得自己初为人师，满腔热情，事必躬亲，早晚跟班，无时不管，无事不管，弄得自己疲于奔命、整日奔波。而学生却依赖性强、自律性差，缺乏自我反省与管理能力。直到看到这样一句话，“躲在大树下的小树永远长不大”，我才幡然醒悟，逐渐在工作中改进自己的班级管理方法，用放手、放权和放养“三放”来解决自己遇到的“三烦”。

一、放手

着重培养班干部，放手让班干部大胆地干，给班干部创造成长锻炼的空间。没有人一开始就能做到最好，要允许班干部犯错，关键在于要帮他们具体分析干不好的原因，引导其学会面对问题、解决问题。比如，上学期我班通过民主选举出一名负责板报的宣传委员，上任伊始，手忙脚乱，连续三次板报评定等级都不甚理想，很多同学对他颇有怨言。这时我对他却没有丝毫的责怪，甚至对其工作可圈可点之处进行大力表扬，帮他重拾信心、树立威信，同时指点他去向别班优秀报板取经，和他共同探讨具体差距在哪儿，然后一起针对性地进行改进，终于在第四次评比中获得了优秀等级。此后他越来越圆满地完成了一次又一次板报的编排工作，遇到问题也能主动地去寻求解决的途径，既赢得了同学的信任、锻炼了自身的能力，也替老师分担了不少负担。

二、放权

把班级每一项事务分派下去，建立层次分明的班级垂直管理体系，让班干部各负其责。在设立一名主管总务的班长的同时，另外任命几名分管各领域的副班长。如设立主管纪律的副班长，下辖纪律委员、早读领读员、眼保健操领操员、路队长等，负责班级各项活动的纪律组织和维护；设立学习副班长，下辖各学科课代表和四个小组长，负责作业的收集和追缴；设立文体副班长，下辖宣传委员和体育委员，负责板报、体育比赛等文体活动。几名正副班长各司其职，对自己所管领域全权负责，在其分管领域内，一切大小事务都由副班长带领下辖班干部具体组织执行，老师不加干预。与此同时，各班长每日做好各自管辖范围内的班级情况汇总，放学后向我汇报，我只给出参考意见，各班长随后及时处理问题、解决问题。

三、放养

这里的放养不是说随学生自由散漫，想怎样就怎样，而是让每一位学生成为班级管理的主人，给予他充分的自主权，人人有事管、事事有人管，以达到前面所说“不管”的目的。首先，在班级管理过程中，培养学生的主人翁意识，让每一位学生都参与到班级的管理与决策中来，实行民主选举和投票表决制度，每位同学都可以就班级事务投出自己神圣的一票。具体来说，大到班干部的选举、各种荣誉的评奖，小到值日生划定各自的包干范围，都由学生和老师共同选举投票产生。其次，将班级管理的方方面面精细化，让每一位学生都负责班级管理具体的一方面，让人人有事管，在增强责任感的同时提升自我管理的能力，形成共勉共进的良好氛围。比如，设立管理班级电脑数码产品的多媒体管理员、专门负责门窗风扇开关的财产保管员等。

班主任管理工作任重而道远，善用“三放”制胜“三烦”，才能一步一个脚印地实现从“握剑在手”到“悬剑于壁”，最终到达“藏剑于心”的班级管理的最高境界。

积极教育培养孩子幸福的能力

珠海市香洲区格力学校　周　旋

一、积极教育的含义

美国积极心理学家将“积极教育”定义为传统教育和幸福教育。传统教育希望学生将时间、精力大量投入知识当中，而幸福教育是对传统教育的一种平衡，是对孩子未来拥有幸福美好人生的期许。幸福教育与传统教育形成协同作用，共同构成积极教育。

积极教育是对传统教育的反思，强调教育并不只是对学生纠正错误、克服缺点，而是要发掘学生的各种积极品质，并在实践中扩展和培养这些积极品质。积极教育就是要创建一种教学环境，让学生的主动性、思考能力等得以充分发挥，培养学生对自己行为负责的态度。

针对积极教育带来的影响，特别是对学习成绩的影响，笔者在学校中将受过积极教育培训的学生和没受过积极教育培训的学生进行了对比，发现积极教育减少了缺课率和退学率，提升了学生的学习成绩。

二、积极教育的目标

积极教育的目标包括三个方面，第一要培养幸福的学生，让他具有获得幸福和成就的能力；第二是对小学生有积极品德特质和美德的激励；第三是要让老师本身幸福，老师要学会把握自己作为一个教师的幸福感，与此同时学会帮助学生用科学的方法培养幸福的能力。

三、积极教育的内容

积极教育包括四个方面的内容：

一是积极自我。这一点在我们中国的幸福教育里面特别强调。当遇到挫折和负面评价的时候，是不是有抵御挫折、抵抗负面情绪，调节自我、稳定信息的力量，对于一个孩子的成长非常重要。积极教育希望培养孩子的积极自我，让他们拥有幸福的能力，就是希望幸福并为之努力的能力。

二是积极情绪。积极情绪直接影响孩子的判断思维、认知模式和学习效果。比如，学生在日记或者作文中写道“明天就要上学了，我心里有一百个不愿意”，这显然不是一个正面的情绪。那么老师对此，应该顺着学生的思路，先告诉他这是非常正常的现象，但是应该通过科学的方法进行调解，以此宣泄负面情绪。老师应该重点关注学生的情绪，引导他们主动表达内心的想法，避免累积起来造成不良的后果。

三是积极投入。小孩对事情总是三分钟热度，对一件事不能持之以恒地做下去。所以，教师应该引导学生，激发他们对学习的兴趣，将其转化为学习的动力。一份关于高考状元学习好的原因调查研究发现，不是因为他们有非常好的抗压能力，而是他们认为学习这件事本身非常有趣。因此，老师应该思考如何引导学生发现感兴趣的事，怎么才能动手去做这件事，做的过程中如何保持专注的投入。如果学生充分享受到了学习的快乐，他们自然能取得不错的成绩。

四是积极关系。在孩子的成长过程中，必须学会处理各种关系的基本概念和具体方法。很多的困扰烦恼都是来自关系，自己和老师的关系，自己和同伴的关系，自己和自己的关系，自己和自然的关系，以及自己和所做事情的关系。学生要学会如何跟自我、跟他人及环境建立能够支持自己顺利发展的积极关系。

四、针对积极教育实施策略的建议

在小学开展积极教育，不是仅靠个人努力所能达成的，所以，要先构建好完善的教育体系。

第一个体系是由上到下的管理体系，由教育局等单位牵头实施，并且在各个小学展开试点，将积极教育的理论转化成实践活动。

第二个体系是由校内到校外三方位的体系，包括市级层面、校级层面和教师层面。市级层面需要奖励政策的支持。校级层面需要校领导小组牵头。教师层面需要班主任和骨干教师组成积极教育的研究和实施小组。每一个老师在自己学科中都要把积极教育思想贯彻其中，将积极教育的内容融入其中，在整个校园建设和活动里面都能感受到这个氛围。

第三个体系是学生、教师和家长的体系。需要这三方协同起来把积极教育做到实处。首先，教师应该从自身做起，让自身的幸福感提升。只有教音乐的老师懂唱歌，教美术的老师会美术，让幸福感都显露在老师的眼睛里，只有这样影响着学生对幸福的直观感受，才能在好的教学环境中更好地展开学习，而不是在黑板上写了什么样的字，下发了什么材料所能替代的。其次，对学生的课程设置要得当。学校应该开设关于积极心理学的课程，教学生怎么培养幸福，怎么处理好当下阶段的矛盾，怎么在学习和生活中建立自己的优势。家长也应该更多地参与到积极教育的环节中来。家庭教育作为小学生学习做人、培养幸福感最重要的场所，家长应该主动配合学校的积极教育工作，比如监督孩子在课下的学习和实践，做好一份幸福成长记录，在受到挫折的时候激励学生不要放弃，并且鼓励孩子将所学的知识应用到生活中。比如，可以鼓励孩子进行图画、手工艺品的创作，甚至做一些小发明、小创造等。

积极教育模式对于培养孩子的幸福能力非常重要。因为学生的幸福感，是评价一个学生是否成功的一个指标。而学生有强烈的幸福感就需要其本身有较强的幸福能力。而积极教育模式对于孩子幸福能力的培养是全方位且富有成效的。

一个教育者，只有心中明白对学生进行教育就是拿起了一把刻刀在雕琢一个生命的灵魂，塑造的是人类的未来，他才能感受到开展积极教育的重要性和必要性，才能不断地探索如何通过积极教育提升学生的幸福感。

“双减”背景下如何引导孩子树立积极主动的学习态度

珠海市香洲区格力学校　周　旋

信息时代背景下，孩子很容易获取对“双减”政策的各种解读和观点。其中一些偏离教育部主旨的论调对小学阶段的孩子来说，有很大的危害性，容易导致他们形成消极的学习态度：父母布置的学习任务直接拒绝、不写作业也不怕老师批评教育、平时没考试谁都不知道他们的学习质量、成绩落后了也不怕被送去校外培训机构补习……诸如此类的情况屡见不鲜。消极的学习态度会让孩子认识不到学习的意义，在学习过程中遇到困难时会采取逃避或抱怨的态度，而不会寻求办法克服困难，学习会给他带来什么样积极的情感体验就更无从说起了。因此，消极的学习态度，不仅直接影响学习成效，而且对孩子的个性与人格的形成和发展都会产生不良影响。

在这种形势下，培养积极主动的学习态度更显重要。主动性是现代学习方式的首要特征，它对应于传统学习方式的被动性。二者的主要区别在于：前者表现为“我要学 ”，后者则表现为“要我学”；“我要学” 是基于学生对学习的一种内在需要，“要我学” 则是基于外在的诱因和强制。一个孩子具有积极主动的学习态度，说明他对学习的意义有着清晰的认识，知道为谁而学，明白学习的重要性，在学习中能够不断体验到进步的满足感、自豪感和成就感，在学习上遇到困难或干扰时能够主动克服，坚持完成既定学习任务和内容。积极主动的学习态度不是天生的，而是后天逐渐养成的，是孩子在家庭、学校和社会生活中，通过与他人接触，受到示范、引导而慢慢形成的。

作为孩子第一任老师的家长们，我们在家庭教育中要怎样培养孩子积极主动的学习态度呢？

一、把学习自主权交还给孩子

把学习的自主权交还给孩子，我们应该将学习时间安排、学习计划制订、学习方式选择、学习内容选择等与学习相关的权利全部真正交给孩子。那是否将学习自主权交还给孩子后，我们作为家长就不管不问了？当然不是，孩子毕竟是孩子。首先他有惰性，有了学习自主权不代表他一定会履行对自己学习负责的义务。所以这时候就需要我们家长的监督，这个监督不是要我们时时刻刻盯着孩子学习，我们只要在他宣布自己学习告一段落的时候进行相应的检查，没有达到既定的学习目标时，我们就要督促他重新制订整个学习计划直至达到学习目标为止。其次他会有困难，在他积极主动地学习之后，仍旧没有达到学习目标，我们家长就有必要心平气和地以朋友的身份，帮他分析问题、解决困难、提出建议、协助完成，长此以往，孩子的学习质量就会越来越高，对家长也会越来越信任，达到亲子关系间的“教学相长”，自然不容易再出现孩子一直在学习却没什么学习效果的情况。

二、重新激发孩子的学习兴趣

孩子天生对学习都是感兴趣的，而且在孩子的视野里，所有的事情都是学习。我们回想下自己还是幼儿时，蹒跚学步、呀呀学语是不是学习？第一次自己动手吃到食物、穿好衣服是不是学习？这些都是学习！这个时候孩子的学习态度明显是积极主动的，而且在不断的进步中获得满足感、自豪感和成就感。那么是什么原因导致他们丧失了学习兴趣呢？作为家长，在家庭教育中可以这样重新激发孩子的学习兴趣。

1. 因势利导，利用孩子自身兴趣激发学习兴趣

孩子自身兴趣和学校教育内容之间往往存在一定的差距，激发孩子的学习兴趣首先需要了解孩子，了解孩子的爱好和特长，通过适当的方式、选取得当的时机，因势利导，弥合差距，达到重新激发学习兴趣的目的。

2. 角色扮演，利用孩子的满足感激发学习兴趣

家长们都知道，小学生特别是中低学段的小学生，对老师有一种天然的崇拜感，总觉得老师无所不知、无所不能。其实我们家长就可以利用孩子对老师的崇拜感，让孩子在家给全家人当一次老师。作为“孩子老师”，如果自己经常被问到回答不出来，“师道何存”？再加上“家长学生”时不时流露出的不信任或者鄙视的感觉，甚至经常能将“老师”不能解答的问题说得明明白白，相信孩子绝对会担心这来之不易的“老师”宝座还能不能坐得稳，其结果只能是自己抓紧时间猛学猛记，

希望下次在“学生”面前能找回一点颜面。我们的“家长学生”自然也可以根据实际情况，偶尔故意也崇拜下我们的“老师”，过段时间，再向“老师”提出新的问题，让我们的“老师”学无止境，一直在用心“备课”的路上。这就形成一个良性循环，学习知识，获得“学生家长”的崇拜，进而为了维持这种崇拜和地位，又动力十足地去学习更多知识。这就是利用孩子的满足感激发学习兴趣。

3. 家庭比拼，利用孩子的好胜心激发学习兴趣

这个方法，可以和上述方法搭配使用，但是对我们家长可能提出了更高的要求。首先，家长要成为孩子学习道路上的同行者而不是旁观者，孩子学什么，你就学什么，甚至你得比他学得更透彻；其次，要在家庭内部形成良性竞争机制，而不是直接让孩子当“老师”；最后，要赋予“老师”足够的“优待”和“特权”，要让家庭内的“老师”不仅拥有被崇拜的荣誉，更有实际物质上的奖励。

三、引导孩子养成更好的行为习惯

好习惯是孩子走向成功的基石。很多家长都知道学习习惯很重要，学习习惯的好坏直接影响着学习态度的优劣。但行为习惯与学习习惯从来都是一对双胞胎，只有好的行为习惯才会有好的学习习惯，加强行为习惯的培养，不仅能使孩子在学习过程中具备天然优势，而且有利于积极主动学习态度的形成。

我们在家庭教育中，可以从以下几个方面入手，着手培养孩子更好的行为习惯。

1. 父母要身先示范，做好表率作用

俗话说：“上梁不正下梁歪。”父母是孩子的启蒙老师，是孩子模仿和学习的榜样。孩子最初的学习，都是从模仿开始的。而父母就是他们最好的老师，身教重于言教，所以我们父母要身先示范，做好正面引导。很难想象，整天乱糟糟、脏兮兮的家庭，孩子会很爱干净和整洁，同理，说话粗俗、遇事慌乱、蛮不讲理、贪占便宜、自私自利……等不良行为习惯给孩子留下的只能是负面影响。所以，我们要留心观察自身日常言行中的不良行为习惯，夫妻间互相督促改正，还可以请孩子做监督员，相互提醒，共同进步。

2. 勿以恶小而为之，跬步千里促改进

“勿以恶小而为之”，这是刘备对儿子说过的一句话，放在今天仍然适用，不要以为行为习惯上的错误很小，就可以忽略，它往往就像破窗效应中第一扇被打破的

窗户，会引来更多的窗户被打破，小错误不纠正往往会犯更多更大的错误。所以，我们家长要把孩子所有待提升的行为习惯总结出来，然后进行拆解划分，形成微观的进度表，从最不起眼的行为习惯改进做起，一步一个脚印踏实地前行，让孩子始终在进步的状态中。

3. 每天及时评价，引导孩子一日一省

作为家长，我们每天如果能抽出一点时间，根据进度表及时跟孩子沟通反馈，帮助孩子查找问题、总结经验，这样孩子改进的速度就会更快。在孩子有进步的时候，家长有必要及时给予肯定和奖励，让孩子在改进行为习惯的时候不断获得成就感，进而提前感受到良好行为习惯给自己带来的快乐。

4. 不嫌麻烦，抑制不良行为习惯的反复

在引导孩子养成良好的行为习惯过程中，具体的行为习惯肯定会出现反复，甚至多次反复。我们不能嫌麻烦，一定要耐心地一次又一次地再次进行引导，巩固改进的效果，将每一次反复的情况进行记录，引导孩子及时地总结经验教训，争取不再反复。

事实证明，积极主动的学习更有效率，积极主动的学习更平稳，积极主动的学习更有未来。因此，在家庭教育上，家长应帮助学生树立积极主动的学习态度，且教且用心，才能且行且远。

和风细雨，滋养孩子“向上”的愿望

——浅谈引导小学低年级段学生健康发展的方法

珠海市香洲区格力学校　周　旋

时光荏苒，我在班主任这个岗位上和孩子们已经相处了多年。在过去的日子里，我有因为孩子大声喧哗而万分头痛，有因为孩子不交作业而大声斥责……然而当时这些“急躁”而又“粗暴”的教育方法，并不奏效。静下来想想，与我朝夕相处的只是一群充满探索精神、积极向上的小朋友，一群喜欢被表扬、渴望得到肯定的孩童而已，他们怎么可能完美、不犯错误？作为班主任，想要用几次简单的批评来解决问题，一劳永逸，是不可能的。坚固的牙齿抵不过柔软的舌头；坚硬的石头抵不过涓涓细流。和风细雨般的关爱与教育，却能使学生养成良好的习惯，引导孩子向上发展，潜移默化地塑造学生的美好心灵。

一、以身作则，身正为范

在电影《可爱的你》中，只有五个学生的学校校长吕慧红说过这么一句话：“你以为教育是什么？教育就是用生命影响生命的过程。”班主任在班级上和学生“亦师，亦友，亦亲人”的陪伴，是对学生最直接的影响。亲其师，信其道。要想规范学生的行为习惯，提升学生的素养，促进学生发展，就要求班主任在与学生相处的阶段里能做到规范自己的行为，真正做到以身作则，率先垂范。

还记得刚当上班主任时，每天早晨我都会和孩子念叨：早上来到教室要先打扫教室的卫生。然而常常事与愿违。莫非现在的孩子在家都是小王子小公主，都不愿意参加劳动吗？我边想边拿着扫把扫起地上的垃圾。不一会儿，陆陆续续地有孩子拿着扫把在认真地扫地，还有的孩子因为没有拿到扫把而感到有点失落。我明白了：想要孩子养成一种良好的习惯，首先要有一个好榜样让他们模仿学习。此后，我每天早点到教室，和孩子们一起打扫卫生。渐渐地，有很多孩子早上来到教室，都会主动当“小蜜蜂”，把教室打扫干净。教师的一言一行、一举一动都会对学生起到示范和榜样的作用，并对学生的成长产生直接影响。

教育不仅是教学，更是以人为本的“育人”。教师的行为是“无声的教育”，要孩子爱护卫生，自己就要先弯下腰捡起地上的纸屑；要孩子书写认真工整，自己就要做到板书整洁美观……班主任做好孩子的榜样，便会如绵绵春雨般悄悄地提高孩子的素养。

二、改变心态看待学生

不同的花朵有不同的花期，孩子也如花，有的学生聪慧善学，有的调皮捣蛋……初上讲台的我，学生学不会我就“急”，学生违反纪律我就“吼”，甚至很多时候，学生的某些行为会把我推到愤怒的边缘。但是平静下来想一想，其实当学生“不值得”被爱的时候，可能恰恰是他最需要爱的时候。

在担任二年级班主任的时候，班上有个文静的小男孩，我课上多次检查他读书的情况，但他基本不会读，而生字的听写更是一塌糊涂。我心里特别纳闷：他是在家里贪玩没有学习了吧！一气之下，我让这个小男孩拿着书站在教室后面听课，希望他能记住这次的惩罚，此后认真学习。课下，我在办公室严肃地问他回家不学习的原因时，豆大的泪珠便从他澄澈的眼睛掉下来，他声音颤抖着跟我说："我妈妈上班，没有时间教我读书。"这一刻，我清楚地听到了他内心需要帮助的呼喊。是啊，为什么我只看到他犯错的这一面，而没有意识到他此时此刻遇到困难需要帮助。每个纯真的小孩子都希望自己能表现得很好从而得到关注和表扬。而这个文静的小男孩，只要平时多点耐心去辅导他，关心他的学习，给予他信心，便能有很大的进步。

在最干旱的土地上洒下一滴甘霖，将会以最快的速度被吸收。对待所谓的"差生"，只要我们换个角度，改变心态，以平和的态度去亲近他们，了解他们的需求，用爱心和耐心帮助他们分析原因、解决学习和生活中的问题，让他们感受到来自老师真切的疼爱，相信他们会慢慢地成长起来。

三、发现学生的闪光点

苏联教育家马卡连柯说："培养人就是培养他对前途的希望。"点亮学生希望之灯的最好办法就是表扬和鼓励。表扬和鼓励是神奇的教育法宝，是学生成长过程中的阳光、空气和水。作为学生知识的引导者和心灵的塑造者，教师要拥有爱的眼睛，发现学生的成长和进步，同时还要毫不吝啬地把你的赞美表达出来。上课之前，我会将班里的好事、好榜样表扬一番："今天我看见 A 同学主动把垃圾倒掉了，真是一个勤劳的孩子。明天会是谁又给我们班做好事呢？""我们 B 同学是个爱惜物品的好孩子，他把自己的书包收拾得整整齐齐。""看，老师表扬 C 同学，更多小朋友坐得更加端正了。"

"人类是喜欢享乐的。对于能给自己带来快乐的事，人们会自愿地反复去做。"孩子们是好胜的、自尊心强的，每每听到别人的表扬便会心花怒放。当孩子良好的行为习惯得到不断的肯定与赞美，他的内心会慢慢地建立起自信心，渐渐地把外在的行为转化成内在的约束力。

四、和风细雨点要害

没有惩罚的教育是不可想象的，在教育中恩威并用常常能事半功倍。苏霍姆林斯基认为:“儿童的自尊心是非常脆弱的,对它‘要小心得像对待一朵玫瑰花上颤动欲坠的露珠’。”因此,班主任要把握好奖与罚这个微妙的尺度,展现教育的艺术性。

一次,A学生把教室“智慧树”上张贴的作品弄掉了,很多孩子跑来跟我“告状”。A学生低着头,我让他看着“智慧树”上那因为作品掉落而出现的空缺,说:“这里空白了就不好看了,怎么办?”于是,这个孩子便拿了双面胶小心翼翼地把作品贴好,红着小脸蛋低声跟我说:“老师,我贴好了。”我摸摸他的头,并让他担任班上“智慧树”的“守护神”。我在课堂上把这件事告诉全班,肯定了A同学是个知错能改的孩子。很多孩子看见这一幕,我相信要是以后再发生类似的事情,一定会有孩子主动去解决的。实践证明,我想的是正确的。

孩子做错事,不一定要疾风骤雨般批评。“润物细无声”或许更能打动学生的心。班主任要懂得因材施教,因势利导,用一句巧妙的话语打开学生的心扉,用一件小事让学生改正错误。

我国现代教育家夏丏尊说:“教育之没有情感,没有爱,如同池塘没有水一样,没有水,就不能称其为池塘,没有爱就没有教育。”短短的两年班主任经历让我不得不承认,教育是一项充满人性关爱的事业,时时事事从孩子出发,最后回到孩子发展上。在与学生的相处中,教师要让学生沉浸在爱的海洋中,在和风细雨、润物细无声的爱中健康茁壮成长。

信息化手段在班级管理中的应用

珠海市香洲区格力学校　周　旋

随着信息技术的迅猛发展,学生从小就生活在大数据的环境下,他们视野开阔、接收信息渠道广、接收信息能力强。然而,传统的班级管理模式具有时间和空间上的局限性,难以满足学生相互交流的需求和参与班级管理的积极性。因此,我尝试在班级管理中加入信息技术,这不仅激发了学生参与管理班级的积极性,培养了一个民主型的班级,而且有效利用了课余的碎片时间,提高了管理的效率,从而提高了班级的管理水平。

一、巧用信息技术，提高班级管理效率

传统的管理模式难以激发学生参与班级管理的积极性，大部分同学认为管理班级只是班干部的事情，与自己毫无关联，渐渐避而远之。但是，一个优秀的班集体应该人人有班级主人翁意识，认为参与班级管理是每位学生的权利与义务。因此，我创建了班级博客，取代传统的班级漂流日志。每位学生按照自己的学号，依次在博客上记录班级趣事、班级新闻、班级建议等。每位学生都可以阅读今日班级事情，并可以留言回复，给出自己的观点。每周的班会课进行一次总结。这样人人都可参与的班级博客，使学生增强了班级认同感和主人翁意识。

此外，为了更好地实现民主管理，我采取了小组合作创新模式。首先，创建一个班级微信群，然后通过学生互相选择，分成四个小组，再自己投票选出各自的组长。由各组长带领组员一起设定小组目标、小组口号和小组约定。而班级公约则在四个小组的约定里进行投票与润色。这个过程都在微信上完成，通过完成小组目标，最终实现班级目标。由于所有的小干部选举和规则制订都是学生自己参与的，不仅讨论过程如火如荼，实施起来也事半功倍。这种新型的讨论模式，让一些平时比较内向的同学都敢于参与班级事务，真正实现民主、自主管理班级。

此外，我还运用了班级优化大师这个 App，为每位学生设定了专属卡通角色，通过加减分、随机抽选进行角色升级，配合游戏化的规则、界面及音效，激发学生的好胜心与创造力。数据可自动记录、归档和计算，也可一键发送至家长端。以游戏的方式进行课堂管理和日常行为的约束，能够让学生更好地实现互相监督、共同进步的目标，也让家长能够及时了解孩子的在校情况。

二、巧用信息技术，丰富班级生活

丰富多彩的班级生活能让学生增强集体认同感和归属感，那怎样让班级生活多彩而又有意义呢？我布置了一项常规课前讲故事五分钟的作业，让学生学会用快手短视频与家长共同完成，不仅激发了学生的兴趣，提高了学生的语言表达能力，还融洽了亲子关系，受到家长好评。平时，我也会利用手机等为孩子们的精彩瞬间留下剪影，为孩子们制作成长相册，留下童年最美好而珍贵的回忆。

另外，在每周的班会课上，我充分利用音乐、投影或多媒体展示有关的背景、资料，创设与主题班会密切相关的情景。声像并茂、动静结合、情景交融的感官刺激能激发学生的兴趣，使学生在愉悦的气氛中受到感染与熏陶。多媒体将文字、图像、声音、动画有机地融合在了一起，使学生在班会课上注意力集中、参与度高、成效好。

三、巧用信息技术，融洽师生、家校关系

一个班级总会有一些内向的同学，他们难以打破心理防线，面对面与老师交流。这时候，微信和 QQ 的作用就显现出来了，学生如果有什么话不便于直接面谈，可以通过这两种婉转的形式和老师敞开心扉，让老师更好地了解学生的情况，及时作出反馈，也让学生能够和老师的关系更加亲近。有赖于这两个沟通方式，我与学生更有效地沟通，培养了亦师亦友的关系。

著名教育家苏霍姆林斯基曾经说过："教育的效果取决于学校家庭的一致性，如果没有这种一致性，学校的教学、教育就会像纸做的房子一样倒塌下来。"可见，家校合作的重要性。而校信通则是架起家长与老师之间的一道重要桥梁。学生的情况和建议，我都可以通过校信通传递给家长，让家长了解情况并及时配合作出反馈。这种沟通方式，既高效又有效！

在信息化飞速发展的时代，班级管理信息化不仅是一种潮流，更是一种教育的趋势。而作为一名教育工作者，我们只有更好地利用信息技术，才能做到与时俱进，才能更好地激发学生管理班级的积极性，才能事半功倍，更快地培养优秀的班集体。

以“习”为中心
——构建语文学科高效课堂的策略

珠海市香洲区第一小学　程辉华

一、语文高效课堂课标之解读

新课标理念核心素养背景下高效课堂倡导教学要有价值、有效果、有效率、有魅力，必须是面向全班学生进行整体衡量的轻负担、低消耗、全维度、高质量的课堂，是学生自我习得的过程，让学生即学即用，用以促学，学用相长。教师作为学生学习激情的点燃者，学习活动的策划师，学习过程的导航员，有责任让学习、进步和成长“发生”在学生身上。

二、构建语文高效课堂之关键

孔子曰：“学而时习之，不亦乐乎？”可见，“习”就是“学”的主要方式。高效的语文课堂，就是以“习”为中心的课堂。“习”，既可以理解为预习、研习、温习，也可以延伸为演习、诵习、习题、习惯等。“习题”的类别既有口头表达的朗读、背诵、答题、演讲等，也有书面表达的课后思考、作业练习、阅读写作等。

以“习”为中心的高效课堂，力求将“习”贯穿课堂始末，把课堂主动权、时间、表达还给学生。在课堂的四十分钟内，通过搭建各种平台，确保大部分学生有效完成口头与书面的实践，这样的课堂，才可能是轻负担、低消耗、全维度、高质量的课堂。

以“习”为中心的高效课堂，关注课堂生成比备课预设更多，激发学生主动质疑、探究、感悟，培养他们的感知力、思维力、创新力；促进多元化教学，使学生自我习得、同伴习得，根据学情落实“以学定教”实现语文的深度学习。

以“习”为中心的高效课堂，是培养习惯的课堂。例如，预习温习的习惯、朗读背诵的习惯、研读批注的习惯、表达交流的习惯、合作探究的习惯、搜集资料的习惯、查漏补缺的习惯、习作修改的习惯等，培养学生良好的学习习惯，从而锻炼学生的自主学习能力。

以“习”为中心的高效课堂，注重学以致用。在课堂上，通过组织开展“图书分享”“课本剧场”等序列化的语文实践活动，以项目化、情景化的任务驱动，让学生去探索、发现和内化，既有利于学生良好技能的习得，也有利于提升学生的语文思维，更有利于培养学生的核心素养。

三、以“习”为中心的语文高效课堂构建之策略

语文核心素养是关于学生知识、技能、情感、态度、价值观等多方面的综合表现。构建以“习”为中心的高效语文课堂，须贯彻“自主学习、以学定教”的八字方针，从备课重心之翻转、课堂模式之翻转、评价方式之翻转三个维度着手。

1. 备课重心之翻转

备课是教学过程中至关重要的核心环节。我们通常把重心放在备“教材”上，通过文本解读确定教学的三维目标，再设计出突重点、破难点的教学过程。以“习”为中心的高效课堂，强调备课时重心放在备“练习”上。而“4+1”高效课堂模式，显然就是这样的教育方法。所谓的“4+1”，4 指的是课堂环节的 4 个步骤：导学、思议、展评、检测，另外的 1，则是拓展实践。教师讲授时间严格控制在 15 分钟之内，也就是说课堂 2/3 的时间都属于学生自主学习时间。因此，以学定教，编写高效实用的导学案，是我们构建以“习”为中心的高效课堂的备课重点。研读单元教学目标、课前预习提示、课文旁批、课后思考题等，通过这些“动感地带”的问题为导向，把握这一课或这一单元的知识重难点，备清了习题的难易度，也就备明了学生的学情，只有这样有的放矢的课堂，才称得上高效的课堂。整堂课中，“习”的形式多样化，既有“视、练、听、议”，更有“思、评、检、用”。学有余力的学生还有附加的“选做题”拓展延伸，让他们最大限度地实现了“做中学”。

2. 课堂模式之翻转

《教育社会学》告诉我们：提高课堂教学的效率，只有减少讲授，走向合作。最好的学习就是分享，助人！落实以“习”为中心的课堂重构，把课堂还给学生，实现作业当堂完成，提高学习效率，减轻学习负担。

以“习”为中心的“4+1”高效课堂，有不少于30分钟的课堂学生自主时间，最大限度地让学生忙起来：自主阅读、自学批注、质疑解惑、自我检测；积累背诵、搜集整理、思辨表达、合作探究、展评交流……课余参加社会研学、畅玩户外游戏、遨游图书展馆、体验传统文化、……以“习”为中心的“4+1”高效课堂，最大限度地让老师“闲”下来：闲着“运筹帷幄”谋布局，闲着“排忧解难”做替补，闲着“微笑点赞”多鼓励……

3. 评价方式之翻转

“为了每一位学生的发展”是高效课堂的核心理念。建构主义学习理论认为：学习过程不是学习者被动接受知识，而是积极建构知识。教师要根据教学内容，以及学生的学情进行科学的设计，从学生的兴趣特点出发，善于创设生动的学习情境，给他们自主学习的时间、充分展示和表现的机会，使学生在师生共评、同伴互评、家长点评等多元化评价下全面发展。

四、“4+1”语文高效课堂模式之例举

三年级下册第一单元《我的植物朋友》习作课教学设计

教学目标：

(1) 回顾、讨论单元课文，明确写植物作文的具体方法。

(2) 学会填写记录卡，借助记录卡，写清楚植物的样子、颜色、气味等特点，并写出自己的感受。

教学重难点：

将记录卡的内容转化为习作。

课前准备：

填写观察记录卡。

教学过程：

(一) 导学

(1) 展示春天图片和古诗词，了解春天里和植物交朋友的文化传统。

(2) 引导学生和先贤一样，和植物交朋友。

（二）思议

1. 学习任务一：选择植物，学会观察

（1）阅读习作提示，思考习作内容。

（2）观看短片，寻找植物朋友。

（3）参照记录卡，捋清思路，确定最熟悉的植物朋友。

2. 学习任务二：分享卡片，交流所得

（1）小组交流互评，并修改。

（2）全班分享展示。

（3）补充搜集整理诗词、实用价值、花语等内容。

3. 学习任务三：搭建支架，化“卡”为“文”

（1）展示文段，引导学生对比思考：可否把记录卡的内容直接抄过来拼成一篇习作呢?

（2）回顾课文，读写结合。结合《荷花》第 2 自然段，以叶圣陶观察荷花为例，引导学生思考讨论写好植物的秘诀。小组探究、交流分享写好植物的妙招：按顺序、多角度、用修辞。

（3）尝试写作。

（三）展评

根据评价标准，以小组为单位进行交流，生生互评。最好的组员在全班展示，师生共评，保证每位学生都能参与学习交流讨论，都有收获和提高。

（四）检测

（1）完成文章主体部分。

（2）读给同学听，师生赏评。

（3）对照评价表自评或互评。

（五）拓展延伸

学而不习，能力难以提升；习而不学，缺乏理论支撑；只有学而时习之，才能不断提升。一切能力源于练习，正所谓“实践出真知”。

运用“学习金字塔”理论，助力打造高效课堂

珠海市香洲区第一小学　刘　臻

一、“学习金字塔”理论引发的思考

“学习金字塔”理论是一种现代学习方式的理论，最早由美国学者、著名的学习论专家埃德加·戴尔提出。它用数字形式形象地显示了采用不同的学习方式，学习者在两周之后还能记住内容的多少。从塔尖至塔身基座的学习方式及学习内容平均留存率分别是：听讲，5%；阅读，10%；视听，20%；演示，30%；讨论交流，50%；实践，75%；教授给他人，90%。埃德加·戴尔提出，学习效率在 30% 以下的几种传统方法，都是个人认知或被动学习；而学习效率在 50% 以上的，都是团队学习、自主学习和参与式学习。这一理论告诉我们，调动了孩子的主观能动性的学习，效率才能高。

反思我们的课堂，老师们经常用的教学方式——“讲授式”，“老师讲，孩子听”“老师演，孩子看”“老师写，孩子抄”，孩子处于被动的状态，成了接受知识的“容器”。老师总是担心自己讲得不够全面，不够透彻，于是讲着讲着就多了。小学生本来集中注意力听讲的时间就短，在下面听不了几句，就忍不住去做小动作、说悄悄话了。语文课很多时候是需要师生通过语言、眼神等方式的交流，达到情感的交流。一旦学生无心与老师配合学习，师生之间情感交流的纽带就会断裂，就会出现老师唱“独角戏”，绝大多数学生默而不语的情况。根据“学习金字塔”原理，这种授课的方式是最低效的，它占用了大部分的上课时间，在两周后的保持率却是最低的。因此，要打造语文高效课堂，首要的任务是要创设宽松和谐的教学氛围，激发学生学习的主观能动性，变低效的被动学习为高效的自主学习。

二、运用“学习金字塔”理论，打造高效语文课堂

以统编教材五年级上册《题临安邸》的教学设计为例，通过合理应用“学习

金字塔”理论，着力培养学生语文素养，引领学生自主学习，助力打造语文高效课堂，以此提高班级管理的高效性。

（一）巧用预习单，搜集背景资料

学习了“学习金字塔”理论，我知道，“纸上得来终觉浅，绝知此事要躬行”。语文高效课堂的构建目标是要培养学生的“自学能力”，因此，重视学生的预习活动很重要，因为预习就是在培养学生的自学能力。

南宋爱国诗人林升，在《题临安邸》一诗中不露声色地揭露了“游人们”的腐朽本质，也由此表现出对当政者不思收复失地的愤怒以及对国家命运的担忧。林升的爱国情怀，理应让学生们感同身受。然而诗人彼时与学生当下的情况相距甚远，为了引起学生的共鸣，关注本单元的语文要素——“结合查找的资料，体会课文表达的思想感情”，我于课前精心设计“预习单”（图 9–7)，指导学生在预习时采用上网搜索和分组协作探究等方式，搜集整理相关资料，铺垫史实背景，拉近情感间距，营造解读期待。

《题临安邸》预习单

班级：　　姓名：　　等级：

诗人简介		
写作背景		
记录片《南宋》观看记录卡		
北宋灭亡原因		
	北宋时期	南宋时期
汴州百姓生活对比		
我想说		
我收集的爱国诗句（位置不够可以写在后面）		
资料来源	□百度搜索 □查阅书籍 □观看视频 其他：______	

图9–7　《题临安邸》预习单效果图

（二）借助“课堂学习任务单”，高效理解诗意

善教者授其法也。叶圣陶先生曾说：“先生的责任不在教，而在于教学生学。”“学习金字塔”理论也阐明，在“做中学”是较好的学习方法。五年级学生已积累了一定的理解诗句的方法，在课上借助“课堂学习任务单”（图 9-8），检查学生的预习情况，并理解诗句的意思，为感悟诗情做好铺垫，从而提高课堂学习的实效性。

《题临安邸》课堂学习任务单

任务一：

1. 仔细辨读，选择读音打勾。

临安邸（shì　dǐ）　　汴州（biàn　piàn）　　熏风（xǖn　xūn）

2.（1）诗题“题临安邸”，“邸”字的意思是__　__。诗题交代了这首诗题写的地点是________，在今浙江杭州。

（2）连线，并连起来读读古诗的意思。

山外青山楼外楼，		西湖边上的歌舞到什么时候才能停止啊？
西湖歌舞几时休？		简直是把杭州当成了汴州。
暖风吹得游人醉，		远处青山叠翠，近处楼阁一座连一座，
直把杭州作汴州。		暖洋洋的春风把游人吹得醉醺醺的，

（3）读补充的注释。

题：题写。　　休：停止。　　直：简直，差不多。

暖风：暖洋洋的春风。这里不仅指自然界的风，还暗指当时人们在西湖上那种花天酒地的奢靡之风、腐败之风。（一语双关）

游人：游玩的人。这里特指南宋朝廷中那些天天喝酒寻欢作乐、醉生梦死的统治者们。

任务二：

3.理解古诗，完成练习。

（1）对“直把杭州作汴州”理解正确的一项是（　　）。

A.杭州和汴州一样繁华美好。

B.南宋统治者不是卧薪尝胆，收复中原，而是醉生梦死。

（2）“暖风吹得游人醉，直把杭州作汴州。”两句诗表达了诗人的心中充满了对国家命运的（　　　　　　），以及对统治者只求苟且偷安，对外屈膝投降，不思收复中原失地的（　　　　　　　　）。

图9-8　《题临安邸》课堂学习任务单效果图

（三）善用资料库，拉近时空距离

语文高效课堂以自主学习为主、教师精讲精练为辅，这样孩子们才不会亦步亦趋、囫囵吞枣，才能保持他们的学习主动性、自主性和创造性。在本诗的教学中，运用图片、文本、录像等材料，缩短学生与诗人的时空差距，调动他们阅读的主体积极性。

1. 图文解说，资料比照助理解

古代格律诗词讲求锻字炼词，诗人常常善于把他自己的思绪情感与情意凝缩于某一字、一词或一句诗中。在组织课堂教学过程时，把握好关键词并进行分析点拨，可以帮助学生沿着这个发展方向作更深入、更广泛的思索，进而更深入感悟诗词的内涵。在课堂上，我特意抓住了关键字“醉”字，展示一幅幅饮酒作乐场景图（图 9-9），激发学生充分展开创造性想象：透过这个“醉”字，你仿佛听到了什么？“酩酊大醉、烂醉如泥、醉生梦死、今朝有酒今朝醉……”在语言的表述中，学生以声传情——“西湖歌舞几时休”，切身体会到了诗人的愤怒！

图9-9　饮酒作乐场景图

结合资料，体会课文表达的情感，是本单元的语文要素之一。紧接着，我在课上展示《清明上河图》图片资料，当学生从图文解说中直观形象地感受到汴州当年的繁华景象时，再展示北宋和南宋的版图作比照，让学生犹如身临其境，激发起学生对统治阶级的强烈愤慨，并通过反复诵读、大声痛斥——“暖风熏得游人醉，直把杭州作汴州”，感受诗人强烈的爱国情感！

2. 交流“预习单”资料，读中悟情情更浓

“马上运用”是金字塔基座中效果最佳的一种学习方式。在充分朗读诗句后，我引导学生拿出“预习单”，分成四人小组汇报交流。

“我们组交流了观看《南宋》纪录片的内容和感受，我们看到了金人侵占北宋，宋朝老百姓无家可归，过着悲惨的生活，真的好可怜。”

“我搜集到了爱国诗人陆游《秋夜将晓出篱门迎凉有感》这首诗，诗中是这样描写的：遗民泪尽胡尘里，南望王师又一年。大宋百姓年年哭着盼望军队能来解救

他们，可是依然没见王师的踪影啊！”

“以前宋朝百姓们的生活多幸福呀，现在却家破人亡，一想到这群天天醉生梦死，不顾老百姓死活的统治者，真想问问他们心里还有百姓吗！”

……

通过交流“预习单”里收集的资料，让学生充分感受在金人占领区生活的宋朝人民度日如年的凄凉，以及他们企盼南宋王朝收复失地，拯救百姓的迫切。在互动交流中，学生纷纷表达自己的观点。也正是依托了“预习单”的内容，学生表达的内容也得到充实，并且在共享资料、互相补充、彼此沟通的过程中，学生不仅学会了聆听，更重要的是加深了对语言文字的感悟，他们满怀对南宋统治者天天醉生梦死的愤懑，怀揣对国家命运的担忧，齐声诵读《题临安邸》，体会诗人赤诚的爱国之心！在这一教学活动中，不仅激发了学生朗读的热情，将无声的文本转换成有声的语言，他们的语文素养也获得了显著提升。

（四）连诗句成片，激发爱国情怀

一首诗走进一个诗人的情怀，一组诗激发每个人的爱国情。当本节课的学习进入尾声时，我再次让学生拿出“预习单”，四人小组分享自己搜集到的爱国诗句：“王师北定中原日，家祭无忘告乃翁。”“黄沙百战穿金甲，不破楼兰终不还。”“人生自古谁无死，留取丹心照汗青。”“壮志饥餐胡虏肉，笑谈渴饮匈奴血。待从头、收拾旧山河，朝天阙。”……一首首爱国诗篇的吟诵，不但让学生再次深刻感受到诗人林升的一颗忧国心、满腔爱国情，更让学生在潜移默化中积累爱国诗篇，深植爱国情怀！

三、结语

美国著名学者威廉·亚瑟·伍德认为：“平庸的教师讲述，好的教师解释，优秀的教师示范，伟大的教师启发。”在“学习金字塔”的理论指导下，我致力打造高效语文课堂，充分借助网络、“预习单”“课堂学习任务单”等资源的直观性、开放性，营造浓浓的学习氛围，引领学生在我创设的教学情景中展开资源共享、自主合作探究、多重交流等学习活动，既将学生的学习主动性、积极性充分调动起来，又有效促使学生语文素养的培养落到了实处，更提高了班级管理的高效性。

（本文发表在《香洲教研》总第151期）

“学习金字塔”理论在小学科学教学过程中的应用

珠海市香洲区第一小学　王　琳

“学习金字塔”理论由美国学者埃德加·戴尔最早提出，是美国缅因州国家训练实验室的研究成果，该理论根据学生获得知识的方式，依据两周后学习内容平均留存率的多少来衡量学习效果，如图 9-10 所示。在“学习金字塔”中，阅读和听讲是效率最低的方式，学习效果在 30% 以下的传统教学方式都是个人学习或被动学习，而学习效果在 50% 以上的都是团队学习、主动学习和参与式学习。

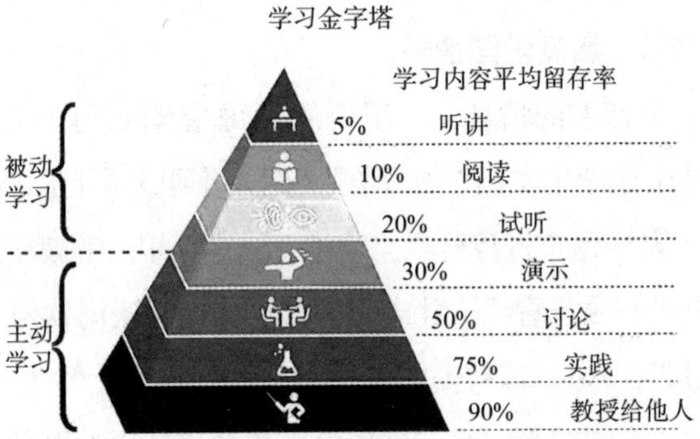

图9-10　学习金字塔

有学者对学生课堂注意力的变化情形作了系统的研究，结果显示：刚开始学生的注意力集中，学习积极性高，15 分钟左右以后，注意力开始下降，到下课前 10 分钟又恢复精神，注意力开始回升。学生的注意力集中情况决定了我们在实施课堂教学时，要根据不同的时段应用不同的教学和学习方法。将注意力曲线的研究结果和“学习金字塔”理论结合起来指导课堂教学。

从当前的小学科学教学现状来看，我们依旧过多依赖“老师讲，学生听”的传统教学方式，对科学探究活动的安排，大多停留在学生完全按照老师的吩咐进行实验操作，缺乏独立思考能力，不会使用科学语言描述科学现象，无法得出正确的结论。所以最终的结论往往都是老师告知的，使探究活动的意义大打折扣。另外，在“双减”大背景下，对课堂的学习效率提出了非常高的要求，学生从学习新知到最后的练习巩固都需要在课堂上高效完成。作为课堂教学组织者，教师要转变教学方式，要从关注怎样教转向关注学生怎样学，要把学习与学习者作为焦点，以教导学，以教促学。要以学生的求知需求为主线，积极倡导自主、合作、探究的学习方式。接下来结合小学科学五年级上册“运动与摩擦力”这一教学案例，具体说明“学习金字塔”理论在教学实践中的应用。

1. 创设有效情境，提高学习内容留存率

“学习金字塔”理论是教学主体参与度决定学习内容留存率高低的理论。而有趣、有效的教学情境对提高学生课堂参与度起着关键性作用。结合学生课堂的注意力曲线，刚开始的十几分钟，学生注意力高度集中，这时用一个多维度、多元化的教学情境引入新课，一定可以提高教学主体的参与度。在教学“运动与摩擦力”时，我创设了以下问题情境。

演示“筷子提米”，初步感受摩擦力。

师：（展示装满大米的矿泉水瓶和一根筷子）老师将这支筷子竖直插进瓶子里的米中，再提起筷子，会出现什么现象，谁想来尝试一下？（学生纷纷举手发表意见，一部分同学认为提起筷子会连同矿泉水瓶里的米一起提起来；另一部分同学则认为，筷子是直的，无法提起瓶子里的米。）

（两种猜想各请一位同学上台演示，结果筷子可以提起瓶子里的米。）

师：为什么直直的筷子却可以提起瓶子里的大米呢？这里到底有什么奥秘呢？（部分生回答：因为筷子跟大米之间存在摩擦力。）

师：（展示课题）今天我们就一起研究“运动与摩擦力”。

设计意图：好的问题情境是可以引起思维困惑的，或引起不一致观点的，能够引出有趣的和可选择性的其他观点，可以激发学生将生活体验、已有知识与当前学习内容之间的意义关联，能够有效激发孩子的思考和探究欲望。通过“筷子提米”这个有趣的实验，引发同学们的认知冲突，让孩子们对接下来要学习的“摩擦力”产生浓厚兴趣，大大提高了学生的参与度。

2. 增加体验活动，帮助学生理解知识本质

“学习金字塔”理论鼓励学生动手实践、亲自体验，亲身参与学习过程，所以

在课堂中要多创造这样的体验机会。在初步认识了“摩擦力”之后，我立刻组织学生进行摩擦力的体验活动。

(1) 感受摩擦力。伸出右手，轻轻地在桌面推一下。(学生感受) 第二次，重重地推一下，谁来说说你的感受?(很难向前推，有一种力让手很难推动。)

设计意图：教育的益处就在于它给予人们透过表象看本质的能力。学生并非一张白纸，他们学习任何东西都带着先前知识、已有经验以及潜在误解。学生可能从家长、课外书或其他渠道听说过“摩擦力”这个概念，对“摩擦力”有模糊的了解和认识。这时，不能通过“灌输”的方式直接给出课本中有关“摩擦力”的定义。而要设计一系列有效的活动，从图片感知再到实际感受，让孩子切实感受到摩擦力的存在，并初步感知这种力有大有小、可大可小。

体验摩擦力的活动还为学生设置了一个问题情境——如何来描述、分析和解释两种不同的感觉。对现象的描述，逐渐由生活语言过渡到科学语言。“很容易推动”是因为“用力小时，手和桌面之间摩擦力小”，相反，用力推动时感觉“推不动”，是因为“用力大时，手和桌面之间的摩擦力变大”。在不断的引导和修正下，学生逐渐利用科学概念来解释问题。

(2) 测量摩擦力。师：通过刚才的体验，我们发现，摩擦力阻碍了手的运动，这个摩擦力到底有多大呢? 谁想来测量一下?(播放视频，演示摩擦力的测量方法)

设计意图:《义务教育科学课程标准》中强调的探究要求学生亲自动手。在教学行为上，教师应确立“注重经历、体验和发现”的教学观念，尽可能多地为学生提供动手活动的机会，放手让孩子自己去学科学、做科学。这里同学们通过动手测量身边物体的摩擦力，一方面再次感受摩擦力的存在，另一方面复习了测力计的使用方法，熟悉摩擦力的测量方法，为后面的实验做好铺垫。

3. 注重小组合作，培养学生“探索力”和“合作力”

“学习金字塔”中最重要的部分是合作交流、促进同伴发展。在面对设计实验验证“影响摩擦力大小的因素”这个比较开放的问题时，我们要想办法将具有挑战性的问题，通过上面的体验活动具体化，启发学生思考，组织学生在小组内用假设、猜想、讨论、辩论的方式得到初步的想法。最后各小组依照自己的想法进行对比实验。

设计意图：科学学习要以探究为核心。知识不是给予的，知识是生成的，知识不能通过教师传授获得，它只能通过巧妙设计和有效指导由学习者自我建构而来。探究既是科学学习的目标，又是科学学习的方式。观察和实验是学生认识科学世界、获取科学知识的重要途径，是发展学生科学思维的前提条件（朱琴，2019）。

学生是科学学习的主体。科学课程必须满足学生的发展需要，为他们提供能直接参与的各种科学探究活动。教师是科学学习活动的组织者、引领者和亲密伙伴。在整个实验中，实验方案的制订、实验内容的选择及实验材料的选择，都是学生小组合作讨论的结果，老师只是从旁引导，创设条件让学生亲历以探究为主的学习活动。

4. 优化课堂练习，及时巩固知识

根据注意力曲线，在课堂的最后几分钟，学生的注意力又开始提升。所以，在教学设计中要紧紧抓住这段时间，设计高质量的课堂练习。根据小学生的心理特点和目前大班制的教学现状，我们在设计课堂练习时要注意以下几点。

（1）提高趣味性和情境性，避免大量机械重复练习。科学知识与生活联系紧密，所出题目要紧密联系儿童生活，能够唤起小学生的兴趣，让学生感受到所学知识对于解决生活中的问题是有用的。瑞士儿童心理学家让·皮亚杰提出，学生的应用创新本身就展示了其理解程度。检验理解，不是让学生重述所学内容，而是要看是否能够将相应的概念或原理应用到新的问题情境之中。如果想让学生理解这些知识是有用的，那么学生需要机会去运用这些知识。

（2）注意基础性知识和拓展性知识的比例。在练习的设计中，需要有一定的开放性和探究性。小学科学是以培养科学素养为宗旨的科学启蒙课程。科学素养主要是指必要的科学知识、科学的思维方式、对科学的理解、科学的态度与价值观，以及运用科学知识和方法解决问题的意识和能力。开放性的题目，可以调动学生积极思考，动手动脑解决问题，训练学生使用科学语言解释科学现象，让孩子有意识地用科学的眼光观察现实世界，用科学的思维思考现实世界，逐步提高孩子的科学素养。

（注：学科教学管理也是班级高效管理中不可分割的一部分，故也择优选取了三篇，供同行借鉴和学习。）

第三节　家校携手篇

浅议家校联手的少儿理财教育

珠海市香洲区第一小学　颜　婧

随着教育界对少儿经济意识的重视，少儿理财教育逐渐成为素质教育的一项重要内容。通过少儿理财教育，让儿童了解商品社会，打破传统观念对理财教育的束缚，转变传统的置之不理、放任自流的思想，为孩子们将来进入经济社会作好必要的准备。家庭是对孩子进行理财素质教育的最主要、最理想的场所。因为无论从教育的内容还是实施的条件，学校所能承担的都相对有限，而家庭则能为理财教育随时提供所需的内容和组织具体可行的活动。那么怎样争取家长的支持，形成家校合力，循序渐进地对孩子进行理财教育，从而帮助学生养成合理收支、勤俭节约的好习惯呢？笔者试着从以下几方面做了一些尝试。

一、强化家长意识：理财教育从少儿开始

钱和日常生活密不可分，儿童对钱产生的兴趣与生俱来。家长只要带孩子逛几次商店，钱的用处便牢牢树立在儿童心中。钱的知识与道德教育联系紧密。如果孩子懂得钱应该经过劳动赚得后，便产生爱惜钱的心理，引起储蓄行为，避免浪费。反之，就像我国目前很多孩子对钱毫不珍惜，任意挥霍浪费，这与缺乏理财教育有关。

一般来说，处于儿童时期的孩子在理财方面呈现出如下几个突出的特征：一是不具备固定的收入；二是不具备成熟的金钱和经济方面的意识；三是不具备熟练的理财能力；四是具有少年儿童所特有的强烈的消费需求和欲望。这几个方面的

特征导致少儿在理财方面出现欠缺，导致乱花钱，这些错误的意识直接影响到少儿的成长，关系到他们的身心发展甚至前途和命运，所以，唤起家长重视孩子的理财教育就显得尤为重要。

1. 家长会上的少儿理财启蒙教育

开学之初的家长会上，我不仅跟家长交流本学期的学习计划、授课内容，还特别抽出时间，与在座的家长畅谈孩子的理财教育。目的是让家长知晓，在现代生活中，理财能力是孩子将来在生活和事业上必须具备的最重要的能力之一。这种能力的培养应该从娃娃就开始进行，抓得越早，效果越佳。这一点，与在座的家长们达成共识。学期末的家长会上我每次都会请几位在家庭理财教育方面颇有心得的家长分享经验和教训，并一起探讨最佳的家庭理财教育方法等。

2. 利用家校报、班刊等家校交流的主阵地宣讲少儿理财教育

我校一直坚持分年级创办《家校报》，我所在的班级也一直坚持创办《小荷》班刊，于是我们利用这些家校联系的纽带，开辟出“家庭理财教育”专栏，定期刊发一些理财教育的文章。比如，最近的一期《繁星家校报》，我们就推出了《西方家庭的少儿理财教育漫谈》《美国父母的理财教育》等文章。俗话说，他山之石，可以攻玉。西方家庭的父母与中国家庭的父母看法迥异，他们更倾向于认为，孩子是最容易犯错误的人。从理财能力的角度看，少儿时期的孩子在理财方面容易犯错误，比如现在享用，以后付钱；滥用父母的钱；只把钱看成现在就去购买某种商品的一种工具；没有储蓄的习惯，花掉的比储蓄的多；钱在被花掉以前，已经有过好多次的购买欲望了；买东西时，把身上的钱花个精光；只在花钱时才有一种满足；购物时盲从广告；不作计划等。西方家庭的父母认为，理财教育更应尽早克服这些错误。所以，他们从孩子三岁时认识钱的那一刻就开始教孩子理财了。这些定期推出的家庭理财小文能够为家长们指点迷津。

二、指导家长落实：理财教育从零花钱的来源开始

中国的父母总是无偿地向自己未成年的儿女提供金钱，尤其是与爷爷奶奶、外公外婆住在一起的家庭，因为隔代亲，老人家一味无条件地满足孙子、孙女（或外孙、外孙女）的花钱要求，放纵孩子们过分的消费欲望。尤其是中国人过春节时有给孩子红包的习俗，一个年过下来，很多孩子一“节”暴富，零花钱一下子成千

上万，最少也有几百元。这些钱孩子们得来易如反掌，毫不珍惜。这只能助长孩子的恶习，使之在成年以后靠自己有限的收入生活时，一旦需要作出影响自己经济境况的重要决定，就显得手足无措，既缺乏理财能力也缺乏心理上的应变力。那么，少儿理财教育就应指导家长从给孩子零花钱开始。

1. 家长给孩子零花钱时要慎重

首先，家长要明确给孩子零花钱必须要达到两个目的：一是从小就要让孩子懂得财务预算；二是从小就要让孩子了解劳动与报酬之间的内在联系，并在他们心中打下深深的烙印。因此，明智的家长一般不会随便地、无计划地给孩子钱，而是定期发给孩子一份必须用于特定需求预算上的固定数量的“基金”。定期性是教孩子们学习花钱规则的关键所在，所以家长应以身作则，定期、准时发给孩子零花钱，而从不用孩子提醒。

其次，零用钱的标准应酌情而定。家长要考虑到零用钱将要涵盖的消费项目，既要考虑到自己的经济状况，也要考虑到孩子的年龄水平，更要参考其他小伙伴的标准，以免形成孩子之间的攀比心理。一般说来，10 岁前孩子的零用钱通常不包括日常的生活消费，如车费、饭钱等。7 岁以下，建议每周的零花钱不要超过 5 元。一般来说，家长应尽可能少地固定预付孩子零花钱，可适当加一些可由孩子自由花费的零用钱，如自由支配的买课外书、日用品的钱等，或者家长在给孩子零花钱时不妨先来几个月的“试用期”，让孩子逐渐学会收支平衡的原则，有助于培养孩子的理财意识。

最后，更重要的是为人父母，既不能用零花钱去“购买”孩子们对父母的爱，也不能用零花钱来代替父母用于陪伴孩子所必须的亲子精力和时间。尤其当孩子有什么事做得让父母高兴或失望时，建议家长一般不要通过增加零花钱或减少零花钱来对孩子进行奖励或惩罚，而应采取其他适当的方式来鼓励和教育孩子。

2. 鼓励孩子自己挣零花钱

孩子零花钱的来源，除了家长给，就是自己挣，而后者更应大力提倡。美国洛克菲勒财团的创始人洛克菲勒在童年时代，祖父每周给他几美分零用钱，到周末检查是否增加，迫使小洛克菲勒到街头卖报，养成靠劳动赚钱的观念。在今天看来，小洛克菲勒的童年不仅对他日后成为商业巨头有很重要的意义，而且对我国儿童的理财教育也有借鉴意义。

我和家长们达成共识，我班的班刊《小荷》用稿通知单上还别出心裁地鼓励孩子们用自己的佳作在父母那里换零花钱，具体做法如下。

凡是踊跃在班刊投稿并被编辑部采用的稿件，作者都会得到这样一张录用通知。

同学：

尊稿____________________已通过评审，刊登在本期班刊《小荷》上。您用您的劳动和智慧换取了价值________（________）元代金券。您随时可以凭本通知在您家长那里领取相应数额的稿费。

特此祝贺！衷心感谢您对我刊的大力支持！

五（4）班《小荷》编辑部

对于那些积极投稿，但是没有达到发表要求的文章，我也及时给予奖励，激发他们继续投稿的信心和欲望。以下就是没被采用的文稿，我们也有相应的通知。

同学：

尊稿____________________虽然没有被通过评审，暂时未能刊登在班刊上，但是您的文章同样优美而精彩。希望您再接再厉，争取在下期班刊上发表您的文章。您用您的劳动和智慧换取了价值_____元的代金券。您随时可以凭本通知在您家长那里领取相应数额的鼓励费。

特此通告！谢谢您对我刊的大力支持！

五（4）班《小荷》编辑部

除了通过班刊稿费、鼓励费挣零花钱，我们还定期在学校开展商品交易会。学生把自己家里不需要的东西在交易会上拍卖或交换，挣来的钱或做公益事业捐助，或当作自己的零花钱。孩子们通过这些活动，明白了钱是靠劳动得到的报酬，并逐步学会了正确进行钱货交换活动。

三、家校齐督促：理财教育必须教会孩子如何花钱

1. 与孩子一起制订零花钱使用的约定

花钱不是一件简单的事，从分析需求、节制欲望到收集资讯、选择商家、比较商品的质量与价格，再到讨价还价、找零核对。在支配零用钱的过程中，孩子能学到的东西颇多。每学期我们都会定期调查学生使用零花钱的状况，并作出统计

分析，及时与家长沟通交流，并且建议关于零用钱，父母应郑重其事地和孩子进行协商，要让孩子感觉到零用钱是家庭生活中的一项制度，不是父母对孩子施压的一张王牌，不会因父母的情绪好坏而随意增减数量。零用钱协议一旦达成，双方都必须遵守。为了牢固树立孩子们的财务责任感及价值观，父母们还要就孩子如何使用零花钱制订一些约定。

(1) 指导孩子制订花钱计划。我们要指导孩子制订自己的用钱计划，比如可以让孩子拟一个一周开支的清单计划，为自己的各项开支作一个大致的预算。在现实购物中教孩子尝试和店家讨价还价，学会买卖交易。要懂得储蓄零用钱，孩子要有个储钱罐，零钞、散钱随时放进储钱罐里，积累一段时间后，让孩子用这些平日里不起眼的边角毛票购买一个较贵的商品，如心仪许久的精装笔记本等。要学习评价商业广告，从中发现价廉物美的商品，并有打折、优惠的概念。而这一切约定都是为了让孩子懂得珍惜钱，知道钱来之不易，并建立牢固的勤俭节约观念。

(2) 教孩子学会存钱。有时孩子没有花钱买东西的需要，我们正好可以帮助孩子建立起“存钱”的观念。如果小孩拥有的零花钱过多的话，家长应该考虑给小孩开一个银行账户。春节得到的红包等大笔的零花钱，要让孩子懂得在银行开户存钱，不仅有利息，还可以备急时之需。尽管许多孩子没有储蓄的概念，也不知道储蓄的好处，但是家长可以带孩子到银行参观，了解储蓄的基本常识，并指导孩子在银行开户，把压岁钱存起来，由此获得利息，从而使孩子切身体验到存钱的好处，同时了解一些必要的储蓄知识，锻炼储蓄能力。银行卡可考虑让孩子自己保管，这样可以锻炼孩子的独立管理能力。家长定期陪孩子去银行，让他自己把零花钱交给银行存起来。如果小孩有这个自觉性，家长只需要陪他去就行了，不要总是亲力亲为地包办，尽量给孩子创造机会，提高孩子自个的理财能力。

2. 让钱花得有意义有价值

生活当中，随着孩子年龄的增长，有些父母开始引导孩子用压岁钱尝试参与买保险、买基金、炒股票等理财活动，虽然以这些活动作为培养孩子理财能力的方式未尝不可，但家长们注意把握好一个“度”，不要影响了孩子们的学习。总是在算计着金钱，难免会变得功利，我们要让孩子知道钱的意义不只是钱。

(1) 用钱奉献爱心。学校、社会上都会有一些捐赠活动，通过这些为灾区、贫困地区的捐赠活动，可以对孩子进行爱心教育。我建议家长让孩子掏自己的零花钱进行捐赠，孩子就会面临得与失的权衡与选择，这时无论捐多捐少都是爱心的洗礼。让孩子用零用钱给贫困山区的孩子、老人院的孤寡老人买一些小礼物，用钱来传递爱与表达爱。这样，孩子才能懂得钱除了可以满足人的欲望，还有更多更深远的价值与意义。

（2）用钱表达感恩之情。学校、家庭都应教育孩子，使孩子懂得钱虽然是长辈赠予自己的，但也是长辈们的辛勤劳动所得，所以要有感恩之心。有的孩子自觉地用自己积攒的零花钱贴补家用，这种行为值得大加赞许。

孩子们自己用心血和汗水挣来的零花钱，用起来也会格外珍惜。我班的小莹同学在妈妈生日时，用她挣来的稿费给妈妈买了一条漂亮的围巾。戴着女儿亲手挑选的围巾，小莹妈妈激动地给我发来信息："第一次戴上女儿用稿费挣来的围巾，温暖无比！身体暖了，心里更暖！感谢老师的稿费理财教育、感恩教育，我女儿长大了！懂事了！会花钱了！"读到这样的信息，老师是最欣慰的！

财商是父母、老师应该培养孩子能力的一个重要方面。总之，让少儿懂得珍惜钱，计划开支，是受益终生的好习惯，不仅有助于他们未来从事财会经济方面的工作，更会让他们在商品经济社会里合理收支，游刃有余。

看到关系，看到爱

——初探如何营造家和文化

珠海市香洲区凤凰小学　徐　敏

珠海市香洲区凤凰小学自建校以来，秉承"五彩凤七彩梦"的办学理念，一直奔赴在"卓越凤小，快乐追梦"的路上。我们一直推崇"仁义礼智信"五德培育，这也是对中华优秀传统文化的传承和发扬。天下之本在于家，我们尤为注重家庭教育对于一个孩子成长的作用。"尊老爱幼、耕读传家、家和业兴"等中华传统家庭美德铭记在中国人的心中，也是我经常在家长、学校中传递的重要思想，因为这不仅是支撑中华民族生生不息、薪火相传的正能量，也是营造家和文化的宝贵精神财富。

家庭关系和睦对于一个孩子的成长来说特别重要。作为一线教师，我们不难发现，在和睦温暖的家庭成长的孩子，积极乐观，勇于探索。因为家庭给了他足够的安全感、归属感和舒适区，家庭是他成长的基石与后盾。这样的家庭夫妻亲密，亲子和谐。在这样的家庭关系中，既有及时的沟通，也有情感的互动，你的付出我能看见，我的情绪你能包容，爱在家庭关系的你我之间流动。“彼此看见，相互滋养，共同成长”，生活在如此和睦的家庭环境下的孩子是何等幸运。都说幸福的童年治愈一生，而不幸的人用一生治愈童年。在我曾经所教的班里，有个叫小波的孩子聪明善良，但是多嘴好动、喜欢恶作剧，全校师生几乎都认识他。通过实地家访，我了解到了他家里的具体情况：小波在幼年时期，曾经历了父母的离婚大战，随后他被判给了父亲，父亲却因工作太忙把他托付给爷爷奶奶照料。爷爷奶奶都是知识分子，也非常宠溺这个可怜的大孙子，但爷爷和奶奶的关系也非常不和谐，不是争吵就是冷暴力。所以，尽管小波的认知方向没有问题，但行为习惯特别差。他在一个不和睦、缺少爱的家庭环境中成长起来，作为生命个体，他渴望被看到，被关注。正如美国心理学家莱因所说“存在等于被感知”，一个人的存在感，来自他的感受被另一个人看到。在小波的成长过程中，他的家庭里没有人真正关注他的感受，从存在的角度可以理解为，在家庭关系中他的存在被否定了。既然人都不存在了，关系还怎么延续呢？所以随着年龄的增长，小波越来越叛逆，越来越想逃离他的原生家庭。他特别想交朋友，但经常因为不知道如何处理与朋友间的关系而伤害对方，甚至从家里偷手机出来送给他新交的坏朋友（小混混）。有了对他家庭情况的了解，我越来越能理解他的行为，对他多一些包容和关爱，他也能感知老师对他的爱，也会给予我爱的回应，但总是好一段时间，旧疾又犯。老师的几年相随，相帮相扶，终不如家庭的影响根深蒂固。真正能治愈孩子的，还是家庭。

如何营造家和文化，使家中所有的人生活得轻松愉悦，温暖有爱？我认为我们可以尝试这样去做。

第一，认清自己在家庭关系中的角色，尊重家庭成员的选择自由。

如果把一个家庭比作一台拥有众多零件的机器，当某一个零件出现问题，或者装错位置时，将导致整台机器都无法正常运转。一个家庭中，每个人都有自己扮演的角色，各在其位，各谋其职，不越位、不越界，有利于家庭的和谐和良性发展。然而，一旦有人拥有很强的控制欲，就会破坏亲密关系中的亲密度。具体而言，就是我希望你能够按照我的意志和想象来行动。作为父母，我们内心深处总有着这样的想法：“我这样做都是为你好，我有经验，我的选择是对的，你听从就好了。”这让我想起电影《囧妈》中的一些片段，在“母亲”的长期控制下，“儿子”的感受几乎从未被看到过：“你应该吃这个，这个对身体好；你应该要孩子了，现在是要孩子的时候了……”母亲一个人把孩子带大，家中的大小事情历来都由她操控。一个人在环境中越觉得自己有掌控感，他的控制欲望就会越强，从而导致他们“看不到”孩子的需求，只知道“我为你付出这么多，你必须听话”，而孩子呢，当他长大了，“翅膀硬了”，便竭尽全力地想要逃离。这就是为什么有些孩子到了叛逆期，情绪和性格出现大反转。

在家庭关系中，这样的情况同样也会出现在夫妻关系中。我有一个朋友，结婚后，她变得很爱唠叨，特别是有了孩子之后，经常抱怨老公不够体贴，而这样的唠叨和抱怨让她变得没有耐心，“听不到”老公说的话，于是两个人之间的距离变得越来越远。要知道，经营家庭是需要耐心的，特别是和伴侣相处时，嫌麻烦或不耐烦，就是因为“看不到”对方，而这迟早会导致对方“看不到”自己。对多数人而言，关系越亲密，我们就越渴望将自己的意志强加到对方的身上。那时，我们就是在摧毁对方的真实存在。当亲密关系中出现“控制或强加”，就意味着控制一方“看不到”被控制那一方的真实存在，而这就是亲密关系中最可怕的事情。我们要放下控制欲，把选择权归还给孩子或伴侣，因为那是他们的自由和权利。生命的意义，在于选择。好的亲密关系，一定是彼此都感觉到温暖、理解、爱与被爱，而这就是“看到”彼此的状态。

第二，懂得倾听，学会看到，走进内心。

亲密与否很重要的一个衡量标准就是“愿不愿意听我说话”。倾听，是我们给别人最好的礼物。想让对方了解自己，我们先要敞开心扉，让对方的声音进入自己的耳朵。让我们放下自恋，倾听彼此的心声，接受彼此的不完美，真诚相待。我愿意听你倾诉，而你也享受听我唠叨；我不担心你笑话，你也不怕我嘲笑，这就是在活出真实的彼此。

除了懂得倾听需求，还要学会看到付出。有一天，一直和儿子相处不好的一位家长给我打来电话，她哽咽地说儿子为她精心准备了生日礼物，她特别感动。我听到后也很感动，能感受到这位家长内心的温暖，以及儿子对妈妈的那份爱，这样的场景就是“看到”彼此的状态。

“看到”，意味着你在我心里很重要，我愿意理解你，我非常感激你……，归根结底，是情感被回应。妈妈为儿子付出很多，儿子不善言谈，却能理解妈妈的付出和辛苦，于是用一份精心准备的生日礼物来回应。这位家长之所以会被感动，就是因为儿子“看到”了自己，而这就是妈妈与儿子之间爱的表达。作为家长，有时候，我们只是打着为你好的幌子，在亲子关系里只看到自己的付出，而没有倾听对方的心声，实际上是排除了对方，你没有真正地“看到”。每个人都渴望被“看到”，我们渴望所有关系里的人“看到”自己，这是每个人深深的心灵渴望、情感渴望、生命渴望。有爱的两个人在亲密关系中，一定是能够“看到”彼此的，而这样的“看到”就像一束光，会温暖滋养我们的内心，照亮我们的生活。

在众多的亲密关系中，许多人会感觉自己在关系中没有被“看到”，因而心生愤恨，慢慢地，家庭关系会变得紧张、疏远，甚至导致家庭破裂。我也看到，很多孩子的父母觉得自己付出这么多，却换不来儿女的感恩。作为父母，他们忽略了孩子真实的需求。在家庭关系中，只有看到彼此，看到爱，爱才会在家中流动起来。我们常说，静待花开，可我们是否给予孩子温暖的阳光、甜美的甘露？我相信，只有家庭的和睦才能让娇嫩的生命之花开得更为绚烂、美好！

“一切为了孩子，为了孩子的一切”家长课堂案例分析

珠海市香洲区凤凰小学　徐　敏

教育下一代是社会的责任，应由学校、家庭、社会共同承担。班主任必须协调这三者的关系，保持信息沟通，确保家庭、社会支持学校的工作。目前随着信息化的发展，家校沟通的方式越来越多，但家长课堂既是家校沟通的一种方式，也是家校联合的一条重要纽带。班主任是学校、家庭、社会的沟通桥梁，因此开好家长课堂是班主任工作的重要组成部分。但繁忙的工作使家校之间的直面联系甚少，于是一个学期才一两次的家长课堂对于家长与老师之间的沟通便显得尤为珍贵。那么如何让家长课堂有效地发挥其桥梁作用，从而达到促进学生发展的目的呢？

首先，正视目前家长课堂传统模式存在的一些问题，树立改革家长课堂旧模式的决心。

一提到开家长课堂，通常有两种情况：一部分家长总是抱怨抽不出时间。于是家长课堂上有的姗姗来迟，有的让老人替代，有的干脆请假不来；另一部分家长则认为家长课堂内容单一乏味，参加家长课堂纯属“例行公事”，应付老师。家长课堂上，有的漫不经心，有的交头接耳，有的甚至接听电话。回到家，他们通常责怪家长课堂的内容总是老生常谈，每次只是孩子的成绩与行为表现的简单汇报，很难从家长课堂上获取有利于解决自己孩子身上所存在问题的有利信息。

由此看来，以上问题的存在，不只是个别家长的素质问题，也是家长课堂旧模式中老师的“一言堂”让家长们完全处于被动地位，使家长课堂不仅远离了家长需要，更无法帮助孩子成长。家长课堂既没有成为老师、家长和学生心灵交流的平台，也没有成为沟通学校教育和家庭教育的桥梁。家长们对家长课堂不感兴趣，甚至心生厌烦也是可以理解的。因此，改革传统家长课堂的旧模式，真正发挥家长课堂的作用势在必行。

其次，班主任应以实际行动对传统的家长课堂进行改革和创新，努力把家长课堂开成学生喜欢、家长高兴的亲情会和互动会。

现以 2023 年上半年召开的一次家长课堂“一切为了孩子，为了孩子的一切”为例，谈谈我的体会。

一、明确目的

根据班队会主题“一切为了孩子，为了孩子的一切”，我们把社会上一些有关教育方面的热点问题及有争议的社会教育现象，拿到家长课堂上进行讨论，尽可能地引起家长们的“观点碰撞”。通过教师与家长坦诚交换意见，分析存在问题，商讨对策，从而力争达到有效促进学生发展的目的。

二、模式确定

家长课堂每学期开一两次，如果家长每学期来听到的都是老一套，这珍贵的几小时直面交流的时间就付诸东流了，因而为了这短短的几小时，咱们老师可一定要做充足的准备。

怎样让我们的努力有所回报？怎样真正达到家长课堂召开的目的？这一次，我和搭档用了点心思。

首先，教室黑板的布置，主题由我板书，背景画由孩子们自己创意添加。黑板旁的投影屏则用幻灯片的形式播放孩子们一学期以来在学校学习生活情况及参加的各类活动情况的照片。

其次，我们改变了教室环境的布置，一改往日三尺讲台站老师，台下家长仰头听的状态。我把教室的桌椅围成一圈，弄成联欢会的样子，营造座谈交流会的气氛，自己也坐进他们中间，坦诚地与之交谈，真诚地与之沟通，真正达到家校合作交流的目的。

三、内容的安排

此次家长课堂流程分为三个阶段。

第一阶段：本学期学生在学校学习生活情况及参加的各类活动情况回顾。

前期准备：将学生一学期以来的照片做成幻灯片，每一张都配上活泼的文字说明和优美的背景音乐。

具体操作：依次播放孩子们在学校一天的学习生活情况的照片如早读、早操、课间活动及公开课堂等，另外还有孩子们参加春游、六一、科技节等实践活动的照片。

效果：让家长在温馨的音乐中欣赏自己心爱的宝贝在集体生活中的照片，有助于他们从多方面了解孩子在校的生活状态，让家长们也从侧面体会到老师日常工作的用心，体谅老师工作的辛劳，从而增进对老师的好感。

第二阶段：优秀学生家长介绍育儿经验。

前期准备：我搜集了目前社会上五点有关教育方面的热点问题及有争议的社会教育现象：①怎么看待赏识教育？在生活中如何进行？有哪些效果？如何把握赏识的度？②如何把提高学习成绩和丰富生活体验结合起来？③如何协调安排孩子课内和课外的各项学习任务？④怎样培养孩子的优良品德？⑤如何从小培养男孩子的男子气概？根据不同孩子的不同特点，我选择五位家长做代表，把主题提前分配给他们，让他结合日常对孩子的成功教育拿到家长课堂上进行分享讨论。

具体操作：班主任把自己的角色定位成主持人，起到的是引导串联的作用，而家长们是嘉宾，是家长课堂的主体。

在家长们期待的目光中我谈到本期家长课堂的第一个话题：自信教育是我校教育理念之一。我们班有不少孩子由内而外都非常阳光自信。自信不仅是天生的、遗传的性格因素，也得力于我们家长的赏识教育，现在有请朱宝的家长谈谈他平时是怎么进行赏识教育的。接下来朱宝家长利用平时与女儿之间的一些小故事及女儿自身的成长经历来谈及自己对赏识教育的认识，有一句话让在座的我和各位家长印象都非常深刻，她说："每个人都希望得到别人的赏识，何况孩子。但是赏识要以识为重，表扬孩子要及时并且具体，不能太空洞，必要的时候还要配合挫折教育。"于是，家长们也就此纷纷谈及自己的亲身感受和看法。有的家长认识到给予孩子太多的挫折教育容易使其孩子产生自卑心理，有些家长发现一味地夸孩子并没有起到良好的效果，原来是"度"没有把握好……

家长们或陷入反思，或侃侃而谈，于是我借机抛出了第二个话题：目前，大部分家长认为给孩子一个快乐的童年是最重要的，甚至为了快乐不在乎成绩（也就是分数），但是，如果成绩不好，孩子真的会快乐吗？我们班的安琦同学，每次作业工整，正确率高，学习成绩优秀且稳定，并且在聊天中得知她妈妈经常带她和一帮朋友外出活动、游玩，现请这位同学的家长谈谈如何把提高学习成绩和丰富生活体验结合起来。安琦的妈妈接下此话题谈及由于工作的关系，在孩子的教育上她采取的夫妻分工合作，安琦爸爸主管孩子的学习，而她则负责孩子的生活部分。这位母亲一到周末便会组织小区里的同龄孩子及家长们一同去参加社会实践……很多家长在她发言后都争着留下电话，希望能让自己的孩子参与到这些有意义的周末实践活动中去。

是啊，现在的孩子们玩的时间太少，于是我引出了第三个话题：现在的孩子学习负担重，不仅要完成学业任务，还要参加家长为他选报的各类兴趣班。孩子的时间和精力有限，如何协调安排孩子课内和课外的各项学习任务，请婷婷的家长说说。

婷婷是我们班的小班长，别看她年纪小，琴、棋、书、画、舞样样都不赖，很多家长都盼着这位优秀小女孩的妈妈能多分享点经验。

在婷婷妈妈简短而朴实的谈话中，我捕捉了以下几个要点：①尊重孩子的兴趣。②业余特长要从小抓起，从细节抓起。③培养良好的学习习惯和学习能力。

家长们埋头记下了这番话，有些顿时醒悟：我的孩子习惯不好，做什么都拖拉，怎么可能挤出时间去学特长呢……

伴着这些有共鸣的声音，我们迎来了新的话题：现在的孩子大多都是独生子女，集万千宠爱于一身，不懂得关心体谅他人。我们成年人都知道，学做人比学知识更重要，请小雨的家长谈谈怎样培养孩子的优良品德。

小雨平日知书达理，尊敬老师，友爱同学，老师和同学们都非常喜欢她。她的母亲也是一位中学教师，很重视孩子的品德教育。这位母亲从生活中的点滴细节说起，最后将重点落在了“家长言传身教”的重要性上，于是我也借此读了一篇刊登在《读者》上的故事，故事讲述了一位母亲是如何勇于承担并恰到好处地处理孩子划车事件的，在既保护孩子自尊的前提下又让孩子懂得了什么是责任。家长们听得很认真，频频点头示意赞同这位母亲的做法。

在一片感慨和啧啧赞扬声中我抛出了本次家长课堂的最后一个话题：现在社会存在一些“伪娘”现象，正所谓“男人女人化，女人小孩化”，作为老师我们发现现在班级中乃至各年级的男女生比例失衡，而部分男生存在脆弱、懦弱、心胸狭窄的现象，如果这群男孩继续这样发展下去，将来能承担起一个家庭乃至一个国家的责任吗？现在有请我们班在这方面做得较好的家长谈谈他的做法。这位家长建议，男孩应多参与一些团体运动，如打篮球、踢足球等，既能增强男孩体质，又能锻炼他的合作及处理问题的能力；家长对待男孩的成长应少一些约束，多给些自主的权力；作为父亲应多树立一些男性榜样，等等。

第三阶段：家长自由讨论或单独与老师交谈。

活动效果：本次家长课堂内容安排得较为充实，且都是家长们感兴趣的话题，得到了他们情感上的支持。也许是我们的真诚感动了家长，会后，许多家长不愿离开，围着老师继续探讨孩子教育的问题。最后，几个妈妈在办公室与我们又聊了好一会儿。我一一记录下他们需要我日常协助教育的事项，日后给予及时反馈。

通过这次家长课堂，我深刻地体会到：只有学校、社会和家庭紧密配合，通力协作，形成目标统一，要求一致，内容科学，方法优化的教育网络，才能从真正意义上教育好我们的孩子。为此，要想实现学校教育和家庭教育有机统一，消除家长和学生的隔阂、促进家长和学生的心灵沟通，就必须以丰富家长的教育思想，改变家长的教育方式，提高家长的教育素质为改革目标，对传统的家长课堂进行彻底改革。改革传统的家长课堂要从改革传统观念开始，树立“学生是家长课堂的主人，教师与家长民主平等合作，共同促进每一个学生发展”的新型家长课堂理念；改革家长课堂内容，要改变传统的家长课堂上班主任只重视汇报学生成绩，提出学习和管理要求的现状，构建主题突出、内容丰富的家长课堂；改革家长课堂的形式，改变传统家长课堂形式单一、枯燥无味的现状，实现家长课堂形式的多样性，根据学生的需要和主题内容的设计，选择讲座、交流、汇报、专题讨论、全体学生家长课堂、部分学生家长课堂、定时或随机召开家长课堂；构建科学的家长课堂评价体系，充分发挥评价的激励和导向功能。同时建议班主任们能勇于探索创新并勤反思，多记录一些家长课堂的案例，也呼吁教育部门把老师们的家长课堂优秀案例汇集成册，实现资源共享，努力让家长课堂发挥其应有的激励和促进作用。

浅谈如何关注随班就读学生的心理成长

珠海市香洲区凤凰小学　徐　敏

由于个体的差异，在我们的学校教育中，往往会遇到这样一些孩子，他们的认知能力发展较慢，具体表现为记忆、思维能力不佳，缺乏自信，学习感到吃力被动，跟不上正常的教学节奏，他们只能随班就读。随班就读是指特殊儿童在普通教育机构中和普通儿童一起接受教育的一种特有形式。它是基于社会平等观念而创立的一种教育模式，是引导现有学校迈向全纳性学校的一种策略。随班就读既有利于提高特殊儿童的认知与社会适应能力，也有利于将来他们能顺利进入社会。班级是学生在家庭之外最重要的成长和发展环境。大量的问题来自班级生活；班级又是解决问题的最佳场所。所以，班级氛围对学生心理健康起着至关重要的作用。由于随班就读学生也知道自己与班级同学存在着一定的差异，加上他们人数极少，如果教育者不及时关注他们，往往会使他们敏感地认为自己遭遇遗弃，因而或自我封闭，或自我放弃，产生诸多心理问题。因此，作为班主任老师，要帮助这些随班就读的学生脱“困”，培养他们的自信心，更应该施“重肥”、培“沃土”，促使其心理健康地发展。

一、关注他们的存在

随班就读的学生与普通学生相比，他们更渴望被关爱。这种需求在他们身上表现为希望同学能和自己交往，希望老师亲切地与自己交流，用温和的目光注视自己。教育者若对随班就读学生视而不见，不闻不问，漠视了他们的存在，往往会影响到本班其他学生也忽视他们的存在，致使这些随班就读的孩子更加孤立。当缺少交往和关注时，他们会错误地认为自己一无是处，没人爱，没人疼，导致学生自我封闭。因此，关注随班就读学生心理健康的第一要点就是要关注他们的存在。

首先，通过班级的第一次家长课堂和第一次班会课，开诚布公地向家长和孩子们介绍随班就读的孩子，让班级家长和学生有心理预期和准备，在日后的学校生活中能给予理解和帮助，同时给随班就读的孩子争取一个包容和谐的班级成长环境。

其次，我们可以创设一些随班就读的孩子能胜任的班级岗位给他们，让他们在班级生活中有价值感和存在感，也让同学们看到随班就读的孩子在努力地成为班级不可或缺的一分子。

最后，鼓励随班就读的孩子家长多参与班级活动。融合不仅需要班级对特殊孩子的接纳，也需要特殊孩子的家长主动地靠近班级，这样才能达到长期的平衡与和谐。在班级每一次举行大型活动时，鼓励随班就读孩子的家长积极参与，将平日里大家对他孩子的爱再传递给班级每个孩子，这样不仅能平复班级其他家长心中的怨言，而且对全体学生来说也是很好的感恩教育。

二、引导他们正确认识自我，实现自我教育

苏霍姆林斯基这样评价自我教育："一切教育之中，最高级、最有价值的是自我教育。"教育同自我教育是统一的过程，自我教育在一定意义上来说既是教育的结果，又是进一步教育的条件或内部动力。自我教育是最重要的教育，只有学会了自我教育，人才能真正成熟。

对于特殊儿童的自我教育，可以分成两个步骤。第一步是认识自我，让他认识到自身的特点，生命的意义。面对学习的暂时落后，面对同学的暂时不解，面对嘲弄，不自卑、不气馁，自己在努力地实现生命的价值，优秀是我们追求的最终目标，

但暂时“独特”是我们的权利。学会遏制自身的暴怒情绪，适度表达自己的需要。学会向他人寻求帮助。第二步是自我教育，自我教育其实是一种自我修正、自我锤炼、自我提高，它的最大特点是自己发现思想问题，自己解决自己的思想问题。这种教育既没有外力的推动，更没有他人的强制，因此需要清醒和自觉。特殊儿童的自我教育，是在自我认知的基础上进行的，认识到自己的生理缺陷，坦然接受，也坦然接受由此带来的一些负面影响，在自身现有条件下，提高自己的学业水平和社会适应能力。

三、积极评价，提升自我价值

随班就读的学生内心更渴求尊重，包括自尊和受到别人的尊重。这是个体对自我作出积极评价和要求他人承认自己的人格与能力的精神需要，它能使个体克服自身缺点、奋发进取，以维护自己在集体中的声誉和地位，既能满足尊重的需要，也能使自己相信自己的力量和价值。评价是教师对学生行为的反馈，客观而恰当的评价，不仅能总结学生过去的表现，还能激起学生再努力的积极性。特别是随班就读的学生，哪怕只是细小的一点进步（这种进步在一般学生身上可以避而不谈），教师也要及时评价，让其“闪光点闪亮光”。例如，会写几个生字，老师就应评价“××同学会写本课的生字了，有进步”。他衣服穿得干净了老师应评价：“××同学今天可真干净了，大家应该向他学习。”他上课时认真听老师讲课，老师应评价：“××同学学习可认真了，老师喜欢这样的孩子。”诸如此类的评价，虽不是越多越好，但也应及时，以多鼓励表扬为主。

随班就读的学生往往跟不上正常的教学进度，教师应考虑到这种个体的差异，适当放低学习和活动能力的要求，尽量创造机会让他们适当地表现，丢掉“我笨”“我无用”的思想包袱。例如，在课堂上一般的提问他们回答不出来，那就让他们读读简单的词语，写写字，从这些简单的学习活动中体会成功。

四、关心他们的成长，促进完善自我

教师不仅要关注随班就读学生的心理健康，更应该关注他们的成长，因材施教，因势利导，鼓励他们向着“最近发展区”递进。其做法如下。

1. 遵循个体成长的规律

个体的成长具有一定的规律。教师必须依据个体的成长规律循序渐进地开展教育活动。过低或过高的要求只能阻碍学生的成长。对随班就读学生而言，他们在文化知识方面的学习落后于一般学生。教师应看到这一点，考虑到这一点，放低对其学习的要求，减轻他们的学习压力，避免心理上的超负荷。

2. 把握其成长的特色

随班就读的学生并非一差俱差，在他们身上也存在着长处，存在着闪光点。教师要善于发现和把握，鼓励他们振奋起来。例如，针对绘画方面较优异的学生，就应该激发他们绘画的兴趣，教给他们绘画的方法，让他们越画越好，越画越有兴趣。针对字写得不错的学生就应该在写字方面对其多加以指导，手把手地教，让他能写一手好字。针对爱唱歌的学生，就以唱歌训练为主。本班的一个随班就读学生特别爱劳动，会劳动，我就让他当劳动监督员，负责好每天的值日工作，他挺乐意，也挺负责，干得不错。总之，让每一个随班就读学生都能在能力较突出的方面获得快又好的发展，形成特色，自我完善。

五、鼓励同学之间互相合作

人与人进行联系的有效手段便是交流会话，互相合作，既能弥补学生之间的认知差异，又能增进同学之间的感情。在教育教学中，我总是有意识地把随班就读学生与班级中的优等生分配在一起，共同参与活动，共同参与学习。例如，课间游戏，指定学生跟他们一起玩；课堂讨论，把他们安排到讨论小组中一起讨论；课后练习，让班中的佼佼者帮助他们等，久而久之，在这种互相合作的过程中，班级学生自然就把他们视为集体中的一分子，忽略了他们的个别差异。另外，对随班就读的学生来说，在这种长久的合作中，他们与同学多了交流、交往的机会，认识到了自我的存在，自然而然地参与到集体中，成为其中的一分子。长期这样不仅能消除他们的心理阴影，也能使他们向往班集体生活，满足他们对关爱的需求，促进了他们的社会化过程。

随班就读是我国解决特殊儿童入学问题的一种有效教育形式，已成为现有条件下实现“融合”教育的最佳途径。随班就读的学生与正常儿童在生理、心理发展方面都存在较大差异，他们无论是身体素质、心理发展，还是在生活能力、学习能力等各方面都远不如正常儿童。他们与正常儿童在一起生活、长期相处的过程中，由于家长、学习伙伴、教师等因素处理不当，都会给随班就读学生心理上造成较大压力，乃至出现心理健康问题。教师应关注他们，爱护他们，发展他们，让他们与一般学生一样正常地学习、活动、生活，消除滋生他们不良心理的“温床”，让他们身心健康地发展。

第四节　教育叙事篇

一周一篇小故事

珠海市香洲区凤凰小学　徐　敏

一年级的孩子刚入学，家长们还处于幼儿园家长到小学家长的过渡期，他们很期盼看到孩子每天在学校的表现，希望小学老师能像幼儿园老师一样，每天能在家长微信群里分享孩子们一天的生活情况。作为老师，我很理解他们的心情，但是如果每天都详细地去拍照和解说，这在小学教学阶段是很难做到的。对于新班级和新家长，老师怎样做才能让家长知道老师对孩子是有关注的，从而更加支持和信任老师呢？除平日里偶尔会分享一些学生在校学习与生活的照片之外，我会用文字的形式，记录下学生们有爱又有趣的画面，争取每周一篇分享在家长微信群里。

摘录其中一篇，于 2022 年 4 月 18 日晚发布于班级家长群。

晚上好，本周跟大家分享几个可爱的画面。

画面一：早餐结束后，我问：“今天谁可以代替值日生？”（因为今天负责早餐值日的梓灏同学代表班级领奖去了）话音刚落，刚好经过分餐台的小诏同学二话不说搬起分餐盒就往外走，他那结实有力的小胳膊，向我们展示了他对班级默默的爱。

画面二：小灏拿到文明班牌后，由于身高不够高，放不进插牌口，小文来帮忙，小文也不够高，于是几个男生把他抬起来，可还是够不着，最后小宸笑眯眯地不紧不慢地踮起脚尖把班牌放进去了，男生欢呼：还是小宸最高！我看到了友爱的快乐。

画面三：下午值日，只见小毅蹲在地上认真地用抹布擦着地上的黑印子，小锋也学着小毅的样子，把地板上难拖的黑印都弄干净了。小皓看到小轩还没扫完地，主动过去帮忙。不到半个小时，一组同学把教室打扫得干干净净，我感受到了团结的力量。

看，我们班的男孩儿们多棒呀！

随后家长们纷纷留言。

家长一：我们班的小男孩原来都这么棒，小小男子汉呀，点赞！

家长二：这是一个多么有爱的班集体啊！字里行间能感受到孩子对同学、对老师、对班级的爱。

家长三：感谢老师的用心，步入小学后，孩子进步很大。

小小的故事，大大的效果。通过每周的小故事分享，让家长们了解孩子在校的情况，发现孩子平日在家没有显露出来的闪光点，从而更加懂得欣赏和赞美孩子。同时，家长们通过这些故事也能感受到老师平日里对孩子们一点一滴的关注和关心，从而更加信任老师，支持老师的工作，让家校关系变得更加和谐。另外，在家长微信群里经常进行正能量故事的分享还有利于增强班级凝聚力，真是一举多得呀！

爱的五种语言

珠海市香洲区第一小学　吴瑞湘

几年前，我遇到了一本对我影响很大的好书，它的名字叫《爱的五种语言》。我从这本书里学到了爱的语言有五种：第一种，肯定的言词（通俗地讲就是赞美）；第二种，精心的时刻（换句话说就是全身心的陪伴）；第三种，接受礼物；第四种，服务的行动；第五种，身体的接触。对每个人而言，最重要的爱的语言是不一样的。比方说：我最喜欢吃剁椒鱼头而您不一定最喜欢吃它。您最在乎的一种爱的语言是什么？赞美？陪伴？收礼物？为您效劳？还是和您亲密接触？这本书让我懂得了更好地去表达爱。

我想，爱的能力也会影响孩子一生的幸福。于是我组织了一次班会，让孩子们在活动中学习爱的五种语言，课堂上，我做了一个小调查：爸爸妈妈经常向你们说这五种爱的语言吗？问到其中的四种，孩子们笑嘻嘻地一边举手，一边嘴里还喊着“有啊！有啊！”当问到第二种语言时，教室里立刻安静下来，很多孩子四处张望，全班 41 位孩子，只有 6 位举起手来，你们猜猜看，爸爸妈妈们对孩子说得最少的爱的语言是哪种？（等待下面的反应）是陪伴。我接着追问：这五种语言里，对你最重要的一种语言是什么？大部分孩子都表示最重要的就是陪伴。平常只听说留守儿童缺少父母的陪伴，没想到的是，这群天天待在父母身边的孩子最缺的也是父母的陪伴，最想要的还是父母全身心的陪伴。

于是，我给家长们写了一封信，告诉了他们调查的结果，信中写道：各位亲爱的爸爸妈妈，也许您愿意为家庭辛勤地付出，也许您不惜花大价钱给孩子报各种兴趣班，也许您舍得给孩子买昂贵的礼物。但是您知道孩子最需要的是什么吗？是全身心的陪伴，是心与心的交流。信息发出后，家长们都表示谢谢我的提醒，今后要多用心陪伴孩子。

那次班会课后，我引导孩子们用学到的五种语言向身边的人表达爱。不久，母亲节到了，我收到了不少妈妈反馈的信息，一位妈妈说：“吴老师，您教会了孩子爱的五种语言，我家墩子回来一样不少地做到了，母亲节这天，他用他的压岁钱给我买了口红；给我一个甜蜜的熊抱和吻；帮我晾衣服；表扬我是世界上最好的妈妈；享受陪伴我的时光。我很感动。爱的能力和被爱的底气，都是美好的东西，希望我们一直拥有。”读着家长的信息，我为孩子的成长感到欣慰。

回顾这次历程，我从中获得了一股强大的阅读动力：好书，不光能帮助我自己成长，而且能让我引领家长和孩子一起成长，看来阅读真是成长的助推器呀，今后，我要多读书，读好书。我也获得了一个深刻的认识，班会课不仅要在课堂上开展，更要把课堂开展的活动延伸到生活当中去，践行陶行知先生的教育理念“生活即教育”，让美德在生活实践中深深扎根。通过这次跟家长的互动，我还产生了一个新的想法，学校应该向家长系统地传授科学的家庭教育思想和方法，我的下一个课题，是想开发1～6年级家长学校的校本课程。让家校协同，形成育人合力，让老师的工作更轻松高效。今后，我会边学，边做，边反思，在教育的路上满怀热情，继续前行!

（注：本文获2018年香洲区班主任能力大赛“成长故事”一等奖。）

你的笑容真好看

珠海市香洲区第一小学　梁　玥

每次接手一个新的班级，我都特别喜欢看孩子们清澈无瑕的双眼，因为那是一种对未来的憧憬与希望。每一双眼睛都是一个故事，每一双眼睛都饱含一种期待。

今年，我又迎来了一批可爱的孩子们。

“笑笑”……“笑笑”……

当我点到笑笑这个名字时，半晌都没有人回答我。我巡视着教室里的孩子，发现在最后一排有一双目光呆滞、面貌看似异常的小女孩，我走过去，轻轻询问她的名字，她口齿不清的发音，让我没有听清楚她的名字。第一天的见面，她在班级有点格格不入，和同学没有交流，眼神的空洞透出一丝不知所措。

我想约见笑笑的妈妈，但她妈妈以工作繁忙为由，拒绝了我的约见。只是用微信告诉我：笑笑在多年前就已经确诊——孤独症谱系障碍，还患有精神发育迟滞。笑笑妈妈表示，她并不期待笑笑能像正常儿童一样能够学到多少本领和知识，但是希望老师能多多包容。简单的文字，却字字扎心。我很难想象这个母亲内心承受了多少不为人知的酸楚，这是一种无奈还是对未来已经失去了希望?

经过一段时间的观察，我发现，因为笑笑的发音不清，也不怎么会表达，课间没有同学愿意和她说话、做游戏；课堂上，她画着我看不懂的图形；书和练习本上，永远都是乱画的痕迹。但是她很文静，永远都是安静地沉浸在自己的世界里。社交的障碍与思维的滞后让她孤立在班级之外。我该怎么办?

我开始查阅资料，了解孤独症谱系障碍的具体表现，主动加入有关融合教育的微信群，同时，向学校的心理老师求助。

在和笑笑的接触中，我意外发现了一个细微之处，每当我轻轻抚摸笑笑的头时，她会把头不自觉地上扬和我的手掌摩擦。为了增加笑笑对我的信任，我每天都会走到她身边摸摸她的小脑袋。都说老师是孩子最好的榜样，慢慢地，有一些孩子也开始效仿我的行为——我发现了笑笑久违的笑容。

课间，我有意识地陪在笑笑身边，吸引了更多孩子的围观，孩子们你一言，我一语，渐渐地，孩子们居然能理解笑笑表达的意思。我欣喜至极，于是，我开始成立“故事宝贝手拉手”活动，借助同伴的力量，一起看故事、读故事、讲故事。我感受到笑笑点滴的变化：她开始模仿同学们的一言一行；开始简单地重复书里的句子；甚至还会和同学们因为故事中的情节大笑……我把笑笑的点滴进步都记录在专业成长档案里。或许笑笑妈妈也感受到了孩子的细微变化，主动发信息给我：梁老师，谢谢您对笑笑的关爱。这简短的信息，更让我坚定了自己的努力和付出。我似乎看到了融合之光，一切都充满了希望。

当我以为一切都在向好的方向发展时，班级微信群中的一张照片，让家长们议论纷纷。照片是笑笑妈妈发上来的，照片中笑笑手臂上的瘀青，让我感到事态的严重性。我立马在班级群中稳定家长们的情绪，在事情没有调查清楚前，不能冤枉任何一个孩子。同时，我打电话和笑笑妈妈进一步沟通，电话那头的声音有些颤抖，我一边安抚笑笑妈妈的情绪，一边了解事情的经过。很快，我把目标锁定到两个女孩身上。我恨不得立马把这两个女孩子揪出来当面跟笑笑赔礼道歉，但是，有太多的“为什么”在我脑海里浮现。她们为什么要掐笑笑？这两个女孩也是笑笑“故事宝贝手拉手”中的伙伴，平时也会经常帮助笑笑呀……带着这些谜团，我单独留下了这两个孩子询问具体的原因。原来，校运会快开始了，体育老师最近每天都在训练孩子们的跑步，孩子们看到笑笑跑步不协调的动作，怕影响班级的得分，为了不让笑笑参加，所以出此下策。参与了掐人事件的还有其他几名同学。我的内心如海浪翻滚，五味杂陈。平时看上去“友爱帮扶、团结暖心”的班级，在面对集体荣誉的时候，他们也会丢下自己的伙伴，那融合教育的意义在哪里？通过沟通、谈话，孩子们认识到这种掐人行为对笑笑内心造成的伤害。孩子们认识到自己的错误，大家一起给笑笑郑重地赔礼道歉。同时，在班级中，我通过“班级中的你我他”班会课，让孩子们知道班级中的每个人都是集体中的一分子，缺了谁都不完整。随后，我顺势引导：运动会中的集体项目我们能不能落下任何一个同学呀？全班同学异口同声回答——不能。运动会的接力赛跑上，笑笑的步伐虽然没有那么矫健，但没有一个孩子嘲笑笑笑，大家都能感受到她在努力地奔跑。跑道两旁的掌声让笑笑勇往直前，这是孩子们最真诚的鼓励。从笑笑身上，孩子们体会到了什么叫坚持和努力。更让我惊喜的是：回到教室后，笑笑主动走上讲台，用不太清晰的语言说了一句：谢谢大家。这次运动会之后，孩子们似乎更加懂得了什么叫作“凝聚力”：“凝聚力”就是不放弃任何一个人，“凝聚力”就是团结向善的力量。我把一张张照片发到班级微信群，家长们不仅为笑笑的进步点赞，更为班级中真心“相融”而点赞。在日后的班级活动中，我经常分享孩子们和笑笑相处过程中的小故事，有时候也主动请求家长们的帮助，在大家庭的相互鼓励、包容中，笑笑妈妈也慢慢融入班级中，脸上已经没有了开学时的抵触和忧伤。

经过三年的融合与陪伴，笑笑的情感日渐丰富，她的眼神慢慢透着光亮，她的脸上经常挂着笑容，她学会了简单而连贯的表达，甚至还慢慢学会了跳绳……在六一儿童节汇演时，笑笑和同学们一起演唱的《你笑起来真好看》，打动着每一个人，眼神的光亮和自信的笑容指引着我们：每个人都能成为“最好的自己”。

我终于明白，融合教育光有爱是远远不够的，它不仅需要老师智慧的引领和同伴的陪伴，更需要一种集体的接纳和共同的发展。融合教育，不仅让这些特殊的孩子在随班就读中感受到温暖，更重要的是让每个孩子能够在未来的社会中，都能用一颗包容、接纳的心去善待身边的每个人。

我和笑笑的故事还在继续，孩子脸上温暖的笑容如一股温泉，推动着每个人——共融，向善。

用好“示弱”艺术助学生成长

珠海市香洲区凤凰小学　徐　敏

中国传统教育从小就灌输给我们“不甘示弱”“勇往直前”的思想。生活中凡事争强好胜，最后却没能解决问题，甚至碰得头破血流的也大有人在。其实，“示弱”既是一种人生智慧，也是一门教育教学艺术。当然示弱既不是妥协，也不是委曲求全，而是战胜困难的一种理智的忍让。生活中向人示弱，我们可以小忍而不乱大谋；教书育人中，适时地利用“示弱”说不定就能巧妙地穿过教育“荆棘”，出现“柳暗花明又一村”的无限风光。

一、班主任“示弱”的必要性

新课程理念要求新时期的教师要转变教学观念，重新思考并定位在教学中所扮演的角色。作为新时期的班主任，我们更应转变教育观念，不能老是摆出一副旧式家长作风，或者过分强调自身的尊严而忽视甚至践踏学生的尊严来以此证明自己的魄力和能力。这样的做法其实对于新时代成长起来的大部分孩子已不再适用。家长已开始注重民主式教育，孩子的自我色彩也越来越浓，他们所接收到的课本以外的知识与信息甚至超过老师。如果班主任再以权压人，不平等地认识、对待学生，非但起不到教育效果，反而让师生关系更为恶化。

另外，从心理学角度来剖析，班主任在班级管理工作中，若能在讲究策略和艺术的基础上敢于“示弱”，巧于“示弱”，则能激发学生的成就动机，唤醒学生的信心，培养学生的质疑精神。让学生通过个体努力克服障碍、施展才华，最终又快又好地解决某一问题，同时班主任们也一定会收到超乎想象的教育效果。

二、班主任在班级管理中的“示弱”艺术

1.“示弱”要抓时机

随着现代社会经济的发展，孩子们的生活条件越来越好，大部分孩子提前进入青春期，在还没有建立是非曲直的年龄里，由于受不良网络信息的影响，很容易产生逆反心理，对行为反叛期学生的教育也成了让老师们头疼的一件事。在基础教育中，有些孩子，特别是部分男生的自我控制能力相对较差，我们可以适时、适当而适量地“示弱”。当班主任的强硬与他们的争能逞强碰撞在一起时，难免会两败俱伤，这样僵持会使班主任陷于被动，达不到教育目的。此时，班主任一定要走近他们，了解他们的心理：自我意识强，容易冲动；要面子，渴望他人的赞扬和认可；骄傲却不自信、逞强却不坚强、好斗却又极易受挫；向往进步，但缺少毅力等。在了解他们这样一些心理特点的基础上，再去看学生们因头脑发热或者争强好

胜而犯下的一些错误时，似乎能多一份体谅与宽容。我们千万不能不顾场合地去批评他，甚至当着众多同学和老师的面去羞辱他，这样粗暴的做法不仅践踏了孩子的自尊，也会让他记恨于你，在以后的学习生活中处处与你作对。因此，在这种情况发生时，面对这样的学生，我认为我们应当去“示弱”，而不是示威。

2.“示弱”要讲究语言艺术

“示弱”极富艺术性。首先，表情要自然，态度要亲切温和，用语要动之以情，必要时甚至挥之以泪。其次，目标要明确，并具有可操作性，让孩子轻轻一跳就能摘到果子。

案例一：低年级段识字教学中，生字识记对于活泼爱动、注意力不集中的孩子来说是一件枯燥而无味的事情。而教师巧妙的“示弱”语言却能激起孩子们高昂的兴致。例如：哎呀，这个字太难写了，哪个聪明的小朋友能帮老师想个好办法记住这个字？一语即出，孩子们纷纷开动脑筋，踊跃地参与。

案例二：班级里有个特别调皮的学生，让各科任课老师都头疼。每天不是有老师气冲冲地来办公室找我告状，就是直接拎他过来没交代几句便扬长而去（不用多说，肯定犯下的错不小）。当耐心被磨灭，每当他一犯错，我也会忍不住对他怒吼狂啸一番。后来一次家访，我才知道这个孩子一直跟着外婆生活在一个单亲家庭里，而且从外婆的口中得知他非常孝顺。家访之后，我便对他更添一份怜爱。有一次他又惹事了，我把他找来谈心，告诉他因为他犯错的缘故，我已被学校领导点名批评，别的老师也开始埋怨我（尽管都是善意的谎言，但我句句尽显真诚），在他面前，我真诚地向他道歉，并表达对他的关心不够，尽管也像外婆一样爱他，却不懂表达，并请求他的原谅和帮助。他第一次听得很认真，并红着眼眶向我道歉，答应以后不让我为难失望。接下来的几个月里，尽管偶尔有反复，但他明显进步很多。

案例三：有一次，早上由于忙于他事，我忘了去食堂打早餐。眼看着还有十分钟就上课了，手头的事情又走不开，于是我急中生智找了一位已吃过早餐的学生来。偏偏不巧，这位学生是刚进校不久的一年级的孩子，看着他天真的红扑扑的脸，我故意捂着饿得扁扁的肚子委屈地对他说：“小朋友，你知道学校食堂在哪吗？”他懵懂地点点头。“那你能帮老师一个忙吗？”“可以的。”小孩有点羞涩地回答。“老师还没吃早餐，肚子很饿，却来不及去食堂打早餐，你可以帮我去打来吗？”小孩迟疑了一下，不是太肯定地说："可以吧。"没想到，才过了五分钟，这位小朋友就捧着热腾腾的早餐回来了，我大声地跟他说谢谢，并赞扬他成功完成任务，小孩高兴地蹦蹦跳跳出了办公室。以后每个早晨，这个小孩都会探头探脑地来我办公室关心地问我："老师，需要我帮您打早餐吗？"

3. 不滥用"示弱"

的确，教师合理地利用"示弱"会使教育更富艺术性。然而"示弱"绝对不是毫无原则地依赖学生。完全地依赖学生而不给予具体操作方法的指导是无责任感的表现。对学生犯了错误后的视而不见或包庇，会让学生觉得老师软弱无能，因此会不在乎你的一言一行进而不尊重你，那么，你的工作将无法推进。因此，教师在"示弱"前要充分了解学生。另外，暗示或者请求学生的任务要在他的能力范围内，目标不能定得太高或太死，要有可行性和层次感，这样才能充分调动学生的动机感和成就感。

教师"示弱"让学生获得了被他人认可的成就感且体会到了帮助别人的价值感，更使一些诸多老师眼中的"后进生们"觉得这是从未有过的待遇。我们的"示弱"于我们而言并没损失什么，可对学生而言却获得了极大的成就感！教育教学中，教师适时适度地"示弱"可以称之为"以柔克刚"！这是建立平等、民主、和谐的师生关系的一剂良药。

最好的未来

珠海市香洲区凤凰小学　徐　敏

记得参加工作第一年，一年级新生入学，那些小朋友真是让我大开眼界：教室门外有探头探脑分不清自己哪个班的，有拼命抱着家长任凭我怎么拉扯劝说也不肯进教室的，有的即使进了教室，也在里头放声嚎啕。我是使出浑身解数好不容易才哄住了这帮刚从幼儿园毕业的孩子们。

从此，我彻彻底底地成了个"孩子王"。俗话说得好，"家有五斗米，不做孩子王"。其实我曾经是个不喜欢和小孩相处的人，总是本着惹不起却还能躲得起的态度，对小孩们敬而远之。

还真不巧，一开学我就发现班里有个学生，邋邋遢遢，嬉皮笑脸，上课坐没坐相，排队站没站相，个儿小小却很爱招惹是非，除了这些，他还特别喜欢整天跑到办公室缠着我问东问西，不信，你听听：老师，你怎么有时候戴眼镜有时候又不戴呢？老师，你有没有男朋友？某某老师是你男朋友吗？老师，你奶奶有几个孩子？外婆呢？实在没有问题了，他就来告别的同学的状。他自己这样也罢了，关键是他太有号召力了，很多孩子都有向他看齐的趋势。每天我的办公室如同热闹的街市。不要说同事们觉得烦，我自己也被那些无从答起的问题和多如牛毛的琐事纠缠得几度崩溃。于是，每次看到他，我都远远地躲开了。渐渐地，他似乎也发现了我有意回避他，尽管照样天天光顾我的办公室，但仅仅是偷偷瞅瞅我在做什么就走了，我也干脆装作没看见。就这样，不紧不慢地安静了一段时间。

突然有一天，英语老师气势汹汹地找到我说，你们班那个小峰今天读英语的时候发出阴阳怪气的音调弄得全班哄堂大笑。没过几天，音乐老师也来投诉，说你班那个小捣蛋又大闹课堂了。终于，他在语文课上爆发了。那天正教《人有两个宝》一课，刚好叫他同桌站起来朗读课文，他条件反射似的也跟着爬到椅子上，伴着同桌的朗读声动情地做着手势。大家笑得前俯后仰，我气得直接把他从椅子上拎到教室外，让他面墙思过。从此以后，诸如此类的好戏经常上演，让我无可奈何。

若不是那偶然的一件事，恐怕在我心中，早已把他划入无可救药之列。有一次，我捧着一沓作业正往教室走去，拐角处，不知从哪里窜出一高年级的学生重重地撞上了我，瞬间本子洒落一地，我还来不及批评教育，只见那学生歉也没有道便一溜烟跑了。正当我愤怒未平时，只见我班一大帮小子居然把他给逮回来了，那大摇大摆走在最前面的正是他。这帮一年级的小朋友在他的带领下硬是围着这个五年级的学生，让他向我道了歉，并收拾好洒落一地的本子才肯放他走。

此事以后，基于他过于"出众"的领导才能，我也是突发奇想，破例让他做了半期的班长，不过在担任班长期间，此生劣习确也改了不少。慢慢地，我们越走越近。慢慢地，我发现他外在粗犷，但内心细腻。出板报的时候，他会将图钉钉尖朝他自己，然后再递给我；倒水给我喝，他会冷热各掺一半，水温刚好。偶尔我会故意逗他："你是不是最喜欢我呀？"他每次都会张大缺了门牙的嘴巴笑嘻嘻地回应我："才不是呢，你那么凶。"我说我也不喜欢你，因为你太调皮。其实我们互相都珍藏着那份深深的情谊。

很快一年过去了，教师节这天，办公室成了花的海洋。徜徉在花海中，恍惚于清甜的香气间，仿佛自己成了那万人瞩目的公主，接受众人的顶礼膜拜。那些稚嫩的文字是最诚挚的祝福，在得意与享受幸福的那一刹那，我惊讶地看到了一本皱巴巴的笔记本，打开扉页如下文字映入眼帘：徐老师我要专（转）学了，在（再）见！对不起。是的，他要转学了，破天荒送了我一个记事本，还是带笔的。虽然短短两句话就有两个错别字，但留给我更多的还是感动。至今，我仍然会想起他。

转眼我做班主任已有十多个年头，曾几何时，回顾来时的路，默数那些失落；曾几何时，心灵的疲惫与情感的倦怠，滋生了放弃的念头。是他，不，是他们！让我打开信仰之门，并将这种信仰坚持下去。

有这样一首歌，我觉得应该是我们师生关系的最好写照，大家不妨听听：

每朵浪花一样澎湃，每个梦想都值得灌溉，每个孩子都应该被宠爱，他们是我们的未来，同一天空底下相关怀。

这就是最好的未来。

她是学生，也是我的老师

珠海市香洲区凤凰小学　徐　敏

新学期开学啦，我接了个新班，满怀激情地走进新接任的四(3)班教室，和还们问好。同学们坐下后，我环视教室，突然发现这个班的女生和从前带过的班级大不一样：你看，那个前排的大眼睛女孩从我进教室到现在一直不苟言笑地瞪着我；窗边那个小辫子姑娘散漫地靠着椅背，歪着嘴一脸不屑，我向她点头示以微笑，谁知她却把头一扭，眼看窗外；后排有个小胖妞干脆趴在桌子上头也不抬……女生不是一向乖巧懂事，易于管理的吗？我很恼火，想立马给她们点颜色看看，但转念一想，我刚接班，对班上的情况不了解，还是不要鲁莽行事，继续上课吧。

故事说到这里，可能你会往下猜我是如何感化她们的。错了，我只是想告诉你们，就是在这样的环境中，却有着一朵出淤泥而不染的“荷花”。

接下来的这节课似乎空前绝后的长。课中，我隐约感受到教室的某个角落里有一束异样的光一直投照在我身上，我情不自禁地转向那个角落。这是一位小女生的目光，宛若春日的阳光，平和而温暖，我走近她，她清澈的眼眸中满是期待，她上扬的嘴角充满自信。不！等等，她似乎有点异样，我是指她的容貌，她的上唇非常短小肥厚，下唇向外翻出，很显然，这位女孩先天性兔唇，只不过手术并没有完全矫正她的容貌，而是在畸形的嘴唇缝合处留下了细细的、永久的疤痕。这堂课上她的表现很积极，坐姿端正，吐字清晰，思维开放，表达流畅。

后来我发现，不只是这堂课，接下来的日子里，她依然处处优秀。她爱阅读，也勤于练笔，自己还创作了长篇校园小说，娟秀的字迹，优美的插图，自己设计的版面，就连精美的封面也透露着她的才气。她经常拿着自己的作品与同学分享，跟老师交流。在她的带动下，班上更多的孩子开启了阅读之门，开始了阅读之旅。我也是受她的鼓舞，成立了班级阅读角，甚至在十分钟的晨读中加入了朗读儿童现代诗的内容。是的，她让书香溢满整个班级。

有一次放学后做板报，考虑到她家离学校较远，我没有让她参与进来，但她还是主动请求要留下帮忙。眼看板报快完成了，可时间也不早了，同学们陆续地回家了，我一遍又一遍地催促她也赶紧回家，并询问她家里有没有人接，她顿了顿说：“徐老师，我一直都是自己回家的。”那晚她一直坚持把班级板报做完才走，我送她，路上她娓娓道来：“我们一家来自温州，爸爸做点小生意维持一家四口人的生活，有个哥哥，二十多岁了，是个智力障碍者，妈妈在家里专门照顾哥哥……”听到这些，我揪心极了，正要伸手去安抚这个孩子时，她却话锋一转：“老师，你知道吗？我可佩服我爸爸妈妈了，爸爸为了这个家拼命地赚钱，他让我们住上高档小区，而妈妈常年照顾哥哥却从来没有半点怨言……”说这些话的时候，她的眼睛亮晶晶的，多好的孩子啊！想想我自己，天天为一点琐事怨天尤人，真是连眼前这个小女孩都不如。

这样一个自信阳光、善良坚强的孩子有一天突然哭了，当时正逢上午的大课间，我发现她的情绪不对，便走近她，还没来得及问原委，她就嚎啕大哭起来，一个字都说不出来，旁边的同学轻声嘀咕：老师，刚才综合实践活动展示课上，她举了一节课的手，你都没有请她上去汇报……原来是这样。我连声道歉，并承诺再给一节课，让还未展示的小组继续汇报展示。她听后立马擦开眼泪，破涕为笑。汇报的时候，只见她神采飞扬，无论是内容还是形式都很新颖，可见这次活动她们不仅做了充分的准备，并且围绕主题认真地开展了多项活动。最终，她们小组被评为最佳活动小组。

是的，她就是我们班的桐桐，虽然名字中的桐字让人联想到秋的萧瑟与落寞，但她那颗心像那融开了满河冰冻的春风，如那催绿遍野荒原的春雨，她让自己的心湖蓄满爱、温情和微笑，然后化成缕缕阳光温暖他人。作为师者，我们是不是更应该如此呢？学习上，她是我的学生；生活中，偶尔，她也是我的老师。

播撒感恩的种子，静待花开馥郁芬芳

珠海市香洲区凤凰小学　徐　敏

自古以来，中华民族就有乐于助人、知恩图报的传统美德。某个周五，有这样一个温暖的故事发生在我们身边：我们班若若同学冒雨走在回家的路上，突然身后一位身着一中校服的大哥哥叫住了她，递给她一把伞后，连姓名都没有留下便急匆匆地走了。一把雨中递来的伞温暖了小若若的心，事后小女孩怀着感恩的心写下了一封感谢信，随后将这封信和那把雨伞一起送到了一中的保安亭，希望找到这位充满爱心的大哥哥，并表达她诚挚的谢意。虽然至今仍未找到那位“无名雷锋”，或许在他的生活里，这一小小善举，他早已习以为常，过后就忘记了，但他的精神，已经在小颗若的心里生根、发芽……

一把雨伞，一封感谢信，在微不足道的平凡小事中付出与感恩。这是良好的家庭、学校和社会“三位一体”协同教育最好的体现。

细水方能长流，润物般的感恩教育才能让孩子的感恩情感更加真实。若若妈妈就是将“感恩教育”贯穿在家庭生活的细节中。她说：“教育最自然的方式就是身教。在日常生活中，我经常对孩子表示感谢。当她帮助我们做事情，即使只是递了个工具，倒了杯水，我们也会向她说‘谢谢！’生活中的感恩，孩子能够亲身体会，对她而言就是非常直观的感受，胜于说教。我们经常会捐献闲置衣物及玩具等物资给西藏地区的儿童，每当看到藏区儿童收到物资的照片反馈回来的时候，她也体会到了别人的感谢之情，看着照片上藏区儿童抱着毛绒玩具的笑脸，我相信她比我们更有感触。让感恩情感的产生变成一个自然而然的过程。”

学校把感恩教育贯穿德育工作始终，通过在每年的“三八”妇女节、教师节、重阳节，以及母亲节、父亲节等活动引领孩子们以恰当的形式表达感激之情，起到了感恩教育的效果，使学生们常怀感恩之心。

我们班的家委会在我的倡议下，经常组织本班孩子参加慈善公益活动，以给予别人更多的帮助和鼓励为最大的快乐，对有困难的人们伸出援助之手，而且不求回报。学生常怀感恩之心，就会更加热爱班级、学校、家乡、祖国，为自己成为一名高尚的人奠定了思想基础。

教育和成长是相辅相成的。我们携手让感恩变成一种习惯。播撒爱与感恩，收获馥郁芬芳。

第五节　班会活动篇

叔叔阿姨辛苦了
——感恩教育班会活动设计

珠海市香洲区凤凰小学　徐　敏

活动目标：

（1）通过学习运用观察、访问等方法进行社会调查，进一步了解为我们生活提供服务的不同行业的劳动者的苦与乐。

（2）在活动的基础上感知、体验、感受劳动者的辛劳和奉献精神，从而激发学生对辛勤的劳动者产生敬佩之情和感激之心，懂得爱惜劳动者的劳动成果。

活动重点、难点：

（1）通过观察、访问，从中体验、感受劳动者工作的辛苦。

（2）激发学生产生对各行各业劳动者的尊重和感激之情。

活动准备：

（1）多媒体课件。

（2）引导学生观察、调查周边劳动者的工作情况。

（3）鼓励学生到周边的一些行业进行体验。

活动设计：

一、谈话导入

师：同学们，你们暑假都有和爸爸妈妈一起出门旅游了吗？有，开心吗？没有，为什么？原来他们需要坚守自己的岗位，你们还发现在我们放假时，在我们的旅途中，有哪些叔叔阿姨在工作呢？是啊，正是有他们的默默付出，我们的生活才更美好！

让我们真诚地向他们道一声："叔叔、阿姨辛苦了！"（揭示课题）

活动一：感知劳动者的苦与乐

1. 教师过度、引入

我们能够方便、愉快地生活，离不开那些为我们提供服务的人。让我们先来看个短片，了解一下每天都有哪些叔叔阿姨为我们服务呢？播放视频。

是的，他们平凡而伟大，我们课前分小组对身边的劳动者进行了采访调查，今天就让我们一同走近他们，请小组长将大家调查到的情况与大家分享。

2. 汇报之前，教师提出要求

（1）汇报的小组要注意把调查到的情况讲清楚，让大家听得明白。

（2）其他同学要仔细看，认真听，待会儿请你们来谈谈感受或看法。

3. 汇报反馈

（1）调查警察的小组汇报。

（2）调查清洁工人的小组汇报。

（3）调查医生的小组反馈。

（4）调查保安叔叔的小组汇报。

(5) 调查教师的小组汇报。

学生提供图片、录像资料，并介绍调查对象的工作情况；小组成员补充采访所获；学生听后谈所见所感。

教师小结：通过我们的活动前调查，我们走近各行各业的叔叔阿姨们，发现了他们身上这么多值得我们敬佩和学习的精神。正是因为这些叔叔阿姨们的无私奉献，坚持不懈，吃苦耐劳，才让我们的生活更加美好，让我们向他们道一声："叔叔、阿姨辛苦了！"

（活动目的：引导学生进一步了解不同岗位劳动者在他们的劳动奉献中所付出的辛劳、艰苦，以及鲜为人知的各种矛盾与压力。）

活动二：体验劳动者的苦与乐

(1) 教师过渡、引入。老师这里还有一组照片，大家看看他们是谁？你了解他们的工作情况吗？老师配乐讲述。

(2) 播放学校保安、清洁阿姨、食堂阿姨、班主任老师等图片，学生认真观察，听老师讲述。

(3) 结合画面，回忆体验经历。如校门口站岗、大扫除，以及做饭洗碗等厨房劳动。

（活动目的：通过进入生活实际的体验，感触各行业劳动者劳动的苦与乐，促进情感交融，内化道德认知品性。）

活动三：感激劳动者

(1) 播放学生糟蹋粮食、乱扔垃圾等破坏劳动成果的画面。让学生反思：当你辛苦打扫的地板变成这样，当你辛苦做好的早餐被倒掉……你想说什么？

(2) 教师小结。通过体验，大家都感受到了无论做什么，都得付出一定的辛劳。我们对待他人的劳动成果更应该倍加珍惜。

今天老师请来了学校的叔叔阿姨，面对这些默默无闻的劳动者，我们想对他们说些什么呢？将我们的感谢与祝福写在心意卡上吧。

(3) 让学生读出自己的心意，并将心意卡送给我们亲爱的叔叔阿姨。

（活动目的：升华情感，引导学生把内化的道德认知结构外化为行为实践，回归生活。）

二、总结

老师相信在今后的生活中，你们一定会理解、尊重每一位劳动者，用自己的实际行动来表达对他们的敬意！

活动反思：

本次活动是让学生了解平凡劳动者工作的苦与乐，激发学生产生尊重感。首先，我重视学生的班会活动前采访准备活动，在活动前进行扎实的采访内容指导，在班会活动开始时，先让学生把调查的不同劳动者苦与乐的内容进行了交流，对能较准确地把握采访内容，言之有物的学生进行了激励性评价，使学生明白班会活动前的准备和资料的搜集是十分重要的，也为下面学生能与劳动者进行面对面采访打下了坚实的基础。

其次，我从学生的生活实际出发，巧妙安排活动内容。在班会活动中安排了与劳动者面对面采访的环节，在邀请的劳动者中，一名是职业为警察的家长，还有两名，则是学生较为熟悉的劳动者——厨房工人和美术老师。在采访中，学生就能更好地了解这些平常他们所熟悉的平凡劳动者们工作的苦与乐和他们校园生活的密切联系，激发学生产生尊重感。

在进行课堂评价时，针对学生的不同回答，我给予不同的带有指导性的意见、激励性质的评价如“你真是一个善于观察生活的孩子，希望你继续做生活的有心人……”，在学生与劳动者进行面对面采访时，也适时地穿插了评价语，起到“穿针引线”帮助学生与劳动者沟通的作用。

此次班会还有一些遗憾之处：从整个活动过程看，有前松后紧的感觉，在前面学生介绍所搜集的资料，又用课件介绍了劳模的事迹，以及一些劳动者如何工作的视频部分稍显冗长，使后面采访后的感受，为劳动者献花的环节不能较好地展开，我想应适当减少前面对劳动者的介绍内容，整个班会活动的效果会更好。

“老师，您辛苦了”主题班会教案

四会市城中街道彭冲湾小学　谢惠珍

一、活动目标

（1）通过本次班会活动，激发学生对老师的感恩和热爱之情，让学生进一步认识和了解教师工作的艰辛和崇高，从而激励学生更加热爱和尊敬老师，进而奋发努力，以优异的成绩回报默默耕耘的老师们。

（2）通过“教师美誉”分享，“教师赞歌”朗诵比赛、“我最喜欢的老师”小组讨论等丰富多彩的形式，来表达学生对老师的礼赞和祝福。

（3）通过“教师节知识竞赛”的形式，了解有关教师节的知识、古今中外尊师重教的故事，既增加学生的知识，又激发学生的尊师、爱师的情感。

二、活动准备

（1）教师精心制作主题班会课件。

（2）学生准备关于“教师美誉”“教师赞歌”“我最喜爱的老师”以及“老师，我想对您说”等活动的材料。

（3）确定班会活动的主持人，编写主持词。

（4）学生学会歌曲《老师你好》和《长大后我就成了你》。

（5）邀请参加活动的团队老师。

（6）布置好教室。

三、活动方法和形式

播放视频、讨论、表演、朗诵等。

四、活动时间

2023 年 9 月 8 日。

五、活动地点

三（6）班教室。

六、活动对象

三（6）班全体学生。

七、活动过程

（一）导入

主持张：是谁，播下万古远点的梦幻?

主持周：是谁，耕耘遍野燃烧的心愿?

主持合：是您，我们敬爱的老师!

主持张：您将青春融入滴滴烛泪，记下了人类永远的赞叹。

主持周：流淌的汗水和心血啊，在校园里把希望浇灌。

主持张：您用青春写出无悔的人生。

主持周：您用真情谱写世间最壮丽的诗篇。

主持张：您的爱，我们永远也报答不完，

主持周：让我们深深地向您鞠一躬，真挚地问候一声——

主持合：老师您好!

主持周：三（6）班“老师，您辛苦了”主题班会现在开始。

（二）表演

1.“教师节知识竞赛”

活动方案：

把全班分成 6 个小组，把教师节的知识设计成各种各样的题目，让每个小组成员通过必答、抢答等方式竞赛得分，分高者即为优胜者。此活动可以让学生更全面更具体地了解“教师节”这个属于老师们的节日。

2.“教师美誉”

活动方案：

把全班分为6个小组，每个小组选1～2名组员代表，跟全班同学分享古今中外对于教师的美誉以及尊师爱师的故事。此活动可以让学生更加深刻地体会教师工作的辛苦和伟大，从而激发学生对老师的敬爱和感恩之情。

3.“教师赞歌”

活动方案：

6个小组各准备一首赞美教师的诗歌，一起朗诵，表达对老师们的热爱和感谢，并选出最优秀的表演组。此活动可以全面激发学生对老师的“爱”，拉近学生和老师的距离。

4.“我最喜欢的老师”

活动方案：

小组讨论，全班分享“我最喜欢的老师”，同学们有感而发，向最喜欢的老师致敬，升华对老师的情感。

5.“老师，我想对您说”

活动方案：

全班同学在《老师你好》的音乐中，写下最想跟老师说的心里话，并把这些心里话，贴在黑板上，拼出一颗大大的心，红红的心，包含对老师敬与爱的心。

6.“老师，节日快乐”

活动方案：

6个小组分别表演自己精心准备的献给老师们节日的精彩节目。全班同学齐参与，用不同的方式表达自己对老师节日的祝福。

（三）结束

全班同学在《长大后我就成了你》的歌声中朗诵《尊师颂》，结束今天的班会活动。

老师是石，敲出星星之火；
老师是火，点燃生命之灯；
老师是灯，照亮前进之路；
老师是路，引你走向辉煌。

感谢恩师，感谢您的谆谆教诲；

赞颂恩师，赞颂您的美好心灵；

祝福恩师，祝福您教师节快乐；

祝福恩师，祝福高尚的您永远健康，欢乐！

好书伴我成长

——四(6)班主题班会活动方案

珠海市香洲区第一小学　颜　婧

一、活动目标

(1) 明确什么是好书，使学生懂得只有多读好书才有利于在各方面的提高和发展。通过活动，让学生明白书是知识的源泉，书也会给我们带来无限的乐趣，从而使更多的学生爱看书。

(2) 畅谈读书的感想，交流读书的方法，激发学生读书的热情。读书要有选择地读，读有价值、有意义的书。

(3) 明确读书的目的，展示读书成果，提高学生读书的自觉性。

(4) 教育学生明辨是非，有选择性地阅读书籍，并且教给学生正确的读书方法，让学生养成好读书、读好书的良好习惯。

二、活动准备

(1) 物色好主持人。

(2) 各小组准备材料，搜集关于读书的名人名言，搜集古今中外的读书事例。

(3) 排练相关的节目。

三、活动过程

（一）导入

师：亲爱的同学们，大家好！让我们以热烈的掌声有请今天的主持人上场！

主持人（合）：敬爱的老师，亲爱的同学们，大家好！今天由我俩在这里主持“好书伴我成长”主题活动。

严：我叫小严，活泼开朗，勤于动脑，人称“智多星”。杜：我叫小杜，兴趣广泛，爱好阅读，人送“小书迷”。（以下主持人严、杜简称甲、乙）

甲：如果有人问：“伴随你成长的是什么？”

乙：也许有人会说是糖果，也许有人说是玩具，也许还有人说是奥特曼和变形金刚……

甲：如果你到我们香洲一小来我们会自豪地告诉你。

合：伴随我们一路成长的是知识的源泉——好书！四（6）班“好书伴我成长”的主题班会现在开始。

（二）明确读书的重要性

甲：今天，校园里为什么洒满阳光？

乙：今天，教室里为什么格外明亮？

甲：因为我们要和好书交朋友，这当然是喜事一桩。

乙：让我们共同感受读书的快乐。

甲：让我们共同畅谈读书的感想。

乙：下面有请各小队正式参加活动。

（各小队站起来齐呼）

甲：是啊，书是人类一种伟大而美妙的发明。

乙：书是最聪明、最可靠的老师和朋友。

甲：凡是成就大事、有所作为的人都是爱读书的人。

乙：课前，颜老师要我们去搜集名人读书故事，想必大家都搜集了很多故事，首先有请我们的故事大王来分享名人读书的故事。

师讲“囊萤映雪”的故事（PPT）。

甲：车胤和孙康真是勤奋好学的典范！现在我们的生活条件好了，已经不用像他们那样利用萤火虫和雪地的反光来读书了，但是他们这种孜孜不倦的精神永远值得我们学习！

乙：其实啊，名人酷爱读书的故事远远不止这些呢？谁还知道哪些名人读书的故事？

学生讲名人读书故事。

甲：名人读书的故事成千上万，三天三夜也讲不完。

乙：从古到今，天下名人无不热爱读书，他们从书中获取知识，造福人类。

甲：现代作家郁达夫曾说过："世界上的大思想家和大发明家，都从书堆中进去，再从书堆中出来。"

乙：古今中外的名人对于读书都有着深刻的体会和独到的见解。

甲：瞧，咱们班同学收集了这么多的名人名言。

乙：下面让同学们来说说他们是怎么说的吧！

学生交流收集到的关于读书的名人名言。

甲：莎士比亚说过，生活中没有书籍，就好像没有阳光。

乙：智慧中没有书籍，就好像鸟儿没有翅膀。真心希望同学们都能和好书交上朋友。

甲：请听由小铭、小靖、小慧、小楷等 4 名同学带来的诗朗诵《和好书交朋友》。

（三）了解该读什么书，推荐好书

甲：谢谢这四位同学精彩的朗诵。

乙：其实，可以用四个字来概括读书的好处，那就是"开卷有益"。

甲：世界上这么多书，同学们，到底哪些书才适合我们小朋友看呢？你认为到底什么样的书才是好书？你准备向大家推荐什么样的好书？

乙：是啊，这也是一个值得我们探讨的问题。前不久，我们各小队对这个问题都作了交流和讨论。现在，我们就请他们来为我们做一个汇报吧！

甲：首先有请第一小队汇报。

第一小队汇报：我是第一小队的汇报员小馨。我们这组通过讨论，一致认为内容健康、生动、有趣的书是好书，适合我们年龄读的书有很多。如《格林童话》《安徒生童话》《哈利波特》等，这些书会把我们带到神奇的世界，这里有猫和老鼠、有海的女儿、有拇指姑娘，有魔法世界……我们小队的同学特别喜欢看童话魔幻类书籍。我们这一组在课外还编排了一个推荐好书的童话剧呢！

第一小队表演自编童话剧《找朋友》（表演者：小宸、小柠、小颖、小诺、小果、小川、小扬、小昕、小霑）。

乙：第一小组汇报得非常精彩，有请第二小队为我们介绍。

第二小队汇报：我是第二小队的小卉。我们觉得有助于学习的书很适合我们，如《作文大全》《儿童文学》等。这些书不但有助于我们学习，还有助于开发我们的大脑，提高我们的学习兴趣。我也想请我们组的小鹏、小瀚、小程继续汇报。

小鹏：我们小组还想向大家推荐传授科学知识的书，我隆重推荐《科学故事》《奥秘世界大百科》。

小瀚：看这类书不仅能增长知识，激发我们爱科学、学科学的兴趣，还可以培养我们的创造力和动手能力。上个月我的绿豆生豆芽的实验成功了。我的劳动成果，就是查阅科学书籍才让我完成了实验，我感到无比自豪。

小程：这是我们组的好书推荐卡，课下请同学们欣赏。

甲：第二小队汇报得非常有意义，有请第三小队为我们汇报。

第三小队汇报：大家好，我是来自第三小队的小阳，我们小队向大家推荐的书是中外名著，首先推荐我国四大名著《红楼梦》《三国演义》《水浒传》《西游记》，里面有许多人文历史、传统文化值得我们去研究。还有世界名著，比如《老人与海》《钢铁是怎样炼成的》等，我还想请小琦、小洋同学为我补充。

小琦：我们小队还想向大家推荐名人传记。比如《名人传》，又称“巨人三传”，它包括《贝多芬传》《托尔斯泰传》《米开朗基罗传》三部“英雄传记”，还有《霍金传》《乔布斯传》《周恩来传》等。

小洋：我最喜欢读盲人女作家海伦·凯勒的自传体小说《假如给我三天光明》，下面我想为大家朗诵里面的片断。

小洋朗诵《假如给我三天光明》片断。

乙：感谢第三小队的推荐，感人至深，下面有请第四小队为我们汇报。

第四小队汇报：我是第四小队的小桐。我们小组认为能使我们受到教育的都是好书，凡事能开阔我们眼界的都是好书。我们小队课外搜集了大量资料，准备了一段群口快板《说书名》，希望大家记住推荐的书名。

第四小队表演快板《说书名》。

甲：记得一位名人曾说："读书要选择，世上有各种各样的书，有的不值一看，有的只值看 20 分钟，有的可看 5 年，有的可保存一辈子，有的将永远不朽。"感谢第四小队给我们带来的精神大餐，这对我们今后的选书大有帮助。

乙：是呀，看来"好书的标准"是思想好、知识性强、趣味性浓。能启发思考，解决问题的都是好书。

甲：所以我们要坚决远离那些思想不健康、语言粗俗、充满暴力的坏书，以免受到毒害。

乙：好书才是我们真正的朋友，那么怎样才能读好这些书呢？请各小队推选代表介绍读书方法。

各小队代表介绍读书方法：

第一小队代表：圈读法，这是一种传统的读法，即对文章内容加以圈点，找疑究难。圈读的过程是读、思、记的组合过程，不但可以疏通文本，促进理解，还可以增强记忆，便于进一步分析，做到"不动笔墨不看书"。

第二小队代表：我喜欢采用五步读书法，具体就是大致浏览、提问、精读、摘抄、复习的五个步骤。这是我的阅读手册，我每天午读时都会摘抄好词好句，写作文时可以灵活地用到自己的作文里呢！

第三小队代表：我把平常使用的有效的三种方法推荐给大家：①"三到"读书方法：眼到、口到，心到。②泛读和精读相结合法。③抽空读书法。

第四小队代表：我补充一点，选择名著进行精读，普通的书可以泛读。我还觉得背诵，适当积累，是一种很好的读书方法。背诵时，我经常采用"提纲背诵卡"和"关键词背诵法"。

（四）展示汇报

甲：谢谢以上同学的分享，通过你们的汇报交流，我们明白了应该读好书，读书还应该有好方法，才能养成好习惯。

乙：这学期开学以来，我们班掀起了读书的热潮，大家收获多多。你们看（播放班级认真读书的照片，作简单解说），午读时，同学们聚精会神地遨游书海，校园一角，咱们的课外阅读时光更是一种与众不同的享受，漫步校园，迎着馥郁的芳香，同学们在每一个角落吮吸着知识的甘甜，这怎么不是我校一道亮丽的风景线呢？

甲：通过"阅读海洋"书香榜排名和寒假读后感习作以及每天午读时同学们的

“阅读手册”填写，评选出了我班首批“阅读之星”，下面有请图书管理员小铭宣读获奖名单，并请我们可亲可敬的颜老师和学校领导张校长给他们颁奖。

颁发“阅读之星”奖状。

乙：让我们用最热烈的掌声向获奖的同学表示祝贺，其实，咱班的同学都十分爱读书，咱们俩，今天也当回记者，随机采访下他们的读书感受吧。

甲：小楷，都说你特别爱读书，感冒发烧时都得找本书看看。就请你先谈谈吧。

小楷：大家好！我是四(6)班的小书虫。读书是我一天中最快乐的事，是书让我知道这个世界好大好大；是书让我变得快乐无比；是书教会我怎样更好地学习。我总会在每学期开学初为自己制订一个看书目标：一学期必须看五本或五本以上的课外书。在看书的过程中，我坚持做读书笔记，一段时间下来，我发现我的语文能力有了明显的提高，这要感谢那些好书。

小孟：大家好！看书是我最大的爱好。其实，上网也是我最大的爱好。当然专上阅读海洋网啦！我上网干嘛呢？看书呗！看书途径很多喔！比如，像我一样去阅读海洋网站看书；双休日去书店看书；与同学交换着看书；去图书馆办张读书卡，定期借书。方法很多，就看你有没有用心，有没有恒心了。

（五）结束语

甲：你们可真算是我们班的头号书迷了，感谢你们的精彩分享！

乙：与好书交朋友离不开老师对我们的激励和引导。我们所有老师的言传身教，为我们做出了榜样，让我们向所有的老师道一声：

主持人合：“老师，您辛苦了”！

全班合：“老师，您辛苦了”！

甲：下面有请我们最敬爱的班主任颜老师为我们讲话。

颜老师：同学们，祝贺这次主题班会圆满成功！我不仅看到你们精彩的表现，还感受到了你们的智慧！在开展活动的过程中，你们认真搜集资料，排练节目，让老师觉得你们长大了，非常了不起！通过今天的主题班会，你们交流了读书体会，知道了评价好书的标准，了解了更多的读书方法，结识了更多的好书，希望同学们铭记冰心奶奶的名言“读书好！好读书！读好书！”今天，颜老师非常欣慰地看到自从咱们一小开展“营造书香校园”的活动以来，咱们四(6)班的孩子们都爱上了阅读，让我们成为新时代的读书郎！

全班合唱《读书郎》。

甲：我们是祖国的希望。

乙：我们是祖国的未来。

甲：我们只有多读书，读好书才能担当起建设祖国的大任。

乙：让我们带着一份热情，带着一个梦想，带着一份执着，尽情地去畅游书海吧！

主持人合：四(6)班“好书伴我成长”主题班会到此结束！

同学之间　和睦相处

珠海市香洲区第一小学　颜　婧

设计理念：

本节课我通过听歌、看图片、分析案例、讨论、游戏、得出结论、付出行动几个环节来体现主题。首先，引导学生感受同学情，思考同学关系，了解同学间矛盾产生的原因和同学关系不和谐的因素。其次，通过活动让学生意识到遇到困惑、矛盾时，要想办法解决。再次，在互夸的过程中增进同学间的友情。最后，在参与活动之后，让学生总结这堂课的体会，加深学生的印象，升华活动主题。

活动目的：

(1) 通过本次活动，让同学们学会尊重、真诚、友爱、谦让，体会集体生活的乐趣，增强凝聚力，充分感受班级生活的温暖、校园生活的幸福。

(2) 学会欣赏他人。

(3) 学会怎样和同学相处，获得珍贵的友谊。

主要形式：

多媒体展示、游戏、讨论。

活动过程：

一、引入课题

（1）播放歌曲《相亲相爱的一家人》和学生在校、班级学习生活的图片，感受校园生活的幸福，体会同学情。

（2）同学情来自一次次拼搏努力，一张张笑脸，一个个欢乐的瞬间；深深的同学情还来自矛盾，而同学间的友谊就滋生在那一个个矛盾的解决当中。

（3）在校园生活中，同学之间难免有摩擦。有时我们会因为摩擦而伤心难过，有时我们会因为摩擦而发脾气，同学们都是怎么面对这些摩擦而带来的问题呢？将心比心，换位表演。

我们在与朋友的交往过程中，难免会有一些摩擦，这个时候该怎么办呢？请看短剧。

一个同学走在上学路上，因路滑不小心踩到另一个同学的脚，被踩脚的同学很气愤，结果两人吵起来，甚至大打出手。

（师导：“遇到这种情况，如果我们能将心比心，站在别人的角度去想一想，也许结果会不一样。”）

两个同学再次交换角色表演：一个同学走路，因路滑不小心踩到另一个同学，这个同学赶紧说“对不起”，并赶紧从书包里拿出纸巾真诚地弯下腰准备帮被踩的同学擦拭，被踩的同学说“没关系”，两人相视一笑，手拉手一起上学去。

二、活动过程

（一）提出困惑

大家在学校生活，还有哪些不愉快的事，哪些困惑与苦恼呢？那就敞开你的心扉，诉说出来吧！让我们共同探讨解决方法。

1. 分组讨论

说说和同学相处中都发生过哪些不愉快的事儿？

当时是怎么想，怎么做的？现在如果再遇到这样的事发生，你会怎么做？

2. 说说自己认为好的处理办法

案例：①嘲笑。②辱骂。③殴打人。④给他人取或叫他人绰号。⑤斤斤计较，争吵不断……

（二）解决难题

1. 游戏

游戏规则：

全班学生手拉手围成一个大圆圈，看清自己左、右手是谁。确定后，成员在原来圆圈的范围内松手自由走动。叫停，成员站原地不动，拉住刚才左右同学的手。相互不能松手，想办法恢复到原始状态。

2. 学生谈活动感受

3. 教师小结

刚才玩的游戏叫解千千结，那一个个结就像我们学习生活或同学相处遇到的困惑、矛盾，只要我们善于想办法，就能解决。

（三）活动时间——“互相赞美”活动

同学们自由发言，指出在班中你最想赞美的同学，并说出你要赞美的话，如“你写的字很漂亮，我一直很佩服你。”“你学习真勤奋，我一直都赶不上你。”等等。接受赞美的同学说“某某同学，谢谢你。”

第一步：夸同桌

你的同桌他（她）有什么优点？他（她）对你或别人有过什么帮助？你最欣赏他（她）什么？

第二步：夸同学

在班级里，你欣赏哪一位同学，觉得他（她）有什么值得你学习的地方？

（要求：被欣赏的同学，要起立说“谢谢”；能即兴表演的学生可以表演一个小节目，如唱歌、跳舞、书画……）

师小结：善于发现别人的优点，适度赞美别人，是进行人际交往、搞好同学关系的一种行之有效的方式。在交往中，要适时赞美别人的优点，不应取笑别人的缺点，这样我们才能收获更多的友谊。

（四）美丽的同学情

1. 写友谊卡

最真诚的慷慨就是欣赏，当我们用欣赏的眼光看待同学时，你会发现他人有很多优点值得你学习，让你佩服。让你佩服的人是值得尊重的，你也希望和他成为朋友，那你们之间的所有小纠纷、小矛盾都不足挂齿了。那还等什么呢？赶快拿出你的笔，自制“友谊卡”，为曾经和你发生过不愉快的同学写上一句真诚的道歉，为值得你夸夸的同学写上一句欣赏的话。可以送给最好的朋友，可以送给平时朋友较少的同学，可以……多年后，你回忆起校园的幸福生活时，那将是一个美好的回忆，一笔珍贵的财富。

2. 送友谊卡

（播放背景音乐）

3. 请同学读“友谊卡”，并说说这次活动的收获或感悟

三、升华主题

师宣布班级将开展“爱心大使在行动”活动。

“爱心大使”在行动抽签条：

同学：

你是我真心关爱的同学，因为我是你的爱心大使呀！

从今天开始，到 2019 年 7 月 1 日这段时间，我会在班级里默默地关心你、帮助你，让你开心！让你温暖！让你幸福！

要问我是谁？保密，绝对保密！看看最后你能不能猜到我是谁。

你的爱心大使：（　　　　　）

2019 年 5 月 25 日

师总结：同学们，人的一生有许多感情是很宝贵的，其中之一就是“友谊”。著名科学家培根说：“友谊能使快乐倍增，使痛苦减半。”李白也告诉我们，桃花潭水尽管有千尺深，也不及朋友的情谊深。所以同学们，请敞开你的心接受友谊吧，请交出你的心珍惜友谊吧，你将会获得幸福和财富！

请记住，友谊之光如同荧光，周围越黑，显得越亮！祝愿我们同学之间和睦相处，成为真正的朋友，谢谢！

参考文献

[1] 卢路路．"问题"班级要从"心"管理 [J]. 中小学心理健康教育，2022（33）：71-74.

[2] 夏晓霞．新课程改革背景下的小学班级管理创新探究 [J]. 名师在线，2022（32）：91-93.

[3] 鲍华浩．"生本驱动式"五向班级文化设计与实践研究 [J]. 现代中小学教育，2022，38（11）：62-66.

[4] 刘海英．基于生活教育视角让班级规划"接地气"[J]. 现代中小学教育，2022，38（11）：67-69.

[5] 崔印．从仁爱到正义：班级管理中的应然选择 [J]. 现代中小学教育，2022，38（11）：58-61.

[6] 任艳妮．基于赏识教育的小学班主任管理工作实践分析 [J]. 学周刊，2022（34）：190-192.

[7] 李辉．在小学班级自主管理中运用奖励式评价浅析 [J]. 学周刊，2022（35）：172-174.

[8] 韩琳．班级生活常规管理的优化途径与策略 [J]. 东方娃娃·保育与教育，2022（11）：53-54.

[9] 张静．班级自主管理的"五维"策略 [J]. 新班主任，2022（11）：31-32.

[10] 陈刚．让学生成为秩序的主人——陶行知教育思想对班级管理的启示 [J]. 新班主任，2022（11）：42-43.

[11] 马志国．"怎么样"与"为什么"——班级管理中归因理论的应用 [J]. 新班主任，2022（11）：53-56.

[12] 解敏．倾听—引导—合作——小学班级管理"三部曲"[J]. 山东教育，2022（38）：40.

[13] 张玉玉．小学班级管理中班干部团队协作能力的培养研究 [J]. 新课程，2022（38）：212-214.

[14] 王海珍 . 基于小学班级管理，探究新型管理模式 [J]. 新课程，2022（38）：215-217.

[15] 薛守霞 . 网络时代下小学班主任班级管理的创新思路 [J]. 新课程，2022（38）：218-219.

[16] 孔蕊蕊 . 小学班主任班级管理的创新与实践研究 [J]. 新课程，2022（38）：220-221.

[17] 祖苹 . 基于尊重、平等、关爱理念的小学班级管理策略探析 [J]. 吉林教育，2022（30）：67-69.

[18] 张俊然，王凯凯 . 用“心”做有温度的教育——小学班主任班级管理策略 [J]. 教育艺术，2022（10）：49.

[19] 小学班级管理与立德树人理念的融合 [C]// 广东省教师继续教育学会第五届教学研讨会论文集，2022：187-190.

[20] 周静静 . 小学班级管理中渗透德育思想的方法探讨 [J]. 中华活页文选（教师版），2022（10）：102-104.

[21] 郭丹 . 新课程背景下的小学班级管理策略研究 [J]. 教学管理与教育研究，2022，7（19）：122-124.

[22] 田亚玲 . 架起沟通的桥梁——小学班主任班级管理艺术 [J]. 新课程，2022（37）：224-225.

[23] 赵晓丹 . 小学班级管理中激励机制的构建与运用 [J]. 家长，2022（29）：34-36.

[24] 田静 . 优化班级管理实施道德教育——浅谈小学班主任工作 [J]. 天津教育，2022（29）：42-44.

[25] 蒋颖 . 浅析小学班级管理中心理辅导策略 [J]. 新教育，2022（29）：12-14.

[26] 关于小学班级管理中如何发挥家庭教育的优势 [C]// 创新教育实践国际学术会议论文集（一），2022：391-394.

[27] 汪民泉 . 浅谈小学班级管理 [J]. 安徽教育科研，2022（28）：90-92.

[28] 陈兰 . 小学班主任班级管理中的沟通艺术 [J]. 学苑教育，2022（28）：9-11.

[29] 蒋丹 . 小学班级管理中柔性管理模式的应用研究 [J]. 基础教育论坛，2022（28）：109-110.

[30] 戚玉成 . 沟通艺术在小学班级管理中的应用 [J]. 教书育人，2022（28）：75-77.

[31] 岳丽华，张娟 . 小学班主任班级良性建设管理 [J]. 新课程教学（电子版），2021（24）：172-173.

[32] 袁琼 . 小学班级管理中班主任的语言艺术 [J]. 清风，2021（24）：15.

[33] 刘文波 . 小学班主任班级管理创新研究 [J]. 中国多媒体与网络教学学报（下旬刊），2021（12）：89-90，92.

[34] 王淑贤 . 小学班主任班级管理的创新及实践 [J]. 教书育人，2021（35）：31-32.

[35] 赵青华 . 如何在小学班级管理中渗透德育教育 [J]. 华夏教师，2021（35）：5-6.

[36] 于剑英 . 现阶段小学班级管理中激励机制的运用 [J]. 中国教育学刊，2020（A2）：43-45.

[37] 肖晶 . 小学班主任的有效班级管理策略 [J]. 知识窗（教师版），2020（12）：15.

[38] 崔娜娜，刘娜 . 小学班主任班级管理德育的思考 [J]. 新课程教学（电子版），2020（24）：139.

[39] 李华英 . 分析小学班主任班级管理中的沟通艺术 [J]. 读写算，2020（36）：54-55.

[40] 毛晓莉 . 小学班主任班级管理的优化策略 [J]. 教育观察，2020，9（47）：94-96.

[41] 李雪梅 . 引导小学生自主管理班级的策略 [J]. 智力，2020（36）：175-176.

[42] 吴江昀 . 在小学班主任班级管理过程中渗透德育 [J]. 知识窗（教师版），2019（12）：112.

[43] 王尔姣 . 和谐校园及全面发展背景下小学班级管理 [J]. 天津教育，2019（36）：23.

[44] 贾丽华．小学班级管理的思考与探究 [J]. 家长，2019（36）：39-40.
[45] 李超．小学班级管理如何更优秀 [J]. 新智慧，2019（36）：56.
[46] 武瑞．赏识教育在小学班级管理中的应用 [J]. 新课程（下），2019（12）：302-303.
[47] 小学班级精细化管理的策略 [C]// 广东教育学会教育现代化专业委员会“教科研课题研究与论文写作高级研修班”论文集（六），2019：27-29.
[48] 范建添．浅谈小学班主任管理工作的现状及改进对策 [J]. 天天爱科学（教学研究），2019（12）：178.
[49] 夏沁．小学班主任班级管理工作困境及突破路径分析 [J]. 读写算，2019（36）：142.
[50] 宿静．小学班主任班级管理的创新与实践 [J]. 祖国，2019（24）：122，119.
[51] 魏书生．班主任工作漫谈 [M]. 桂林：漓江出版社，2014.
[52] 李镇西．做最好的班主任 [M]. 桂林：漓江出版社，2014.
[53] 李伟胜．班级管理 [M]. 2 版．上海：华东师范大学出版社，2021.
[54] 赵坡．班级管理实战指南 [M]. 上海：华东师范大学出版社，2013.
[55] 陈宇．班级管理课：班主任专业技能提升教程 [M]. 上海：华东师范大学出版社，2021.
[56] 徐长江，刘迎春．班级管理实务 [M]. 2 版．北京：高等教育出版社，2021.
[57] 时维东，陈连东．班级管理中的匠心育人 [M]. 北京：九州出版社，2020.
[58] 李荣．班级管理中的智慧 [M]. 青岛：中国海洋大学出版社，2021.
[59] 谌启标，王晞．班级管理与班主任工作 [M]. 福州：福建教育出版社，2015.
[60] 赵福江．更好的班级管理智慧 [M]. 上海：上海教育出版社，2021.
[61] 郑航．班级管理与学生指导 [M]. 北京：北京师范大学出版社，2011.
[62] 章琪琪．小学班级管理工作入门 [M]. 北京：北京大学出版社，2020.

[63] 韩东才 . 班主任基本功——班级管理的基本技能 [M]. 广州：暨南大学出版社，2018.

[64] 曹长德 . 当代班级管理引论 [M]. 2 版 . 合肥：中国科学技术大学出版社，2019.

[65] 庞云凤，王燕红 . 小学班级管理策略 [M]. 济南：山东人民出版社，2014.

[66] 苗旭峰 . 优秀班主任悄悄在做的班级管理创意 [M]. 上海：华东师范大学出版社，2022.

[67] 邓艳红 . 小学班级管理 [M]. 3 版 . 上海：华东师范大学出版社，2022.

[68] 杨建华 . 班级管理学 [M]. 西安：陕西师范大学出版社，2012.

[69] 梁钊华 . 班级管理与班主任工作的理论与实践 [M]. 成都：西南交通大学出版社，2015.

[70] 付学诚，吕炳君 . 班级管理的理论与实践 [M]. 北京：北京师范大学出版社，2016.

[71] 李明敏，李渭侠 . 班级管理原理与方法 [M]. 北京：中国社会科学出版社，2017.

[72] 刘岩，王萍班 . 主任与班级管理 [M]. 北京：北京师范大学出版社，2013.

[73] 王桂艳 . 德育与班级管理 [M]. 北京：北京师范大学出版社，2015.

后　记

“我们最强的对手，不一定是别人，而是自己！超越别人，不算真正的超越，而超越从前的自我，才是真正的超越！”这是主持人颜婧老师经常与工作室成员共勉的话。工作室团队是这样倡导，也是这样践行的。

珠海市颜婧名班主任工作室于2015年8月授牌成立，工作室团队由来自珠海市十三所学校的骨干教师组成，大多成员来源于2013年挂牌的香洲区首届颜婧名班主任工作室。工作室以“班级精细化管理和班级主题文化建设”为主要研究内容，同时探究家校合作，并以“研究链”的形式开展对特殊学生的案例研究，致力于打造“童心家园”，从而实现超越自我，润泽同行。

一个好班主任就是一个好班级，一群好班主任就是一所好学校，颜婧名班主任工作室的23位成员以学习、研究、实践和辐射为己任，让学习成为工作室成员的生活方式，让研究成为工作室成员的日常习惯，让实践成为工作室成员的成长途径，让责任成为工作室成员的发展动力。

工作室的研究课题“小学班级精细化管理和班级主题文化建设”获得2015年度广东省级学校德育创新重点资助项目研究立项并完成成果鉴定。因工作室对于班级精细化管理和班级主题文化的研究已较成熟，并已具有了一整套模式，且极具实践操作性并颇有创新，受到珠海市教育局德育科的极大重视并在全市、全省乃至全国推广，先后开设全国、省、市、区、校内外教育教学讲座26场次，对青年教师的成长、骨干教师的培养提供了有益的帮助和引领。参与辅导校内外的青年教师参加区级以上竞赛、观摩20节次以上，获市区级以上奖励9人次。工作室主持人、骨干成员等多次通过讲座培训、执教主题班会课等，培养了大批省、市、区年轻优秀的班主任们。工作室把教研成果进行系统的归纳和整理，编辑成德育论文集《创建班级文化，打造童心家园》。

工作室的德育专著特殊学生的管理体系《爱与智慧》一书，已于2017年4月由东北师范大学出版社出版发行。工作室全体成员以课题研究的形式开展对特殊学生的教育研究，这本身就是一种挑战，而“研究链”中所呈现出的“潜能分类—

学生素描—调查分析—教育策略—教育效果—心语札记—点评”等诸多研究环节，更是一种具创新意义的挑战。尤其是课题组对每一个“特殊学生”的案例都能系统归纳，体现出了专业化、系统化的教育策略，在研究“问题学生”的过程中，取得了许多实质性的进展。教育家魏书生高度赞扬颜婧工作室全体成员敢啃硬骨头，并欣然为《爱与智慧》写序，他说：“这本书的价值便是针对“特殊学生”的教育，提供了一个便于同行们借鉴学习和参考的‘研究链’。没有爱就没有教育，这是真理；当然，有了爱也不等于有了教育，这也是真理。前者告诉我们，教育的前提条件之一是对孩子的爱；后者提醒我们，教育仅仅靠爱是远远不够的，教育还需要智慧。爱，是一种情操，更是一种智慧！而特别的故事，特别的爱，更值得我们掩卷深思。开卷有益！作为《爱与智慧》的第一位读者，除了与作者共勉，也祝愿打开这本书的每一位教师成为智慧型教师！”

工作室成员积极参与珠海市“德行珠海”家庭教育公益讲座，为社区开展各级家庭教育讲座二十多场，其中黄剑景、段芯芯、黎雪英、黄萍、黄秋霞、严萍等老师的讲座获得了社区家长的高度评价；颜婧老师的关于“播下书香种子”“提升注意力”“培养心理阳光的孩子”珠海市“德行珠海”家庭教育公益讲座，《珠江晚报》曾三次整版报道。

在颜婧老师的专业引领下，工作室成员在不断探究、实践、反思中，精耕细研，收获颇丰：周旋老师，香洲区优秀班主任，获珠海市心康教育团体辅导竞赛二等奖、珠海市教育教学论文三等奖、区家庭教育论文二等奖、市青少年普法教育优秀辅导员，应邀开设“‘双减’背景下如何引导孩子树立积极主动的学习态度”的珠海市家庭教育讲座，参与教育教学专著《爱与智慧》《小豆豆日记》编写，撰写的论文分别发表于《江西教育》《新课程研究》《小学语文教学》《语文教学与研究》等专业期刊。徐敏老师，香洲区名班主任，获珠海市中小学心理健康教育团辅现场竞赛一等奖、珠海市品德与生活优质课评比一等奖，德育论文在“全国中小学名班主任德育工作创新论坛”上交流并获二等奖，教育教学案例获广东省教育学会征文比赛三等奖，若干论文在香洲区优秀论文评比中屡次获奖，首届小学生交通安全知识竞赛优秀指导老师、香洲区中小学劳动能手辅导老师、珠海市第二十九届小学生硬笔书法优秀辅导教师，近年应珠海市斗门区莲洲镇横山中心小学之邀，在“走进斗门，走进莲洲镇”班主任交流活动中送课。周旋老师和徐敏老师为这本书付出了大量的心血和精力，他们分别为本书奉献了五万多字以上。彭馨仪老师分别被聘为 2015 年、2017 年“国培计划”乡村教学点教师访名校培训项目授课专家、小学骨干班主任培训课程专家。陈美容老师获全国教育教学信息化课例大奖赛三等奖、省一等奖。严萍老师的论文《浅谈创建班级文化的思考》获全国科研论文一等奖。肖亮老师获全国首届说课大赛一等奖。王勃老师获“一师一优课、一课一名师”部级优质课。段芯芯老师执教思品课“男女生交往不烦恼”获“一师一优课”部级优质课。黄萍老师的论文获全国“新形势下教育管理理论与实践论文”大赛一等奖。刘舒苗老师获全国中青年教师优质课大赛二等奖。黎雪英老师获广东省录像课评比三等奖。苏先习老师执教“设计公园”在“一师一优课”评比中获省级优质课。陈慧香老师荣获“珠海市优秀中队辅导员”称号。林艳老师所带班级荣获珠海市少先队先进中队、“十佳最美教室”。刘杜明老师的论文获珠海市教育教学论文一等奖。黎毅老师获珠海市教师说课比赛、教师专业素养大赛一等奖。黄剑景老师的论文获广东省优秀论文三等奖等。彭馨仪、黎雪英、林艳、陈慧香、严萍、黎毅、肖亮、邓懿矣老师荣获“珠海市名班主任”称号。

正如珠海市教育局思政科李东生科长所说：颜婧名班主任工作室创造了珠海市中小学班主任工作的四个第一，都具有里程碑的意义。第一个系统归纳总结“班级精细化管理体系”，标志着珠海市中小学班主任工作走上科学之路；第一个在珠海全市推广“班级精细化管理体系”，标志着珠海市中小学班主任工作正式步入科学的轨道；第一个在全国的舞台推广“班级精细化管理体系”，在全国中小学班主任工作的大地上播下科学的种子；第一个带领工作室全体成员出版书籍，从班主任到名班主任，最后成为班主任专家、学者。

颜婧名班主任工作室——班主任成长的伊甸园，来于平凡，归于平凡，扎根平凡，超越自我，润泽同行。